HEYNE
BÜCHER

JACQUELINE ***

ICH PEITSCHE DICH, ICH KÜSSE DICH

Lebensbeichte einer Domina

Aufgezeichnet von Catherine Tavel
und Robert H. Rimmer

Deutsche Erstausgabe

WILHELM HEYNE VERLAG
MÜNCHEN

HEYNE ALLGEMEINE REIHE
Nr. 01/8441

Titel der Originalausgabe
WHIPS AND KISSES: PARTING THE LEATHER CURTAIN
Aus dem Amerikanischen übersetzt von Ronald Hahn

Redaktion: Vern Hemmert

Copyright © 1991 by Mistress Jacqueline
Copyright © der deutschen Ausgabe 1992
by Wilhelm Heyne Verlag GmbH & Co. KG, München
Printed in Germany 1992
Umschlagillustration: Dia-Express/Kerscher Grainau
Umschlaggestaltung: Atelier Ingrid Schütz, München
Gesamtherstellung: Elsnerdruck, Berlin
ISBN: 3-453-05656-6

Für die Jungs aus der Queen Mary Bar, ca. 1981–1985
(Ihr wißt schon, wer gemeint ist)

Von wenigen Ausnahmen abgesehen, wurden die Namen der Personen in diesem Buch verändert.

Die Verbindung von Liebe und Schmerz gehört zwar zu den schwierigsten Problemen, doch zählt sie in der gesamten Bandbreite der Sexualpsychologie zu den grundlegendsten. Woher kommt es, daß Liebe Schmerzen bereitet und sogar nach Schmerzen strebt? Woher kommt es, daß Liebe unter Schmerzen leidet und sogar danach verlangt, sie zu erleiden?

Havelock Ellis
Love and Pain

Inhalt

Vorwort

Sadismus und Masochismus sind sexuelle Verhaltensweisen, denen man kaum viel Verständnis entgegenbringt. Der Fachliteratur ermangelt es beträchtlich an ihrer Beschreibung und Analyse – was bedauerlich ist, da eine umfassende sadomasochistische Kultur existiert, die nur selten öffentliche Beachtung findet. Beide Phänomene stehen in enger Beziehung zueinander, weil jene, die sie praktizieren, dazu neigen, die jeweiligen Bedürfnisse des anderen zu befriedigen. Da zu einer S/M-Beziehung (wie sie korrekt bezeichnet wird) wenigstens zwei Personen gehören, existiert sie im Milieu einer gesellschaftlichen Gruppierung. So gibt es in unserer Gesellschaft eine organisierte Subkultur, die sich mit S/M beschäftigt und aus Menschen besteht, die andere gern bestrafen, oder die es genießen, bestraft zu werden. In der Regel beschäftigen sich gesellschaftliche Gruppierungen dieser Art auch mit Phantasievorstellungen, die oftmals so sorgfältig geplant werden, daß sie Theateraufführungen ähneln.

Dieses Buch ist die Autobiographie einer Domina, und Dominas sind ein wichtiger Aspekt vieler S/M-Beziehungen. Viele Männer möchten nicht nur von Frauen beherrscht, sondern auch von ihnen bestraft werden. Zahlreiche Männer unserer Gesellschaft, die dieses masochistische Verlangen empfinden, verbringen paradoxerweise viel Zeit damit, andere zu beherrschen; so findet man in den Cliquen der S/M-Welt zahlreiche Geschäftsleute und Manager. Masochisten sind in anderer Umgebung oft dominant; sie üben S/M aus, um die andere Seite ihrer Persönlichkeit zu artikulieren.

Welcher Frauentyp wird zur Domina? Wie sehen die Gefühle einer Domina aus? Wie gerät sie in die Szene? Wer sind ihre Kunden? Wie fallen die Reaktionen ihrer Kunden aus? Was erzählt sie ihren Freunden? Das sind die Fragen, die Herrin Jacqueline für uns zu beantworten versucht.

Wir wissen so wenig über das, was unsere sexuelle Orientierung bewirkt, daß unser Verständnis nur wachsen kann, je weiter wir die unterschiedlichen Aspekte der sexuellen Szene ausforschen. Indem Herrin Jacqueline uns von ihren Kunden berichtet, betont sie das große Rätsel menschlicher Sexualität. Indem sie uns von sich selbst erzählt, verstehen wir die verwickelten Motive und Antriebskräfte leichter, die jemanden zur Domina werden lassen.

Das Ziel dieses Buches besteht darin, uns Einblick in die Vielfalt menschlicher Verhaltensweisen zu geben. Wir alle können eine Menge aus dem lernen, was Herrin Jacqueline über uns als Menschen und die Beschaffenheit des Menschen im allgemeinen zu sagen hat.

Vern L. Bullough

Einleitung

Vor ein paar Jahren wußte ich nicht sehr viel über S/M. Um ehrlich zu sein, ich wußte nicht einmal genau, wie man »Domina« richtig ausspricht. *Welche* Rolle spielte S/M denn schon? Für mich ging es dabei um Schmerzen und Perversionen, um krankhafte und abartige Dinge ... Mensch, ich hatte ja keine Ahnung!

Eines Tages, im März 1989, kam ich nach Hause und fand dort ein sauberes, auf hellrotes Briefpapier getipptes Schreiben vor. Es stammte von einer Dame namens »Herrin Jacqueline«. Als im gewaltigen Universum der Erotik tätige Frauen waren wir beide Mitglieder einer Unterstützungsgruppe namens »The Pink Ladies Social Club«. Jacqueline bezog sich auf eine Bekanntmachung in einem kurz zuvor verschickten Rundschreiben, in dem Robert Rimmer und ich Schauspielerinnen aus der Pornoszene suchten, die uns Kurzbiographien für ein Buch liefern sollten, das wir als Folgeband der von uns bearbeiteten Autobiographie Jerry Butlers – *Raw Talent* – herausgeben wollten. Jacqueline war zwar daran interessiert, bei unserem Projekt mitzumachen, wollte aber auch darüber reden, ob wir ein Buch über ihre eigene Lebensgeschichte ins Auge fassen wollten.

Ich hatte bezüglich dieses Angebots entschieden gemischte Gefühle. Von vorgefaßten Meinungen und sexuellen Vorurteilen eingenommen, war ich längst zu dem Schluß gekommen, daß Profi-Dominas niederträchtig, widerlich, grausam und auch – o ja – abartig sind. Welchen Sinn sollte es haben, mich mit ihr zu treffen? Doch als freundliche Autorin rief ich Jacqueline an. Zu meiner Überraschung klang sie so liebenswürdig und herzlich wie in ihrem Brief. Sie war *keineswegs* gräßlich, und sie war anscheinend auch hochintelligent. Jacqueline entpuppte sich als an einer Hauptschule tätige Ex-Lehrerin, die später zur klinischen Psychologie gewechselt hatte und anschließend Domina geworden war. Sie hatte einen Magistertitel in Psychologie und wollte zudem in Bälde ihren Doktor machen. Zwar war ich noch immer nicht wild darauf, mit ihr ein Buch zu machen, aber ich sah auch keinen Schaden darin, mich mit ihr zu treffen, als sie das nächste Mal aus Los Angeles, ihrem jetzigen Wohnort, in ihre Heimatstadt New York kam.

Jacqueline war nichts von dem, was ich erwartet hatte. Sie hatte sich nicht in Leder gezwängt, sondern trug einen bequemen, pfirsichfarbenen Trainingsanzug und Turnschuhe. Die winzige Frau mit der bis über ihre Schultern fließenden blonden Haarmähne trug kaum Make-up und machte einen fast kindlichen Eindruck. Vielleicht lag es an ihren wißbegierigen meergrünen Augen – auf jeden Fall fühlte ich mich sofort gut bei ihr aufgehoben.

Wir saßen in dem in hellen Tönen gehaltenen Café des Edison Hotels, Fremde irgendwie, doch durch den Fahneneid der Pink Ladies miteinander verbunden. Lebhaft diskutierten wir die Auswirkungen, die es auf uns hatte, als Frauen in einer Szene aktiv zu sein, die der Rest der Welt für ziemlich bizarr hält. Obwohl wir beide nie in echten Pornofilmen mitgewirkt hatten, war Jacqueline in mehreren B&D- (Bondage & Dominance = Sklaverei u. Herrschaft)-Streifen aufgetreten. Schon die Tatsache, daß wir als Profi-Domina und Autorin zusammensaßen, die wir beide mit »Pornographie« zu tun hatten, trennte uns unweigerlich von jeder durchschnittlichen, alltäglichen Karrierefrau.

Jacqueline und ich beklagten, daß wir das, was wir *wirklich* taten, um unseren Lebensunterhalt zu bestreiten, bestimmten Freunden und Familienangehörigen nicht mitteilen konnten. Da die Welt nun mal so ist, konnte ich meiner Großmutter nichts von meinem Auftritt als »Erotikautorin« in einer regionalen Fernsehsendung erzählen. Sie hätte es einfach nicht verstanden. Aus dem gleichen Grund konnte eine meiner Freundinnen, die die Religion für sich wiederentdeckt hatte, meine Artikel, Interviews oder Pornovideo-Besprechungen nie würdigen. Auch sie konnte mich nicht als den Menschen akzeptieren, der ich war.

Jacqueline hatte ähnliche Erfahrungen gemacht. Niemand

aus ihrer Familie, weder ihre Eltern noch ihre Schwester wußten damals, womit sie ihr Geld verdiente – ein trauriges Zeichen der Isolation. Nie zuvor hatte ich jemanden getroffen, der die gleichen Ängste hatte wie ich: daß Familienangehörige oder Freunde sich fürchten könnten, mir ihre Kinder anzuvertrauen, obwohl ich sie liebte und ihnen nicht einmal im Traum etwas hätte antun können. Meine als Christin »wiedergeborene« Freundin machte in dieser Hinsicht einmal eine Andeutung, die mir fast das Herz brach. Doch nun hatte ich endlich eine Frau getroffen, die genau wußte, wie mir zumute war.

Schon bald nach der ersten Begegnung nahmen wir Jacquelines Biographie in Angriff. Wir gingen fast nach dem gleichen Verfahren vor, das wir perfektioniert hatten, als wir mit dem Filmschauspieler Jerry Butler *Raw Talent* zusammenstellten: Jacqueline sprach ihre Geschichte in Los Angeles auf Band und schickte sie mir nach Brooklyn. Ich schrieb die Kassetten ab und eilte mit den fertig getippten Seiten zu Bob Rimmer. Bob, möglicherweise von Jerrys selbstbewußtem Textherunterrasseln verwöhnt, war mit dem Ergebnis von Jacquelines ersten Bändern äußerst unzufrieden. Ich versuchte ihn davon zu überzeugen, daß Jacqueline sich nur anders ausdrückte. Dabei war ich mir zwar sicher, daß wir eine faszinierende Story von ihr bekommen würden, aber es fiel ihr möglicherweise schwer, einige intimere Details ihres Lebens (etwa ihre turbulente Jugend und den Zusammenbruch ihrer Ehe) wieder auszugraben. Wir mußten einfach Geduld haben. Ich ging zuversichtlich davon aus, daß ich Jacquelines echte Emotionen in Prosa verwandeln konnte, die sich ungezwungen lesen ließ, und ebenso sicher war ich mir, die Leerstellen mit Fragmenten unserer persönlichen Gespräche füllen zu können.

Bob brachte mich aber trotz meiner Versicherungen dazu, Jacqueline eine Kassette zu schicken, in der er seine Unzufriedenheit deutlich artikulierte. Ich wollte den Schlag mit Hilfe eines Begleitschreibens mildern, aber es nützte nichts. Jacqueline rief mich hysterisch weinend an. Sie war furchtbar verletzt. Hatte die Geschichte ihres schmerzerfüllten Lebens bloß einen Schundroman hervorgebracht? Wollte Bob etwa das ganze Projekt abblasen? Für sie war es die höchste Form der Ablehnung. Sie war zutiefst beleidigt.

Getrennt voneinander riefen Jacqueline und ich Bob an. Er war zwar noch daran interessiert, mit uns zusammenzuarbeiten, aber auch der Meinung, es erfordere einen übermäßigen Berg von Arbeit, das Manuskript in lesbare Form zu bringen. Doch waren wir alle bereit, uns der Herausforderung zu stellen, eine Geschichte zu erzählen, die zweifellos eine große Zahl von Menschenleben verändern würde. Nach den nächsten Bändern nannte Bob plötzlich *mich* »Jacqueline«, denn er war der Meinung, ich sei ein großer Teil von ihr.

Das Abschreiben von Tonbändern dauert lange und ist frustrierend. Oft hörte ich, daß Jacqueline mit einer schwierigen Erinnerung kämpfte. In solchen Augenblicken hätte ich sie gern getröstet, aber dann lag ihr Kampf schon drei Wochen zurück und ihre Tränen waren längst versiegt. Sie verlor Daniel, ihren Ehemann, immer und immer wieder. Sie mußte sich an die Grausamkeiten einer bösen Mutter und eines zwischen Liebe und Haß schwankenden Vaters erinnern und alles erneut durchleben. Aber sie hat es geschafft. Irgendwie ist es ihr gelungen.

Es dauerte nicht lange, dann erwuchs zwischen mir und der netten Domina eine besondere Freundschaft. Es erfüllte mich ständig mit Bewunderung, wie geduldig sie sich hinsichtlich meiner Ahnungslosigkeit über die S/M-Szene zeigte. Selbst in Videofilmen erkennt man das einmalige Markenzeichen der starken Sanftheit Jacquelines. Der Film *Dresden Mistress 2* enthält eine Szene, in der sie zeigt, wie man Brustwarzenklammern richtig ansetzt. »Sei sehr vorsichtig«, ermahnt sie ihren Schüler mit äußerster Besorgnis in der Stimme. Einmal, als wir das Manuskript zusammen bearbeiteten und es uns gegenseitig vorlasen, zeigte sie mir sogar eine praktisch schmerzlose Methode und stellte sich selbst als Versuchskaninchen zur Verfügung.

Bei unserer ersten Begegnung hat mir Jacqueline, wie ich mich erinnere, erzählt: »Es wäre mir nie in den Sinn gekommen, daß ich so etwas je tun würde. Ich habe wirklich geglaubt, ich nehme meine Hinternversohlungsphantasien mit ins Grab.« Nur wenige verstehen die Angst, die jene verspüren, deren geheime Sehnsüchte der größte Teil der Welt für bizarr hält.

Bald faszinierte mich die Sado/Maso-Szene, und aus dieser Faszination wurde schließlich ein Artikel für die Zeitschrift *Hustler*, bei dem Jacqueline behilflich war. Sie war nicht nur eine Star-Göttin, sie »befahl« ihren Kunden und Sklaven auch, mich anzurufen und mir mit ihrem Wissen bei meinen journalistischen Recherchen zu helfen. Sie waren überglücklich darüber, anderen ihre persönliche S/M-Philosophie mitzuteilen. Zunächst war ich sehr erstaunt über die Bereitwilligkeit der Angehörigen der S/M-Gemeinde, mir ihre Geschichte zu erzählen. Schließlich erkannte ich aber, daß sie sich damit auf eine gewisse Weise erleichterten, da unsere engstirnige kleine Welt kein Ventil für ihre Phantasien hat. Man hält Fuß- und Gummifetischisten für sexuell abnorm. Und doch waren die »Abnormen« ebenso freundlich, offen und hilfsbereit wie jeder andere, dem man auf der Straße begegnet – wenn nicht noch mehr. Meine Interviews, meine Neugier und meine Anteilnahme offerierte ihnen Freiheit, Anerkennung und die Gelegenheit, sich verständlich zu machen.

Die Traurigkeit und Freude darüber paralysierten mich gleichermaßen. Ich freute mich, daß es S/M-Clubs wie »The Vault« gab, in denen Männer ihre transvestitischen Neigungen auslebten und Frauen bei harmlosen Fußmassagen gehuldigt werden konnte, doch es tat mir leid, daß all dies in verborgenen, unterirdischen Kellern geschehen mußte. Warum können wir uns den versteckten Fragmenten unseres Ichs nicht ehrlicher gegenüberstellen?

Ich zweifle innerlich nicht daran, daß die Welt sich in einem viel besseren Zustand befände, wenn manche Gebiete der Sexualität keine »schmutzigen kleinen Geheimnisse« wären, aber S/M fällt noch immer in diese dubiose Kategorie. Sehen Sie sich um. Es gibt S/M überall – von den Parfüminseraten über die Märchen bis zu Ann Landers; man stößt sogar in Fernsehserien wie »I Love Lucy« darauf. In einer Folge wurde unser aller rothaariger TV-Liebling nicht nur mit Handschellen gefesselt, sie wurde auch in mehreren Episoden verdroschen und war sich nicht zu fein, ein nervendes Showgirl zu fesseln und zu knebeln, damit es in Rickys Show eine Rolle bekam.

In der reinsten Form ist S/M ein Freiwilligenspiel, das damit einverstandene Erwachsene betreiben. *Einverstanden* ist das Schlüsselwort, denn wenn ein »Sklave« nicht bereit ist, sich einem »Herrn« zu unterwerfen, geschieht nichts. S/M trifft eine genaue Wahl. Bei S/M geht es nicht um Teenager, die von einem prügelnden Elternteil mit einem Eisenrohr tyrannisiert werden. Bei S/M geht es nicht um Ehemänner, die hilflose Gattinen mit ätzenden Worten emotional züchtigen. In der S/MSzene agiert der Erwachsene, der – aus welchen persönlichen Grund auch immer – freiwillig beschließt, zu einer Professionellen zu gehen (und manchmal sogar hohe Geldsummen dafür zu bezahlen). Manche Unterwürfige sehen in der Dominanz einen Beweis für Liebe und Hingabe. Andere leben möglicherweise ihnen schmerzhaft in Erinnerung haftende Kindheitserlebnisse nach und wollen mit ihnen fertig werden. Und schließlich besteht ein großer Unterschied zwischen elterlichem Hinternversohlen und der Tatsache, ein mißhandeltes Kind zu sein. Ein weiteres Schlüsselwort ist *bereitwillig*. Unterwürfige geben im Grunde ihren Willen ebenso wenig auf wie die Freiheit der Wahl. Ganz im Gegenteil: Sie zelebrieren sie, indem sie an den Szenarien ihrer Wahl teilnehmen.

Hätte ich nicht mit Jacqueline an diesem Buch zusammengearbeitet, hätte ich nie davon erfahren. Vielleicht wäre ich dann so geworden wie diese schrecklichen »Frauen gegen Pornographie« und hätte alles mißbilligt, was ich gar nicht kenne. Doch durch Jacqueline habe ich Clubs besucht, an einem Treffen der Eulenspiegel Society (einer S/M-Vereinigung in Manhattan) teilgenommen und mit meinem Ehemann Al die Feinheiten des S/M in der Privatheit des eigenen Schlafzimmers erforscht. Dabei haben wir viele neue Dinge über uns erfahren und uns in neuem Licht gesehen. Obwohl wir dem S/M vielleicht nie mehr nachgeben, werde ich die Sanftheit und gebändigte Lust die ich unter den Händen meines Partners erfuhr, oder das tiefe Vertrauen und die Liebe, die ich empfand, nie vergessen. Wenn wir es nicht »durchgespielt« hätten, wäre ich mir darüber vielleicht nie im klaren gewesen.

Und ich habe noch etwas anderes entdeckt: Jacqueline und ich sind uns sehr ähnlich. Obwohl ihr Leben einen völlig anderen Verlauf genommen hat als meines, sind wir irgendwie am gleichen Ort angekommen. Jacquelines Stärke und ihr Bedürfnis, mir auch die häßlichsten Ereignisse ihres Lebens mitzuteilen, haben mich verblüfft. Ich bemühe mich, die gleiche Ehrlichkeit auch in meinem Text walten zu lassen. Wenn es um das Grundlegende ging, haben Jacqueline und ich uns nicht von den meisten anderen Frauen unterschieden – außer durch die Tatsache, daß wir auch die eigenartigsten Facetten unserer Sexualität anerkannt und uns zu eigen gemacht haben; einfach deswegen, weil sie vorhanden sind. Die Tatsache, daß sie ein Teil von uns sind, verliehen ihnen Existenzberechtigung.

Für mich handelt *Ich peitsche dich, ich küsse dich* davon, das Lernen zu erlernen; nicht davon, andere zu verdammen, bloß weil sie anders sind als wir.

Catherine Tavel

1
Im Kerker

Ich bin eine Domina. Manche Menschen nennen mich »Göttin«. Und in diesem Moment, wo ich in der Mitte meines Kerkers stehe, komme ich mir wirklich sehr schön und mächtig vor. Mein schwarzes, mit Eisenbuckeln beschlagenes Lederkorsett ist hoch ausgeschnitten, damit der größte Teil meiner straffen Pobacken freiliegt. Lederstiefel umschließen meine Beine bis zu den Oberschenkeln, und fingerlose Handschuhe den größten Teil meiner Arme. Mein langes, blondes Haar ist zu einer wilden Mähne hochgekämmt und läßt mich viel größer erscheinen. In Wirklichkeit bin ich zwar nur knapp einsfünfzig groß, aber ich rage trotzdem hoch über meinem vor mir hockenden Sklaven Doug auf. Wir machen ein Spiel.

»Doug«, sage ich, »wie würde es dir gefallen, einige deiner Phantasien Wirklichkeit werden zu lassen?«

»Bitte ...« Er bettelt fast.

Doch zuerst muß ich ihn einige Dinge über die sinnliche Reise lehren, die wir machen wollen. »Für mich ist Sadomasochismus – oder Bondage und Disziplin – eine Spielart des Lebens. Du weißt, daß ich eine dominante Frau bin. Und du bist eindeutig ein unterwürfiger Mann.« Doug nickt zustimmend. »Ich finde die Kunst des S/M erotisch und stimulierend. Sex beinhaltet mehr als nur seine Ausübung. Ich reize gern auf. Ich habe es gern, wenn ich einen Mann dazu bringe, mich haben zu wollen. Möchtest du mich nicht auch haben, Doug?«

»Ja«, seufzt er und schaut zu mir auf, als wäre ich ein Traum. Ich lege die Hand auf seine vollen Lippen. Er versteht sofort und leckt meine Fingerspitzen ab.

Ich lächle. »Es geht um Lust. Aber auch um Vertrauen. Vertraust du mir?«

»Ja«, sagt Doug wieder.

»Ich werde mit dir spielen und dich stimulieren, aber es ist wichtig, daß du weißt, daß ich dir nicht weh tue ... Nun, jedenfalls nicht allzu sehr.«

Doug ist bis auf einen engen schwarzen Tanga nackt. Er ist von schlanker Gestalt, doch muskulös. Ein sehr schöner Anblick.

»Spreiz die Beine«, sage ich. Er tut es. Und kann nicht anders – er stöhnt leise vor sich hin, als ich seinen Brustkorb und seine Schenkel kraule, und dann durch das hauchdünne Material seinen Penis. »Das Spiel um die Macht. Sinnlichkeit.« Ich gurre mit melodischer Stimme. »Das ist es, worum es geht. Aber ich spiele nie mit jemandem, der nicht auch mit mir spielen will. Also, Doug, möchtest du gern spielen?«

»Ja.«

»Und du willst dich mir unterwerfen?«

»Ja.«

»Dann knie dich hin«, sage ich ernst. »Sofort.«

Der Raum ist spärlich möbliert – eigentlich nur mit einem schwarzgelackten Schrank, auf dem ein Armleuchter steht. Verschiedene Stöcke und Peitschen zieren die Wände. In einer Ecke steht ein Gestell, das einem hohen, breiten Korraleingang sehr ähnlich ist und von dem ich meine Sklaven gern baumeln lasse. Es gibt auch einen Tisch, für horizontale Behandlungen.

Doug kniet sich gehorsam vor mich hin, und ich befestige Fußeisen um seine Knöchel. Seine Hände sind schon hinter seinem Rücken verkettet. Manchmal bin ich zwar grob, aber ich vergesse nie, meinen Sklaven für ihre Leistungen ein Kompliment zu machen.

»Du hältst dich gut in Form«, sage ich zu Doug. »Ja, du hast einen schönen Körper, aber irgend etwas fehlt noch.« Ich entnehme einem Schrankfach einen mit Buckeln versehenen Kragen, der fast wie ein Hundehalsband aussieht, lege ihn um Dougs Hals und erkläre seine Bedeutung. »Wenn ich ihn dir anlege, bedeutet das, daß ich dich besitze.« Doug kniet noch immer. Der Beginn einer Erektion wird in seinem sündig engen Höschen sichtbar.

»Es gefällt mir sehr, wie du aussiehst«, sage ich.

»Danke, Ma'am«, strahlt Doug mich an.

Obwohl ich mich freue, daß er mir Achtung entgegenbringt, hat Doug seine Grenzen als Sklave überschritten. »Von jetzt an«, teile ich ihm grimmig mit, »wirst du mich *Herrin* nennen.«

»Ja, Herrin.«

»Sehr gut. Aber ich stelle fest, daß du meine erste Regel brichst. Sie besagt, daß du nur dann redest, wenn du gefragt wirst.« Doug schaut mich schweigend an. »Und du brichst auch die zweite Regel: Keinen Blickkontakt! Wir sind nämlich nicht in einer Singles-Bar.« Doug wendet seine dunklen, ernsten Augen ab. »So ist es richtig«, fahre ich fort. »Du schaust immer nach unten. Man schaut seiner Göttin nie in die Augen!«

»Ja, Herrin.«

Ich reibe meinen Körper an Dougs kniender Gestalt. Die Spitzen meiner Brüste schwappen ziemlich verlockend über das lederne Mieder hinaus und sind in Höhe seines Mundes.

»Du möchtest wohl meine Brüste küssen«, sage ich verführerisch.

»Ja, Herrin.«

Ich lache ziemlich böse. »Aber du darfst mich weder küssen noch lecken – noch dich mir sonstwie nähern, solange du keine Erlaubnis dazu hast, Sklave.«

Das dichte, drahtige Haar des Sklaven Doug fühlt sich gut in meinen Händen an. Mit der anderen Hand kitzle ich seinen Schritt mit einer Reitgerte und fahre fort, die Regeln meines Hauses zu verkünden. »Ich möchte, daß jeder Teil von dir ständig aufmerksam ist.« Sein Schwanz wird unter dem Drängen meiner Gerte härter. »Wir haben vorhin über deine Reflexe und die Gegenseitigkeit von B&D gesprochen. Deswegen, Sklave, schenke ich dir ein Wort, das du verwenden darfst, da ich manchmal dazu neige, mich ein bißchen gehenzulassen: Du sagst ›Gnade, Herrin‹. Wenn du ›Gnade, Herrin‹ sagst, höre ich auf. Denn wenn du schreist, weinst, stöhnst oder ächzt, könnte ich annehmen, daß es dir gefällt. Und nichts macht mich schärfer als deine Schreie, Sklave. – Verstanden?«

»Ja, Herrin.«

»Irgendwelche Fragen?«

»Nein, Herrin.«

»Du bist bestimmt kräftig, Sklave.« Ich führe das weiche Leder der Gerte über Dougs Brust und streichle ihn zur Begleitung seiner lustvollen Seufzer. »Gefällt dir es, meine Gerte zu fühlen?«

»Ja, Herrin.«

»Sie kann zwar sehr zärtlich sein, aber sie hat auch einen guten Biß. Bist du je ausgepeitscht worden, Sklave?«

»Nein, Herrin.«

»Hast du es dir je vorgestellt?«

»Ja, Herrin.«

Ich berühre Dougs Gesicht und hebe es zu mir hoch, doch sein Blick bleibt gesenkt. »Sehr gut. Manchmal haben meine Sklaven ein bißchen Angst, den Kuß der Peitsche zu spüren. Aber weißt du was, Sklave? Kurz danach betteln sie darum. Sie tun alles, damit ich sie berühre – und um meine Zuneigung zu gewinnen.«

Um meinen Sklaven noch mehr zu erregen, liebkose ich seinen Schritt mit meiner Stiefelspitze.

»Gefällt dir es, wie ich aussehe?«

»Ja, Herrin«, keucht er bewundernd.

»Gefällt dir das hübsche Halsband, das ich dir angezogen habe?« Als Doug nickt, drücke ich meinen Körper fest an seine nackte Haut. Ich weiß, daß er das Gefühl der kalten, sich an ihn pressenden Eisenspitzen genießt. »Weißt du, was das Schönste an diesem Anzug ist?« frage ich rhetorisch. »Er hat Biß!«

Ich gehe zu einem kleinen Weidenstuhl mit hoher Lehne und nehme mit weit gespreizten Beinen auf ihm Platz. »Als nächstes, Sklave, will ich, daß du mich auf passende Art begrüßt. Weißt du, wie das geht?«

»Nein, Herrin.«

»Zunächst kommst du näher. Ich möchte auf dir ruhen.«

Doug kriecht auf mich zu; die Ketten klirren leise und melodisch. Er beugt vor mir den Rücken. Ich lege ein Bein darauf und bohre den spitzen Stiefelabsatz in sein Fleisch.

»Sklave Doug, du bist ein Glückspilz. Du hast die Möglichkeit, das zu tun, was du dir seit langer Zeit erträumst. Ich möchte, daß du sehr langsam, sehr liebevoll und sehr sinnlich meinen Stiefel liebkost.« Dabei lasse ich eine Hand anmutig über den Stiefel gleiten, um meiner Bemerkung Nachdruck zu verleihen. »Glaubst du, daß du das für mich tun kannst?«

»Ja, Herrin.«

»Falls ich nicht zufrieden bin ... Denk daran, daß ich eine Peitsche in der Hand halte.« Ich lasse sie einmal knallen, um meinem Sklaven zu zeigen, daß ich mit ihr umgehen kann. »Hör sie dir an. Klingt sie nicht herrlich?«

»Ja, Herrin.«

Also fängt Doug an, meinem langschäftigen Stiefel Zuneigung zu erweisen. Er fängt am Absatz an. Da er vor Wollust stöhnt, braucht er zwar nicht mehr viel Ermunterung, aber ich gurre ihn trotzdem an: »Du gehörst zu den enthusiastischsten Sklaven, die seit langem in meinem Kerker waren.«

Plötzlich spüre ich, daß mein Sklave etwas streng Verbotenes tut: Dougs Zunge leckt über die blanke Haut meines Oberschenkels. Ich springe auf und stoße ihn beiseite. »Für diese kleine Missetat mußt du bestraft werden«, informiere ich ihn. »Weißt du, was ich mit bösen Jungen mache?«

»Nein, Herrin«, antwortet er gehorsam.

»Ich lege sie übers Knie und verdresche sie.«

Dies macht es erforderlich, daß ich Dougs Handschellen löse. Da ich weiß, wie es sich anfühlt, wenn man angekettet ist, schlage ich vor, daß er die Arme ausschüttelt, damit sein Blut wieder richtig zirkuliert. »Schließlich sind meine Sklaven mein Eigentum«, erkläre ich weiter. »Ich möchte ihnen keinen Schaden zufügen. Es ist viel zu schön, mit ihnen zu spielen.«

Obwohl Doug schlank ist, spüre ich das volle Gewicht seines Körpers, als er quer über meinem Schoß liegt. Trotzdem sporne ich ihn zu windenden, schlängelnden Bewegungen an. Wieder seufzt er ekstatisch auf. »Mach die Beine auseinander, damit die Ketten straff sind«, sage ich befehlend, wenn auch nicht zu streng. Ich genieße es fast ebenso wie er.

Wenn Doug zuckt, drückt sich der Umriß seines hart werdenden Schwanzes in meine Schenkel. Ich befehle ihm, sich
noch mehr zu winden. »Je erregter du bist, desto weniger
tun dir die Prügel weh.«

Das erste Klatschen wirft ein hübsches Echo. Seine Pobak-
ken zittern im Nachhall. Ich pflanze den nächsten – mit der
flachen Hand geführten – Hieb auf die andere Seite. Langsam verdresche ich Doug, der jeden Schlag mit einem lustvollen Keuchen genießt. Zwischen den Hieben streichle ich
ihn. Und während der ganzen Zeit schimpfe ich ihn aus.
»Du hättest mich wirklich nicht ohne Erlaubnis lecken sollen. Du solltest dich freuen, daß du überhaupt in meine Nähe kommen darfst.«

Ich fasse ihm in den Schritt, dann haue ich schneller und
etwas fester zu. Ich weiß zwar, daß ich ihm nicht wehtue,
aber er weidet sich an jedem Hieb. Die Backen seines Hin-
terns zeigen jetzt schwache, hellrote Flecken. Als er leidenschaftlicher ächzt, wird mein Lächeln breiter. »Tut es weh,
Doug?« Ich muß ihn einfach fragen.

»Es tut schön weh, Herrin.«

Jetzt ist es Zeit für andere Dinge. Als er wieder vor mir
kniet, umkreist die Spitze meiner Gerte seinen Schritt. »Ich
sehe, es hat dir Spaß gemacht, wie?«

»Ja, Herrin.«

»Aber nicht zu sehr…«

»Nein, Herrin.«

»Es macht mich unheimlich scharf, wenn ich Sklaven so
reagieren sehe. Jetzt darfst du meinen Oberschenkel lecken –
diesmal mit Erlaubnis. Ja, du hast Kraft, Doug.«

Die Phantasien meines Sklaven sind etwas exotischer und
gehen über die typischen Handschellen und das Verdreschen hinaus. Er sehnt sich danach, in seiner Freiheit weiter
beschränkt zu werden; ich soll ihn auspeitschen, fesseln und
ihm dabei die Augen verbinden. Da er mich gemietet hat,
damit ich für einen Nachmittag seine Domina bin, bin ich
mehr als glücklich, ihm den Wunsch erfüllen zu können. Ich
führe Doug an das Holzgestell. Er steht passiv und gehorsam da, als ich Seile um seine Beine wickle und seinen Kör-

per mit schwerer Schnur dekoriere. Ich binde ihm die Arme über dem Kopf fest und spreize weit seine Beine.

»Wie fühlst du dich, Doug?« frage ich, als ich ihm die Augen verbinde.

»Gut, Herrin.«

Ein Seil muß ich noch befestigen, eine dicke Kordel, die mehrmals um seine Taille verläuft. Doug seufzt lüstern, als ich den letzten Knoten binde. Ich lasse einen hellroten Fingernagel über seine Brust gleiten. »Jeder Teil von dir gehört mir, nicht wahr?«

»Ja, Herrin.«

Zufrieden trete ich kurz zurück und betrachte meine Arbeit.

»Welch ein hübscher nackter Körper«, sage ich zu ihm. »Aber er verlangt·nach etwas mehr Zierde. Du weißt doch, was ich meine, oder?«

»Nein, Herrin.«

Dougs Brustwarzen sind vor Erregung hart. Als ich ihn gefesselt und hilflos vor mir sehe, kann ich nicht widerstehen, den Vorteil meiner Lage auszunutzen. Ich sauge an der ersten und dann an der zweiten Brustwarze, und all dies zum Chor seines Stöhnens. Dann beiße ich ihn ein bißchen, und er stöhnt noch lauter. »Tut es weh, oder tut es *schön* weh?«

Ich warte seine Antwort nicht ab. Als ich sein Fleisch mit einer schwarzen Feder streichle, winselt mein Sklave erneut genußvoll auf. »Was du für herrliche Geräusche machst, Doug«, sage ich zu ihm. »Es klingt, als wärst du im Sklavenhimmel.«

»Ich habe es gern, wenn Sie mich ›Sklave‹ nennen, Herrin«, säuselt Doug.

»Das ist nur der Anfang.« Ich befestige vorsichtig zwei Klammern an seinen Brustwarzen und ziehe nacheinander an ihnen. Dougs erste Reaktion besteht aus einem lauten Stöhnen – vielleicht deswegen, weil er sich noch nicht an das stechende Gefühl gewöhnt hat. »Du mußt lernen«, lautet der Rat, den ich ihm gebe, »den Schmerz mit der Wollust zu vereinen, damit aus Schmerz Wollust und aus Wollust Schmerz wird.«

Ich streichle Dougs Schwanz, den ich aus dem engen Slip befreit habe, umfasse seine Eier und ziehe mit der anderen Hand an den Brustwarzenklammern. Es sieht so aus, als befände sich Sklave Doug in einer Wollust- und Schmerztrance. »Mein ganzes Leben... Mein ganzes Leben...«, murmelt er. Und ich weiß genau, was er meint. Sein ganzes Leben hat er von diesem Augenblick geträumt. Er hat ihn sich ausgemalt; er hat bei dem Gedanken, beherrscht zu werden, sogar einsam im Dunkeln masturbiert. Und nun lebt er seine Phantasien endlich aus.

»Bist du je ausgepeitscht worden, Sklave?« frage ich.

»Nein, Herrin.«

»Ich fange mit einer leichten Behandlung an«, erkläre ich und hebe eine meiner Lieblingspeitschen. Sie hat einen dicken Griff und viele quastenartige Riemchen. Spielerisch schiebe ich sie zwischen seine Hinterbacken. »Ich frage mich, wie du wohl mit einem Schwanz aussehen würdest ... Vielleicht darfst du irgendeines Tages mein Pony sein!«

Obwohl es nur ein Witz sein soll, reagiert Doug mit einem innigen: »Für meine Herrin tue ich alles.«

Ich befehle ihm, die Peitsche zu küssen. Als ich sie gegen seine Lippen drücke, tut er es voller Gier. Er berührt sie, saugt sie in den Mund hinein. Es erregt mich, sein absolutes Aufgehen in dem Akt zu beobachten. »Und jetzt, nachdem du die Peitsche geküßt hast, lasse ich dich von der Peitsche küssen.«

»Bitte, Herrin!« ruft er. »Bitte, peitsch mich aus!«

»Eines Tages wirst du die Peitschenstriemen als kleine Geschenke von mir ansehen«, sage ich zu ihm.

Zuerst lasse ich Doug die weichen Lederschlangen an der Haut spüren und kitzle ihn damit. »Du hast zwar die Liebkosungen meiner Peitsche gespürt, aber noch nicht ihren Stich.«

Bevor ich anfange, nehme ich die Hoden meines Sklaven in die Hand. »Wer hält dich an den Eiern?« frage ich.

Doug schluchzt beinahe vor Wollust. »Meine Herrin! Herrin Jacqueline! Meine wunderschöne Herrin!«

Die Peitsche schwebt in die Luft. »Ich werde dir zehn Hiebe verpassen, Doug. Und ich möchte, daß du sie mitzählst. Du zählst sie mit, indem du nach jedem Schlag ›Danke‹ sagst. Also: Eins; danke, Herrin. Zwei; danke, Herrin.«

Als die Peitsche den Hintern des Sklaven Doug küßt, wandern meine Gedanken weiter. Ich bin mir seines Zählens nur vage und entfernt bewußt, denn die Dualität der Szene verzehrt mein Bewußtsein. Noch vor wenigen Jahren war ich diejenige, die so verletzlich an Dougs Stelle stand. Ich hatte das Bedürfnis, bestraft zu werden. Ich war die Unterwürfige gewesen, die Sklavin. Nein, mein Leben hatte sich nicht immer so wie jetzt abgespielt. Ich habe nicht immer die Kontrolle ausgeübt, ich war nicht immer an der Macht. Ich war nur allzu oft das Opfer – gefühlsmäßig und körperlich.

Doch jetzt liegen die Dinge ganz, ganz anders.

2
Alice

Mein wirklicher Name ist Alice.

Ich bin Mitte Dreißig, praktizierende klinische Psychologin und versuche noch immer herauszukriegen, was mein Verhalten steuert. Viele meiner früheren Probleme mit Männern – einschließlich die mit Daniel, mit dem ich einige Jahre verheiratet war – basierten darauf, daß ich niemandem meine geheimen masochistische Neigungen einzugestehen wagte. Bevor ich meine Domina-Veranlagung entdeckte, spielte ich gern die Rolle der »Sklavin«. Eine liebevolle, doch kräftige verabreichte Tracht Prügel auf den nackten Hintern trieb mich in unvorstellbare erotische Höhen.

Ich lebe in zwei Welten. Die eine ist die der examinierten klinischen Psychologin. Doch in einer bizarren umgekehrten Rolle werde ich auch von Männern engagiert, um ihnen beim Ausleben ihrer masochistischen Sehnsüchte zu helfen. Und so werde ich in einem Privatkerker meiner Wohnung zur professionellen Domina.

Als meine Ehe in die Brüche ging, wollte ich meinen miesen Unzulänglichkeitsgefühlen durch zuviel Alkohol und Drogen entkommen. In dieser Phase habe ich Hunderte von Schwänzen liebkost und mich viele Male aus falschen Gründen in die falschen Kerle verliebt. Leider habe ich nie einen Mann gefunden, mit dem ich ganz verschmelzen konnte. In der feministischen Ära der »Verantwortung tragenden« Frau verkörpere ich das Bild der liebevollen Domina, die zwar die Peitsche schwingt, aber auch das Bedürfnis hat, beherrscht zu werden.

Praktisch gesehen müßte ich eine hübsche kleine jüdische Hausfrau aus der Vorstadt sein – mit zwei Kindern und einem liebevollen, eventuell langweiligen und allmählich kahl werdenden Ehemann. Doch der Zeiger meines Glücksrads hat auf einer anderen Zahl haltgemacht. Wenn Sie die Geschichte meines Lebens weiterverfolgen, stoßen wir vielleicht auf einige der Gründe, aus denen heraus wir vielleicht zu bestimmen Verhaltensweisen in der Sexualität neigen. Während Sie jedoch wahrscheinlich immer den geraden und eingegrenzten Weg gegangen sind, auf dem Sie geboren wurden – warum bin ich von ihm abgewichen?

Als Profi-Domina liegen mir einige der einflußreichsten Männer Amerikas zu Füßen, die für meine Dienste bezahlen. Manche sehen mich auch als teure oder spezialisierte Prostituierte, obwohl ich mich mit Kunden nie sexuell einlasse. Ich stehe ihnen vielmehr dabei zur Seite, wenn sie sich ihrer geheimsten Phantasien bewußt werden und sie ausleben wollen. Zudem stelle ich ihnen eine fürsorgliche, sie akzeptierende Partnerin für ihre heimlichen Gelüste und »verbotenen« Erregungsphasen zur Verfügung.

Ich habe mir diesen Beruf aus mehreren Gründen ausgesucht. Erstens, weil ich ein verständnisvoller, intuitiver Mensch bin und mich akademischer Grade in Pädagogik und Psychologie rühmen darf. (Da man es für unethisch halten könnte, habe ich mich entschieden, meine Therapeutenlizenz bei der Arbeit nicht zu erwähnen.) Zweitens wollte ich Domina sein, weil auch ich einst Phantasien hatte, von denen ich meinte, ich müßte sie für den Rest meines Lebens als schreckliches Geheimnis wahren. Als ich schließlich öffentlich dazu stehen konnte, empfand ich starke Erleichterung – und dem Mann gegenüber, der mir geholfen hatte, diese Last von meinen Schultern abzuwerfen, ein Gefühl großer Dankbarkeit. Ich wollte dieses Buch schreiben, um anderen zu helfen, damit sie wissen, daß es völlig in Ordnung ist, sich so zu geben, wie es ihnen behagt, auch wenn es der gesellschaftlichen Definition von »normal« vielleicht nicht entspricht.

Wie ist aus dem netten, normalen, jüdischen Mädchen der Mittelschicht eine begehrte Domina geworden? Meine Geschichte ist die Geschichte zunehmenden Selbstbewußtseins und großer Veränderungen, denn je mehr ich zu »Herrin Jacqueline« wurde, desto mehr fing ich im Grunde auch an, mich selbst zu akzeptieren. Als junge Frau war ich scheu;

die Männer haben mich eingeschüchtert. Als Unterwürfige habe ich körperliche und verbale Erniedrigungen genossen. Und als Domina ... Nun, Sie werden es gleich erfahren. Aber zuvor müssen Sie Alice kennenlernen.

Alice wurde im New Yorker Stadtteil Bronx geboren. Ich wuchs in der Trägheit der fünfziger und frühen sechziger Jahre in einer Dreieinhalbzimmerwohnung bei meiner Mutter, meinem Vater und meiner Schwester Robin auf. Wir waren eine typische, nette Familie aus der jüdischen Mittelschicht; zwar nicht reich, aber auch nicht arm. Auf die Außenwelt, dessen bin ich mir sicher, mußten wir wie eine heile Familie wirken. Robin und ich waren zwar gut genährt und gut gekleidet, führten aber gefühlsmäßig ein ödes Leben.

Mein Vater war ein schwer arbeitender Mann. Er war selbständig, ging morgens um sechs oder halb sieben aus dem Haus und kam erst spät abends zurück. Meine Mutter hatte außer der Hausarbeit nie einen Job – das änderte sich erst, als ich auszog und aufs College ging. Sie war fest davon überzeugt, ihr Platz sei zu Hause. Ihre unaufhörlichen schwärmerischen Phantasien wurden ebenfalls zu einen Teil unseres Problems. Robin und ich wurden ständig gedrängt, etwas Großes zu werden. Mama vergaß nie zu erwähnen, daß sie uns im Sommer in die besten Ferienlager schickte, daß wir Klavier- und Tanzunterricht bekamen und so weiter. In der Schule kamen wir zwar gut mit, aber irgendwie waren wir ihr nie gut genug. Den Klavierunterricht und das Ferienlager fanden wir zwar schön, aber ich wußte schon damals, daß beides nur Angeberei war. Ich brauchte Dinge mit mehr Substanz. Ich brauchte die Zuneigung meiner Mutter, ihre Anerkennung. Ich brauchte ihre Liebe.

Alice war ein hübsches kleines Mädchen mit langen, blonden Löckchen. Ich glaube, körperlich war sie ein wunderschönes Kind – aber irgendwie konnte ich mich nie leiden. Obwohl mein Haar naturblond war, meinte ich, daß ich wie alle anderen braunes Haar haben müsse. Vielleicht war *dies* das Problem – daß ich mich nie wie die anderen gefühlt habe. Meine Eltern haben kaum gelacht, sie haben nie herumgekaspert und das Leben offenbar nie genossen. Sie haben mir, glaube ich, auch nie ihre Zuneigung gezeigt, es sei denn, indem sie für materielle Dinge sorgten. Der Satz »Ich habe dich gern« gehörte nicht zu ihrem Wortschatz. Sie haben nie »Du bist hübsch« oder »Du bist klug« zu mir gesagt. Wenn ich bei einem Test 85 Punkte holte, hätten sie lieber 90 gesehen. Holte ich 90 Punkte, wären ihnen 95 lieber gewesen. Ich war ihnen einfach nie gut genug.

Ich weiß noch, daß ich meine Mutter als sehr kleines Kind an mich gezogen, die Arme um sie geschlungen und sie so fest gedrückt habe, wie es nur ging. Weil ich mir wünschte, daß sie mich so in die Arme nehme. Doch immer, wenn ich es tat, fragte sie: »Bist du krank? Ist irgend etwas nicht in Ordnung? Warum drückst du mich?« Es mußte immer einen Grund – ein Alibi – geben, um Liebe zu zeigen. Wieso konnte ich sie nicht einfach umarmen, weil mir danach war?

Meine Mutter hatte einen Putzfimmel; ging sie der Hausarbeit nach, durfte ich nie bei ihr sein. Weil ich dann im Weg stand und alles durcheinanderbrachte. Deswegen bin ich sehr unhäuslich und weiß kaum, wie man einen Hemdenknopf annäht. Meine Mutter war eben die Supermama. Sie hat alles allein gemacht und wollte sich von niemandem helfen lassen.

Obwohl Mama eventuell wie eine Emigrantin aus Europa wirkte, ist sie keine. Sie wurde, wie ich, in der Bronx geboren und ist dort aufgewachsen. Die Familie meines Vaters stammt aus Polen. Er wurde in Europa geboren und kam im Alter von fünf oder sechs Jahren in die Vereinigten Staaten. Meine Mutter hat immer äußerst deutlich gemacht, daß nur ihre Familie zählte – daß Papas Familie zur Unterschicht gehörte.

Robin ist sechs Jahre älter als ich. Ich hatte sie zwar wirklich sehr gern, aber als Kinder haben wir uns oft gestritten. Ich weiß noch, daß ihre Freunde mich, wenn sie zu Besuch kamen, oft aufzogen. Zwar weiß ich das selbst nicht mehr so genau, aber Robin hat mir erzählt, eine ihrer Freundinnen sei soweit gegangen, mich zu fesseln, und ich hätte lauthals geschrien. Ich glaube freilich nicht, daß meine späteren Prügelphantasien daher stammen. Nicht einmal heute bin ich sonderlich scharf darauf, gefesselt zu werden.

Meine Mutter schien mit meiner Schwester in ständigem Kriegszustand zu leben. Oft hat sie Robin, wenn ich dabei war, eine reingehauen. Sah ich das, mußte ich weinen. Ich werde die schrecklichen Auseinandersetzungen zwischen Robin und meiner Mutter nie vergessen. Deshalb wollte ich auch nie Freundinnen mit nach Hause bringen, aus Angst, sie könnten anfangen, sich zu streiten. Eines Tages lief Robin von zu Hause fort, weil Mama sie mit ihren Freundinnen nicht zur Kirmes gehen lassen wollte. Ich hatte solche Angst, sie würde nicht zurückkommen, daß ich den ganzen Nachmittag weinte und mich übergab. Natürlich ist Robin doch zurückgekommen. Als ich fünf oder sechs war, mußte ich mich sehr oft übergeben. Es war eine emotionelle Reaktion auf das mich umgebende Elend, fast so etwas wie Bettnässen bei anderen Kindern. Manchmal wachte ich sogar mitten in der Nacht auf und sagte meiner Mutter, mir sei übel. Ich wußte zwar, daß es sie wütend machte, aber ich konnte nichts dagegen unternehmen.

Ich war so durcheinander, daß meine Mutter mich zu einer Kinderpsychologin brachte. Dies ist auch heute noch eine meiner deutlichsten Erinnerungen. Ich weiß noch, daß wir in ihre Praxis gingen und daß sie mich irgendwie therapierte. Es hat mir sehr gut bei ihr gefallen. Dann sagte die Therapeutin, ich solle den Raum verlassen. Als sie mit meiner Mutter sprach, lauschte ich. »Mit Alice ist alles in Ordnung«, sagte sie. »Sie wird das Brechstadium überwinden. Es ist nur ihre Art, um mehr Liebe und Beachtung zu bitten.« Als Mama hörte, daß ich wieder in Ordnung kommen würde, vergaß sie den Liebe-und-Beachtungs-Teil. Robin erzählte ich, daß ich mehr Liebe bräuchte, doch sie zog mich damit auf. »Liebe und Beachtung, Liebe und Beachtung! Unsere Kleine braucht Liebe und Beachtung!« rief sie spöttisch.

Obwohl ich kein glückliches Kind war, kam ich in der Schule gut zurecht. Ich gehörte stets zu den Klassenbesten. Als ich etwa zwölf war, wurde ich »verrückt auf Jungs«. Ich war immer hinter denen her, die am beliebtesten waren; den

Unerreichbaren, den Jungs, die *allen* gefielen. Natürlich habe ich sie nie bekommen. In der Grundschule war es Paul. Er trug eine Meckifrisur und hatte hellblaue Augen. Zwar machte er sich einen Spaß daraus, mich zu übersehen, aber ich war ständig hinter ihm her. Im Ferienlager war ich wieder verliebt, diesmal in einen Burschen namens Howie. Aber er wußte nicht einmal, daß es mich gab. Ich war nie scharf auf die, die ich hätte haben können, sondern nur auf die, die mich nicht wollten. Abgesehen davon war ich im wahrsten Sinn des Wortes hinter den Jungs her: Wir Mädchen jagten sie, schnappten sie uns und fesselten und verhauten sie.

In der sechsten Klasse wurde Barbara meine beste Freundin. Sie war das beliebteste Mädchen in der Klasse. Wir hingen zusammen herum und gerieten auch immer in irgendwelche Schwierigkeiten. Man warf uns sogar bei den Pfadfinderinnen raus. Aber Babara konnte äußerst garstig sein. »Du weißt, daß ich viel hübscher bin als du«, sagte sie sehr gelassen zu mir. »Ich kann Jungs kriegen – du aber nicht.« Einmal waren wir mit zwei miteinander befreundeten Jungs verabredet. Mein Freund war zufälligerweise der nettere der beiden, aber Barbara machte sich einen Spaß daraus, mir zu sagen: »Verlaß dich drauf, das kommt nie wieder vor.« Ich erinnere mich sogar, daß sie mich einmal verprügelte und daß man mir irgendwie die Schuld daran in die Schuhe schob.

All dies trug noch dazu bei, daß ich mich schlecht fühlte. Und so hatte ich eben auch nur Freundinnen, die mich schlecht behandelten. Ich gab mich damit zufrieden. Meine Mutter ließ keine Gelegenheit aus, mir zu sagen, welch niederträchtiges Kind ich sei. »Du bist schlimmer als Hitler!« höre ich sie noch heute schreien. Das muß man sich mal vorstellen! Was hätte *ich* wohl tun können, das schlimmer gewesen wäre als die Taten eines Menschen, der Millionen andere umgebracht hat? Trotzdem verschloß ich diese Gefühle in mir, selbst wenn ich draußen war.

Ich weiß noch immer nicht genau, welchen Ursprung meine Prügelphantasien haben. Erinnern kann ich mich daran, daß ich mich als Kind an der Bettdecke gerieben und mir dabei vorgestellt habe, geschlagen zu werden. Im wirklichen Leben hat man mir den Hintern zwar nie verdroschen, aber geschlagen wurde ich doch. Und zwar ernsthaft. Meine Mutter schlug mich mit Kleiderbügeln, bis sie zerbrachen. Sie gerbte mir das Fell, selbst für den kleinsten Ungehorsam, mit dem Schlauch einer Waschmaschine. Vielleicht war ich auf die Normalheit des Verdroschenwerdens aus, vielleicht wollte ich eher wie ein Kind verhauen werden statt wie ein Sklave, den man auf einer Pflanzung auspeitscht. Ich weiß noch, daß ich mit meinen kleinen Freundinnen im Park spielte. Wir haben uns manchmal gegenseitig den Hintern verdroschen. Ich nehme an, sowas gehört dazu, wenn man »Mutter und Kind« spielt. Die meisten Mütter müssen zwar Hiebe verteilen, aber irgendwie schlossen sie für mich auch etwas Sexuelles ein.

Ich glaube, Obsessionen entwickeln sich früh. Als klinische Psychologin sehe ich es oft an meinen Patienten. Wenn jemand auf Fetische fixiert ist, wenn etwa jemand von Frauenfüßen, von Beinen oder ähnlichem fasziniert ist, sieht es immer so aus, als hätten diese Dinge in sehr frühem Alter angefangen. Die meisten Menschen können sich nicht einmal daran erinnern, wann es begonnen hat. Manche meiner Kunden sprechen über frühe Kindheitserfahrungen, bei denen eine ältere Schwester oder eine Tante sie verdroschen hat. Solche Erlebnisse bringen Männer oft zu dem Schluß, daß Frauen etwas Überlegenes sind. obwohl ich schon als Kind vernunftmäßig wußte, daß meine Phantasien, in denen mich jemand beherrschte, leicht bizarr waren, empfand ich sie dennoch als etwas, das mich anmachte. Wie ich oft zu meinen S/M-Kunden sage: »Solange eine Phantasie dich anmacht, schätze dich glücklich, denn du hast etwas, das dich immer erregen wird!«

In der Junior High School gelang es mir, in etwas hineinzugeraten, das S. P. hieß. Es war ein Förderkurs für Begabte. Ich erinnere mich an die Debatte zwischen Mama und Papa, ob ich den Zwei- oder den Dreijahreskurs mitmachen sollte. Schließlich machte ich den Zweijahreskurs. Obwohl ich dadurch von einigen meiner »schlechten Einfluß ausübenden«

Grundschul-Freundinnen getrennt wurde, zogen mich in der Junior High School wieder die gleichen Typen an. Sie wissen schon: Mädchen, die leicht verdorben und ein bißchen verrückt auf Jungs sind. Natürlich kam ich laufend in Schwierigkeiten, da ich im Unterricht Blödsinn machte oder kicherte. Die üblichen Teenagergeschichten. Daheim jedoch war die Hölle los, wenn ich fünf Minuten zu spät zum Abendessen kam. Stellen Sie sich den Krach vor, wenn ich Nachsitzen mußte! Zwar provozierte ich das Geschrei meiner Mutter nicht gern, aber ich konnte auch nicht widerstehen, mich boshaft entsprechend zu verhalten.

Mein Vater hatte mit diesen Dingen meist nie etwas zu tun. Er war eher eine Randfigur und ging in den Problemen seiner Tätigkeit völlig auf. Wenn er Feierabend machte, war es schon spät, dann hatte er gerade noch die Kraft, die Post zu sichten, das Abendessen einzunehmen und die Zeitung zu lesen. So ging es jeden Abend. Wenn meine Mutter und ich dann einen lauten Disput hatten, bemühte er sich halbherzig, ihn zu beenden. Daraufhin schrie meine Mutter ihn an, weil er sich eingemischt hatte. Sie spielten ständig die Rolle des Passiven und der allesbeherrschenden Bestie. Vielleicht ist auch das ein Grund, warum S/M mich anzog. Für mich war es eine durchaus normale Form des Lebens. Ich wuchs heran und sah, daß meine Mutter meinen Vater beherrschte. Erst viel später erkannte ich, daß S/M nur ein Spiel sein darf. Es sollte ausgelassen und sexuell zufriedenstellend sein. Die Rollen sind festgelegt, und die Teilnehmer werden nicht wirklich niedergemacht. Doch zwischen meinen Eltern war es nicht unbedingt so.

Schon als Kind fragte ich mich, warum Papa ihr nicht einfach eine scheuerte, warum er sie nicht verdrosch und sagte, sie solle die Klappe halten. Doch statt dessen verzehrte er sein Abendessen. Er hat sich nie ernsthaft gewehrt. Meine Mutter hat einen Waschlappen aus ihm gemacht, und vielleicht hat er es genossen, sich ihrem Willen zu unterwerfen. Wenn Papa nach einem langen Arbeitstag nur einen Augenblick dasitzen und sich die Post ansehen wollte, scheuchte Mama ihn auch schon nörgelnd auf. »Komm jetzt, es ist schon spät! Wie lange soll ich das Essen denn noch warmhalten?« Und dann eilte er zum Eßtisch.

Ich werde dafür bezahlt, daß ich ähnliche Dinge zu den Männern sage, doch meine Mutter machte das ganz selbstverständlich. Selbst bei einer Autofahrt machte sie Papa herunter, wenn er sich verfahren hatte. Sie hörte nie auf, ihn daran zu erinnern, daß er nicht mit Hammer und Zange umgehen konnte, ständig stand er vor ihr fast lächerlich da. Es war zwar ziemlich abscheulich, all dies mitzuerleben, doch heute ist mir klar, daß ich schlimme Dinge über die Beziehungen zwischen Männern und Frauen lernte, indem ich ihnen zuschaute.

»Männer sind zum Herumschubsen da«, lautete die Botschaft. Und doch brauchten meine Eltern einander vielleicht auf irgendeine perverse Weise. Vielleicht brauchte Papa eine Frau, die für ihn die Herrin mimte – denn genau das hat Mama getan, und sie tut es noch heute. Obwohl ich die beiden nicht mehr sehr oft sehe, sind sie nach all den Jahren noch immer verheiratet.

Bei einem Zwischenfall, zu dem es kam, als ich an der Boston University studierte, lernte ich eine andere Seite meines Vaters kennen. Ich war gerade für eine Woche nach Hause gekommen, als Mama plötzlich ins Krankenhaus mußte. Zuerst hatten wir Angst, weil wir nicht wußten, was mit ihr los war. Man diagnostizierte eine Eierstockzyste, aber das war schließlich nichts Lebensbedrohendes. Mein erster Gedanke war: »Wenigstens ist sie eine Weile aus dem Haus.« Ich hatte die Hoffnung, mein Vater und ich könnten ohne sie eine schöne Zeit verleben und uns endlich einmal besser kennenlernen.

Aber es kam ganz anders. Ohne sie funktionierte mein Vater nicht. Selbst mit mir an der Seite war er wie eine verlorene Seele. Wenn er sie im Krankenhaus besucht hatte, kam er stets mit einer lagen Liste von Anweisungen zurück, die sie ihm gegeben hatte. Es war offenbar die einzige Möglichkeit für ihn, über die Runden zu kommen. »Gieß die Blumen ... Kauf Milch ein ... Vergiß nicht, die Stromrechnung zu bezahlen.« Es war deutlich zu sehen, daß mein Vater Angst davor hatte, sich ohne meine Mutter dem Leben zu stellen. Ich nehme an, er haßte sie, weil sie einen Gefühlskrüppel aus ihm gemacht hatte. Im Grunde ist mein Vater zwar ein guter Mensch, aber ich hege noch immer einigen Groll gegen ihn, weil er sich nie gegen Mamas Geplärre gewehrt hat – seinet- und auch meinetwegen. Bei den wenigen Gelegenheiten, bei denen ich ihn ins Vertrauen zog, hat er Mama brühwarm sofort all meine Geheimnisse weitererzählt.

Meine Eltern leben zwar noch in New York, aber den Winter verbringen sie in Florida. Bei meinem letzten Besuch zu Hause sah ich sie dann allmählich in einem anderen Licht. In letzter Zeit vermeide ich Reisen nach Osten, teilweise deswegen, weil sie keine Ahnung haben, wovon ich lebe. Ich möchte es zwar so beibehalten, aber es fällt mir noch immer schwer, Lügengewebe zu spinnen.

Im Januar flog ich zur Bar-Mizwa meines Neffen von Los Angeles nach Hause. Als ich in der Stadt war, kam zufällig die Schwester meines Vaters vorbei. Mama fühlte sich nicht gut, aber sie wollte unbedingt nach Miami zurück. Daß sie sieben Tage lang Schiwe (die traditionellen jüdischen Trauertage) absitzen sollte, paßte ihr nicht in den Kram. Während sie herumschwadronierte, sagte mein Vater ganz einfach zu ihr: »Hör mal, wenn du unbedingt nach Florida willst, dann geh doch.« Seine ›Geh-doch-hin-wo-du-willst-ich-bleib-jedenfalls-hier‹-Art erschreckte sie. Diese Kraft hatte vorher keiner von uns an ihm bemerkt. Ich muß der Antwort meiner Mutter Anerkennung zollen. »Kommt gar nicht in Frage«, sagte sie zu ihm. »Ich möchte nicht, daß du allein hier bleibst.« Zum ersten Mal im Leben war sie einen Kompromiß eingegangen. Dank ihres Einlenkens reisten sie etwas früher ab, als ursprünglich geplant. Ich merkte überrascht, daß ich dachte: »Gewonnen. Sie hat doch erreicht, was sie wollte.« Aber sie hatte es nicht mit Geschrei und Gezeter erreicht. Sie hatte nur ein wenig nachgegeben.

Vielleicht habe ich auf meine Mutter irgendwie immer zu scharf reagiert. Auch in meinen Beziehungen zu Männern war ich viele Jahre zu unterwürfig. Ich habe angefangen zu trinken und Drogen zu nehmen, um die schlechten Gefühle zu betäuben, die ich in bezug auf mich selbst entwickelte. In den vergangenen drei Jahren habe ich dank meiner Zugehörigkeit zu einer wohlbekannten Drogen- und Alkoholberatungsgruppe mehr Kontrolle über mein Leben erlangt. Ich glaube, ich bin viel erwachsener geworden.

Eines ist gewiß – als ich noch ein Kind war, wurde die Saat meiner Probleme gelegt. Als ich zehn Jahre alt war, verließ meine Schwester Robin die Stadt und ging aufs College. Sobald sie uns verlassen hatte, konzentrierten sich alle Streitigkeiten und Zwiste innerhalb der Familie auf mich. Ich war als einzige den Demütigungen und Prügeleien meiner Mutter ausgesetzt. Damals war Kindesmißhandlung noch etwas, über das man öffentlich nicht sprach. Man konnte niemanden anrufen. Ich mußte es einfach ertragen.

Als ich zur High School ging, fing meine Mutter an, mich mit Holzkleiderbügeln zu verprügeln. Wenn ich zur Schule ging, hatte ich blaue Flecken und Schrammen an den Armen, aber niemand hat je ein Wort dazu gesagt. Ich erinnere mich an eine sehr kleinliche Auseinandersetzung, als meine Mutter mir verbot, einen Freund anzurufen. Obwohl mein Vater sonst meist derjenige war, der unsere Auseinandersetzungen beendete, verdrosch auch er mich plötzlich. Es war am Tag vor Silvester, ich hatte für den kommenden Abend eine Verabredung, und ich beharrte darauf, meinen Freund Phil anzurufen; da schlug mein Vater mir ins Gesicht. Statt ihn zurückzuhalten, machte meine Mutter mit. Und so kriegte ich von beiden Seiten das Fell gegerbt. Schließlich schüttelte ich sie ab und wankte blutend und mit geschwollenem Gesicht hinaus. Ich war außer mir und wußte, daß es eine Organisation namens Child Humane Society gab. »Da werde ich anrufen«, schrie ich meinen Vater an, »und den Leuten sagen, wie ihr mich geschlagen habt!« Ich weiß zwar nicht, ob ich es wirklich getan hätte, aber als mein Vater sah, daß ich die Telefonnummer suchte, veränderte er sich. Er nahm mich in die Arme und sagte, es täte ihm leid. Ich nehme an, es hat ihm in diesem Augenblick wirklich leid getan.

Trotz der hitzigen Familienstreitigkeiten habe ich mich

aber eigentlich nie für ein mißhandeltes Kind gehalten. Ich kam ja aus einer netten jüdischen Familie. Nette jüdische Familien können nicht schlecht sein. Meine Eltern schickten mich jedes Jahr ins Ferienlager. Sie wußten freilich nicht, daß ich es kaum erwarten konnte, aus dem Haus zu kommen. Als typische Halbwüchsige konnte ich autoritäre Figuren nicht ausstehen. Ich brach klitzekleine Vorschriften, nur damit ich mich stark und ein wenig böse fühlen konnte; nichts Ernsthaftes, aber immerhin genug, um meine Eltern gegen mich aufzubringen.

Im Ferienlager kam ich mit dem Aufsichtspersonal meist schlecht aus. Sie waren froh, mich übersehen zu können. Stets freundete ich mich mit Typen an, die Ärger machten. Sie stachelten mich auf, mit den Jungs Knutschspiele zu absolvieren, und ich war immer gern bei der Sache. Zwar war ich nie Rädelsführerin, aber immer eine gute Mitläuferin. Ich hätte beinahe alles getan, um anerkannt zu werden und eine Andeutung von Liebe zu spüren.

Im Leben aller Halbwüchsigen meiner Art existiert in der Erwachsenenwelt wenigstens immer eine positive Gestalt. Wie sollten wir sonst überleben? Bei mir war es meine Großmutter mütterlicherseits. Sie war sehr lieb und nett, und komischerweise stand meine Mutter ihr sehr nahe, obwohl sie sich im Temperament überhaupt nicht glichen. Leider starb meine Großmutter, als ich sechs Jahre alt war. Danach war Mama völlig verändert. Möglicherweise hat sie sich nach dem Tod ihrer Mutter alleingelassen gefühlt. Doch statt ihrer eigenen Tochter nun näherzukommen, fuhr sie fort damit, Robin und mich herumzustoßen.

In der Junior High School kam ich irgendwie an die Hauptrolle einer Theateraufführung. Zum ersten Mal war ich wirklich glücklich. Ich gefiel mir nicht nur, ich stellte auch fest, daß mir die Schauspielerei zusagte, und war so begeistert, daß ich auf die High School of Performing Arts gehen wollte (die durch den Film *Der Weg zum Ruhm* und die nachfolgende TV-Serie populär wurde). Aber Mama entmutigte mich. Sie hielt die Idee für blöd. Da ich nicht – wie Shirley Temple – im Alter von fünf Jahren angefangen hatte, sei es längst zu spät für mich. Natürlich glaubte ich das nicht, aber ich hörte auf meine Mutter.

Erst vor kurzer Zeit hatte ich den Mut, Schauspielunterricht zu nehmen. Das Agieren für andere und das Erschaffen einer Persönlichkeit ist etwas, das ich in meiner Tätigkeit als Domina schon getan habe. Bin ich dann ganz abgeschuftet, gibt mir das das Gefühl, eine überzeugende Schauspielerin zu sein. Vielleicht sind Sie der gleichen Meinung, wenn sie ein paar meiner Videofilme oder einen meiner Auftritte in Sendungen wie der »Sally Jessy Raphael Show« gesehen haben. Wenigstens habe ich meiner Mutter damit erneut gezeigt, daß sie sich in mir getäuscht hat. Wenn man wirklich etwas tun will, ist es niemals zu spät. Niemals.

In der High School hatte ich eine Freundin namens Susan. Sie war nicht nur sehr schlau, sondern hochintelligent. Und sie war, wie ich, eine Streberin. Die Struktur ihrer Familie ähnelte der meinen sehr. Ihre Mutter war eine höchst dominante Lehrerin, ihr Vater hatte ein Modegeschäft in der Bronx. Auch Susans Mama war sehr intelligent – und ließ keine Gelegenheit aus, darauf hinzuweisen. Susan hatte man eingehämmert, sich stets gebildet zu verhalten. Sie sah zwar nicht schlecht aus, aber ich glaube, eine Schönheitskönigin war sie nicht. Susan und ich schlossen schnell Freundschaft. Wir gaben uns zwar Mühe, beliebt zu sein, bekamen aber immer einen Dämpfer verpaßt. Manchmal zogen uns die lässigen Halbwüchsigen auf, die auf dem Grand Concourse herumhingen. Ganz offen beleidigten sie uns und ließen uns deutlich spüren, daß niemand uns haben wollte. Aber in der nächsten Woche waren wir wieder da, um uns eins überbraten zu lassen. Wenigstens hatten sie uns *bemerkt!* Susan und ich waren ein unermüdliches Team, wir ließen nie eine Freitagabendparty der College-Verbindungen aus. Obwohl die süßesten Jungs uns stets ignorierten, waren wir doch zur Stelle. Es war ziemlich mies. Obwohl Susan und ich bei diesen Soirées nie Spaß hatten, hingen wir immer zusammen. Wenigstens hatten wir uns selbst.

Susan hat mich auch die Freuden von etwas gelehrt, das

sich schließlich zu einem Problem auswuchs: Essen. Essen ist ein äußerst natürlicher erster Schritt für einen Menschen, der im späteren Leben zum Frustfresser wird. Susan hat mich die Herrlichkeiten des Futterns gelehrt. Nun ja, wenn die College-Knaben uns schon nicht pausenlos die Tür einrannten, konnten wir uns wenigstens mit Kuchen vollstopfen, um uns wohlzufühlen. Süßigkeiten heilten all unsere Wunden. Da nur wenige Jungs unsere Aufmerksamkeit ablenkten, futterten wir alles, was unseren Weg kreuzte. Susan konnte jeden unter den Tisch fressen, ohne sichtbar zuzunehmen, doch als ich zum High-School-Frischling wurde, schleppte ich zehn bis zwanzig Pfund zuviel mit mir herum. Ich war zwar nicht direkt fett, aber bestimmt auch nicht schlank. Mit meinem Übergewicht wuchsen auch meine Komplexe. Ich hielt mich für eine häßliche Schnepfe und war davon überzeugt, daß nie ein Junge mit mir ausgehen würde. Wenn ich mir heute mein Foto im Jahrbuch der Schule ansehe, stelle ich aber fest, daß ich *wirklich* hübsch war. Es gab nur einen Grund, warum ich nicht beliebt war und keine männlichen Freunde hatte: mein eigenes Verhalten. Ich konnte mich selbst nicht leiden. Und das sah man mir deutlich an.

Eines Abends luden Susan und ich ein paar Freunde in unsere Wohnung ein. Meine Eltern waren für ein paar Tage verreist, ich hatte sturmfreie Bude und wollte mich gern erwachsen fühlen. Eigentlich hatten wir nur ein paar Leute einladen wollen, aber als sich herumsprach, daß wir eine sturmfreie Bude hatten, tauchten sie plötzlich aus allen Löchern auf. Bald geriet die Sache außer Kontrolle. Das Bier floß in Strömen. Der von meiner Mutter sorgfältig gebohnerte Küchenboden wurde völlig zerkratzt. Ich hatte schreckliche Angst vor der Reaktion meiner Eltern, deswegen geriet ich in Panik und machte Anstalten, die Leute rauszuwerfen; doch die spielten mir übel mit. Als ich aus dem Haus ging, um einen Teil des Mülls wegzubringen, warfen sie die Tür hinter mir zu und schlossen ab. Susan mußte aus der Wohnung ihren Vater anrufen, damit er uns vor unseren eigenen Freunden rettete.

Ich hatte nicht genug Zeit, um alles sauberzumachen, und als meine Eltern nach Hause kamen, sah unsere Wohnung aus wie ein Schlachtfeld. Natürlich waren sie stinkwütend. Meine Mutter tat so, als wäre es so schlimm wie die Bombardierung Hiroshimas. Ich schluchzte zwar und sagte meinen Eltern, es täte mir leid, aber insgeheim war ich der Meinung, nichts Schreckliches getan zu haben. Trotzdem haben sie wegen der Sache unheimlich Krach geschlagen und mich einen ganzen Monat zur Schnecke gemacht. Ich durfte mit meiner Busenfreundin Susan weder sprechen noch telefonieren.

Meine Eltern waren sehr spießig. Ich habe weder meine Mutter noch meinen Vater je halb angezogen gesehen, geschweige denn nackt. Bei uns mußte man immer vollständig angekleidet sein. Wenn man aufs Töpfchen mußte, durfte man das nie aussprechen, sexuelle Dinge natürlich erst recht nicht. Rülpsen war bei uns zu Hause eine Todsünde. Einmal, als ich in meinem Zimmer für einen Test übte, trug ich ein bequemes, langes T-Shirt. Mama kam herein und fauchte: »Bedeck deine Schenkel! Sie sind dick und häßlich!« Nahm sie mich zum Kleiderkauf mit, sagte sie ständig, ich solle einen Hüftgürtel tragen. »Du kommst nicht ohne aus«, sagte sie. »Schau dich doch mal an.«

Und ich schaute mich an. Ehrlich gesagt, ich konnte nicht erkennen, was an mir so häßlich sein sollte. Doch was Sex anbetraf – vergessen wir's. Meine Freundinnen und ich waren völlig auf die Vorstellung gedrillt, daß Sex zu den Dingen gehörte, mit denen man wartete, bis man verheiratet war. Und selbst dann war Sex offenbar nichts Erfreuliches. Susan und ich malten uns kichernd aus, daß wir in der Hochzeitsnacht eine Rüstung tragen wollten.

Damals fing die Hippiezeit an, und Susan und ich gerieten in eine neue Clique, in der man Pot rauchte; das hatten wir noch nie gemacht. Im vorigen Sommer hatte ich die träge und empfindungslos machenden Auswirkungen des Alkohols entdeckt. Meine Eltern hatten mich da quer durch das Land mit einer Jugendgruppe auf eine Teenagerreise geschickt, und als der Sommer zu Ende ging, war irgendwem eine Flasche Schnaps in die Hände gefallen. Nach ein paar Schlucken fühlte ich mich unheimlich entspannt, und so wurde mir im Alter von siebzehn Jahren die Botschaft sehr deutlich, daß Alkohol mich entkrampfte und mir den Mut gab, die »Abenteurerin« zu spielen, die ich gern sein wollte. Ich gebe zu, daß Susan und ich ziemlich wild darauf waren, mit einer pot-rauchenden Clique herumzugammeln. Eines abends gaben wir schließlich nach, versuchten das Zeug und stellten fest, daß Marihuana keineswegs so schrecklich war, wie man uns erzählt hatte. Eigentlich nichts, über das man viel Aufhebens zu machen brauchte.

Schließlich fanden Susan und ich in unserem neuen Kreis zwei Freunde. Jim war zwar lieb zu mir, aber ich hatte etwas Angst vor diesem ansehnlichen Hippie. Er stand auf »freie Liebe«, und auch diese Vorstellung ängstigte mich. Alles, was mit Liebe zu tun hatte, machte mir anscheinend Angst! Als ich der Meinung war, mit Jim schlafen zu können, war es Sommer – und ich mußte schon wieder einmal in ein Ferienlager. Das hat man davon, wenn man zu lange zaudert.

Die Zeit kam, wo ich mich an einem College bewerben sollte, und es gelang Mama, sich ein B'nai-B'rith-Handbuch zu beschaffen, das den Prozentanteil männlicher Juden verzeichnete, die auf bestimmte Schulen gingen. Ich war entsetzt, denn plötzlich verstand ich, weswegen sie mich hauptsächlich auf ein College gehen lassen wollte: Ich wurde dorthin geschickt, damit ich das »Ehefrauen«-Examen bestand, um anschließend die fleißige Braut eines jüdischen Geschäftsmannes zu werden. Frauen gingen aufs College, wurden Lehrerinnen, unterrichteten ein, zwei Jahre, heirateten und bekamen ein paar Kinder. Und wenn sie nicht gestorben sind … Allerdings, da ich keine eindeutig definierten Ziele hatte, habe ich nicht sehr lautstark protestiert.

Im ersten Jahr an der Boston University war ich begeistert. Ich konnte es kaum erwarten, von meinen Eltern fort zu sein. Und sie wußten das. Obwohl ich kostenlos in das nicht weit entfernte City College hätte gehen und zu Hause wohnen können, studierte ich lieber zweihundert Meilen weit weg, um ihren Fängen zu entkommen. Meine Eltern hatten zwar nicht viel Geld, aber wahrscheinlich wollten sie mich ebenso gern los sein, wie ich von ihnen fort wollte.

In den frühen siebziger Jahren waren Colleges wie die Boston University Zentren der Studentenunruhen; damals erschütterten viele akademische und politische Veränderungen das Land und die Welt. Wie einige Millionen anderer Teenager hatte auch ich *The Harrad Experiment* entdeckt, ein Buch über ein sexuelles Utopia. Doch Harrad war weit von der Boston University entfernt. An der B. U. waren die Studentenwohnheime nach Geschlechtern getrennt, und man konnte nicht mal einen Freund zu sich einladen. Ein paar Jahre später gab es dann gemischte Wohnheime, und jeder schlief mit jedem. Es war die Zeit der freien Liebe. Revolutionäre Zeiten. Man ging nicht einmal mehr regelmäßig in die Vorlesung; wir waren zu sehr damit beschäftigt, gegen den Vietnamkrieg zu protestieren.

Bevor Mama mich auf College-Gattenjagd schickte, instruierte sie mich ernst: »Wehe, ich kriege heraus, daß du mit Nichtjuden ausgehst. Dann nehme ich dich von der Schule.« Um mir die Sache noch mehr zu verdeutlichen, fügte sie hinzu, ich solle mir bloß nicht einfallen lassen, jemanden zu heiraten, der nicht den richtigen Glauben hätte – dann würde sie mir das Gesicht zerkratzen. Als ich fragte, ob es ihr lieber wäre, wenn ich statt eines reichen nichtjüdischen Akademikers einen jüdischen Straßenfeger heiratete, erwiderte sie spitz: »Stell nicht solche Fragen! Das weißt du doch genau!« Nachdem ich die Anweisungen meiner Mutter geistig ad acta gelegt hatte, wer war da wohl auf dem College mein erster Freund? Ein Katholik namens Brendan McKinney! Doch wenn ich mich mit ihm traf, hatte ich ein so schlechtes Gewissen, daß wir unser Verhältnis nach ein paar Wochen beendeten.

Ich machte den Versuch, an einem der schwierigsten Seminare an der B. U. teilzunehmen. Die Vorlesungen waren ultraliberal und sehr intellektuell. Wir hatten kleine Klassen und häufige Diskussionen. Es gab eine Menge Arbeit, aber aufgrund meiner neu gefundenen Freiheit fiel es mir nicht leicht, mich zu konzentrieren. Zudem schaute mir niemand über die Schulter und drängte, daß ich mich auszeichnen solle.

Der Protest gegen den Vietnamkrieg wurde zwar zum wichtigsten Gegenstand meiner persönlichen Tagesordnung, aber natürlich mußte ich auch Scheine machen. Also glichen die beiden ersten Jahre an der B. U. einem turbulenten Meer von Konflikten. Obwohl ich wirklich selbständig sein wollte, wußte ich nicht, wie ich mein Leben in die Reihe kriegen sollte. War ich wie mein Vater? Verwirrt, solange mich kein starker Mensch beherrschte und mir sagte, was ich tun sollte? Hinter mir waren keine besonderen Männer her. Wenn ich nicht über den Lehrbüchern saß, rauchte ich mit meinen Freunden Dope und fraß – nimmt man zu, hat man ein gutes Alibi, es nicht mit Männern aufzunehmen. Doch im zweiten Jahr an der B. U. verliebte ich mich in Jim. Ich fühlte mich angesichts seiner Herzlichkeit und seines netten, breiten Lächelns sehr wohl. Waren wir allein in seinem Zimmer, sprachen wir unaufhörlich über die Vielschichtigkeit des Universums. Er nahm mich oft in die Arme. Obwohl ich mir Mühe gab, ihn zu ermutigen, ging er nie weiter. Zuerst hielt ich ihn einfach für schüchtern, doch dann fragte ich ihn offen heraus. »Ich bin noch unerfahren«, sagte er fast entschuldigend. Wenn er noch so unerfahren ist wie ich, schloß ich, hat er wahrscheinlich nur Angst. Obwohl ich noch immer etwas verwirrt war, traf ich mich weiterhin mit ihm.

Jim erzählte, er führe jede Woche mit dem Bus nach New York City, um eine Selbsterfahrungsgruppe zu besuchen. Der Leiter hatte die Theorie, daß jeder Mensch einen bestimmten Typ darstellt und daß Gegensätze sich anziehen. Jim und ich waren echte Gegensätze. Ich war eine leidenschaftliche Närrin, und er schien meinem Verlangen nach körperlichen Intimitäten gegenüber blind zu sein. Zwar schien es unausweichlich, daß wir es irgendwann miteinander treiben würden, aber Monate vergingen, ohne daß etwas Sexuelles geschah. Schließlich nahm ich allen Mut zusammen und stellte Jim die Frage, warum wir nicht miteinander schliefen. Ich brachte das Thema vorsichtig zur Sprache und gab mir Mühe, seine Gefühle nicht zu verletzen. Leider war Jim meinen Gefühlen gegenüber weniger empfindsam. »Du ziehst mich einfach nicht an!« schrie er. »Kapiert?« Die Selbsterfahrungsgruppe hatte ihn gelehrt, wie man seinen Zorn ausdrückt, und genau dies tat er nun, indem er mich anbrüllte. Ich hätte mich am liebsten zu einem Knäuel zusammengerollt und aufgelöst, gleichzeitig war ich sehr verletzt und wußte nicht, was ich tun sollte. Zwar verbrachten wir unsere Zeit noch miteinander, aber er rührte mich nie an.

Ich dagegen war entschlossen, mit Jim ins Bett zu gehen. Es war verrückt: Ich war in einen Kerl verliebt, der es nicht mit mir treiben wollte. Schließlich begleitete ich ihn nach New York und lernte die Selbsterfahrungsgruppe kennen. Die meisten Mitglieder der Gruppe waren mindestens zehn Jahre älter als ich. Sie redeten pausenlos über ihre Gefühle und kippten ihre Emotionen voreinander aus. Das gefiel mir, da es mutig war und mich geistig stimulierte. Das Hauptthema der Versammlung an diesem Abend war die Beziehung zwischen Jim und mir. Er gestand, daß er noch nie mit einer Frau geschlafen habe und daß es in seinem Leben auch keine Frau gebe, die ihm wichtig wäre. Ich war entsetzt. Obwohl ich direkt neben ihm saß, schien ich ihm nicht viel zu bedeuten. Als jemand fragte, was denn mit mir sei, zuckte Jim die Schultern und wußte offensichtlich nicht, was er sagen sollte.

Der Gruppenleiter war entschlossen, Jims Emotionen ans Tageslicht zu bringen, und ließ uns eine »Konfrontationstechnik« durchspielen. Wir schrien uns zwar lange an, aber eigentlich hörte keiner dem anderen zu. Ich bekam die Anweisung, mich auf eine Wand zu konzentrieren, an meine Mutter zu denken, wütend zu werden und sie anzuschreien. Irgendwie wurde ich damit zum Mittelpunkt der Aufmerksamkeit, und alle fragten mich nach meinen Gefühlen in Bezug auf Jim. Ich erzählte ihnen offen, daß ich ihn liebte. Und auch Jim gestand schließlich ein, mich zu lieben. Darauf beschloß die Gruppe, daß wir früh gehen sollten. Zusammen.

Es war an einem späten, nebligen, mondbeschienenen Abend. Wir gingen über die glitschige Straße, und ich kam mir vor, als rage mein Kopf durch die Wolken. Endlich würde ich einen Mann lieben, den ich wirklich mochte, und ich hatte keine Angst davor. Es war fast wie im Traum. In Jims Wohnung im East Village schauten wir uns kaum an, als wir uns auszogen. Ich war als erste nackt und fühlte mich plötzlich sehr unbehaglich. Jim setzte sich mit einem benommenen Gesichtsausdruck auf die Bettkante. Mir war, als wüßte er nicht, was er als nächstes tun sollte. Dann küßte er mich. Ich berührte ihn zwischen den Beinen, aber er wirkte nicht erregt. Und Jim bekam in dieser Nacht auch keine Erektion, egal was ich tat und so sehr ich mich auch bemühte. Ich versuchte alles! Obwohl ich eigentlich nicht wußte, wie man das macht, nahm ich seinen Penis in den Mund und lutschte ihn, aber er wurde nie hart genug, um in mich einzudringen. Nach einer Weile beschlossen wir, unsere Versuche einzustellen. Man kann sich bestimmt vorstellen, wie schlecht mir zumute war. Als *Cosmopolitan*-Leserin wußte ich, daß man Männern mit Potenzproblemen keine Vorwürfe machen darf. Also sagte ich zu ihm, er solle sich keine Sorgen machen, es spiele im Grunde keine Rolle. Wir verbrachten die Nacht, indem wir in den Armen des anderen einschliefen, aber am nächsten Morgen war die Atmosphäre doch sehr unbehaglich. Ich fuhr wieder nach Boston und hörte über eine Woche nichts mehr von Jim.

Am nächsten Montag fuhr ich wieder mit dem Bus nach New York, um am Gruppenabend teilzunehmen. Als ich ankam, war Jim schon da. Natürlich waren die anderen gespannt darauf, was zwischen uns passiert war, und so erzählte jeder von uns seine Fassung der Geschichte. Dann bat der Gruppenleiter Jim, etwas über seine sexuellen Phantasien zu berichten. Er gab zu, daß er sich oft andere Männer – nicht sich selbst – vorstellte, die mit einer Frau zusammen waren.

In seinen Phantasien schien er ein Voyeur zu sein. Die Gruppe interpretierte es so, daß er möglicherweise homosexuelle Neigungen hatte. Da die Gruppe paarorientiert und heterosexuell war, äußerten die meisten die Ansicht, Homo-sexualität sei ihrer Meinung nach »hier fehl am Platz«. Au-ßerdem glaubten sie, schwule Männer seien Frauen gegen-über feindselig eingestellt. Heute habe ich eine Menge schwuler Freunde und weiß, daß dies nicht stimmt.

Der arme Jim war so fertig, daß er aus dem Raum stürzte. Ich sah ihn erst eine Woche später wieder, als ich den Mut hatte, ihn in seiner Wohnung zu besuchen. »Die Gruppe kann mir den Buckel runterrutschen«, sagte ich. »Nur du bist mir wichtig.« Meine Erklärung führte aber zu nichts, Jim war noch immer wütend und schrie mich wieder an: »Es wird *nie* etwas zwischen uns passieren!« schäumte er. »Hau bloß ab!« Damit packte er meine Schultern, schob mich durch die Tür und warf sie hinter mir laut ins Schloß. Ich ha-be ihn nie wiedergesehen.

Und natürlich war ich noch immer Jungfrau.

In diesem Sommer, am Ende meines zweiten Collegejah-res, flog ich nach Israel, um meine Schwester zu besuchen. Robin hatte endlich einen netten jüdischen Jungen geheira-tet, und sie und ihr Ehemann hatten beschlossen, in einem Kibbuz zu leben. Damit ich für meinen Unterhalt sorgen konnte, nahm ich dort eine Stelle an. Obwohl mir sehr daran gelegen war, das wunderschöne Land zu erforschen, war es mein Hauptziel, endlich flachgelegt zu werden. Ich brachte Robin dazu, mich zu ihrem Gynäkologen mitzunehmen, und ergatterte prompt ein Rezept für Antibabypillen.

Bevor es schließlich dazu kam, knutschte und befummelte ich ein paar Jungs und fand in einem der Nachbarkibbuze sogar einen festen Freund. Als wir uns leidenschaftlich umarmten, versuchte er ein paarmal, in mich einzudringen. Er rammte seinen steinharten Penis zwar wieder und wieder zwischen meine Schenkel, kam aber nicht richtig hinein. Technisch gesehen war ich also noch immer Jungfrau.

Im letzten Sommermonat verließ ich den Kibbuz mit der Absicht, vor der Rückreise in die Staaten Griechenland ken-nenzulernen. Auf einem zwischen den Inseln verkehrenden Schiff nach Mykonos traf ich Larry. Er kam überraschender-weise aus Queens – wo ich auch hinfuhr, New York schien mir überallhin zu folgen. Keine exotischen Männer, nicht mal in exotischen Gegenden. Aber Larry mußte genügen.

Als wir wieder auf dem Festland waren, kletterten wir auf einen Steilfelsen und lagen dort bald in einer erotischen Umklammerung. Es war zwar wunderbar, doch irgend etwas in mir hatte Angst vor dem, was passieren würde. Zwar wollte ich einem Mann meinen Körper schenken, aber ich zögerte noch. Larrys Finger fuhren zwischen meine Beine, und unwillkürlich schob ich ihn weg. Aber seine Hand gab nicht nach.

»Nein«, sagte ich zu ihm.

Larry war verwirrt. »Ich dachte, du willst es auch.«

»Ich weiß nicht, was ich will«, gestand ich. Larry brachte mich zum Schweigen, indem er seine Zunge in meinen Mund schob. Ich versetzte ihm einen festen Schubs.

»Wenn du das noch einmal machst, Alice, fliegen wir beide in den Abgrund.«

Auf der Suche nach einer sichereren Umgebung warteten wir bis Athen, ehe wir unseren sinnlichen Ringkampf fortsetzten. Und dort, als ich auf einem kühlen weißen Laken lag, spannte ich mich endlich für den ersten schicksalsträchtigen Stoß an. Als Larry in mir war und pflichtgemäß hopste, dachte ich: »Ist das etwa schon alles?«

Larry hatte für den nächsten Tag einen Heimflug gebucht. Obwohl seine Familie nicht weit entfernt von der meinen in der Bronx lebte, war er Student an der University of Michigan. Und das war nun allerdings mehr als einen Steinwurf von Boston entfernt. Während ich in den Semesterferien zu Hause war, rief er mich an, und wir haben uns noch einmal getroffen. Zu einem weiteren ereignislosen Fick, mehr nicht.

Ursprünglich hatte ich vorgehabt, das vorletzte Studienjahr in Israel zu verbringen, doch dann entschied ich mich dagegen. Ein Grund dafür war meine Begeisterung für die Selbsterfahrungsgruppe. Dort hatte ich das Gefühl, an einem Ort zu sein, an den ich wirklich gehörte.

Jeden Montagabend nahm ich den Greyhound-Bus von Boston nach New York, doch nachdem Jim nicht mehr kam, hatte ich bald das Gefühl, keinen Grund mehr zu haben, die Sache fortzusetzen. Die anderen waren alle viel älter als ich; man spielte entweder nach ihren Regeln oder gar nicht. Nach einer Sitzung, in der ich besonders ehrlich war, äußerte man die Meinung, ich hätte mich wie ein böses kleines Mädchen aufgeführt, dem eine ordentliche Tracht Prügel fehlte. Das brachte etwas in mir zum Klingeln! »Glaubst du«, fragte ich mich, »sie sehen es dir an?« Durchdrangen meine Prügelphantasien etwa die Hülle meiner sorgfältig maskierten Persönlichkeit? Der Gedanke erschreckte mich. Ich wollte nicht, daß jemand meine Geheimnisse entdeckte. Als die anderen Gruppenmitglieder mir auftrugen, im Mae-West-Stil wie ein verdorbenes Mädchen im Raum auf und ab zu gehen, kriegte ich es so mit der Angst zu tun, daß meine Hände sich verkrampften. Ich konnte mich kaum bewegen.

Zwar zogen mich einige Männer der Gruppe an, aber es ist nie etwas passiert. Einmal nahm ich Donna, eine meiner B. U.-Zimmergenossinnen, zu einem Gruppentreffen mit. Es ist kaum zu glauben, aber sie fand dort sofort einen Burschen, der ihr wirklich gefiel. Ich nicht. Ich nie. Und nicht nur das – es gelang Donna sogar, ihre Gefühle herauszulassen, sich voll in die Gruppe zu integrieren und alles zu machen, was ich mir selbst nie zu tun erlaubte. Obwohl ich mich bemühte, dagegen anzugehen, war ich wirklich neidisch. Als Donna schließlich vom College abging und zu ihrem Freund zog, konnte ich es gefühlsmäßig nicht mehr ertragen. Mein Interesse an der Gruppe schwand.

Mein vorletztes Jahr. Ich mußte mich für ein Hauptfach entscheiden. Es war 1974, und alle ließen es sich gutgehen. Wir dachten nicht an die Zukunft. Die kriegführende Welt konnte sich jeden Tag in die Luft blasen, und dann stand die Revolution an. Wer konnte da an die Zukunft denken – oder sich für ein Hauptfach entscheiden? Ich war sicher, daß sich alles irgendwie von selbst regeln würde, wenn ich das Examen gemacht hatte. Die gleiche schlappe Einstellung hatte mich die meiste Zeit meines Lebens geplagt. Viele meiner

Freunde konzentrierten sich auf die schönen Künste; sie schienen die Atmosphäre der frühen siebziger Jahre am besten darzustellen – moralisch liberal und gesellschaftlich snobistisch.

Das Examen hatte ich zwar in Englisch machen wollen, aber plötzlich erkannte ich, daß die Berufsaussichten in diesem Fach nicht eben rosig waren. Also tat ich, was meine Eltern mir jahrelang eingehämmert hatten: Ich konzentrierte mich auf pädagogische Bildung. Eine nette, sichere, respektable Berufswahl: »Meine Tochter Alice, die Lehrerin.« Ich bin sicher, in den Ohren meiner Eltern hatte das einen erfreulichen Klang. »Auch wenn sie nicht viel kann – unterrichten kann sie wenigstens.«

Obwohl ich wußte, daß es sie freute, war mir meine Entscheidung fast peinlich. Sie war so traditionell und spießig – etwas so ganz anderes als der Eintritt ins Peace Corps oder das Bauen von Hütten in Bangladesh. Aber wie sich dann zeigte, machte mir der Pädagogiklehrplan mehr Spaß als die Kunst. Und außerdem tat Alice damit ja etwas Konkretes.

Im letzten Studienjahr wurde ich Referendarin und arbeitete in einem der hübschesten Vororte von Boston, in Lincoln. Die Schule war wunderschön und sauber, die Schüler wohlerzogen. Im Herbst wanderten wir zu den Wiesen hinaus, die den Ort umgaben, und pflückten mit den Kindern Äpfel. Ein hübsches Bild, wie aus *The Corn Is Green* oder *The Prime of Miss Jean Brodie*. Ich kam mir erfüllt und motiviert vor – so sehr, daß ich auch die Sommerschule besuchte, damit ich im Januar graduieren konnte.

Mama und Papa wollten, daß ich nach dem Examen direkt nach Hause käme, um bei ihnen zu wohnen. Sie wollten mich unterstützen und durchs Diplom bringen – aber nur, wenn ich es in New York machte. Das Leben war stets ein doppelschneidiges Schwert für sie – voller Komplikationen, kleiner Geschäfte und Kompromisse. Da ich die Freiheit nun geschmeckt hatte, konnte ich aber nicht mehr in ihre Ziegelsteinfestung in der Bronx zurückkehren und nahm mir vor, allein zu leben. Natürlich waren meine Eltern darüber alles andere als erfreut.

Es dauerte nicht lange, dann bemerkte ich, daß Lehrerjobs mehr als knapp waren. Mitte der siebziger Jahre war es zu einem geheimnisvollen Überangebot an frischgesichtigen Paukern wie mir gekommen. Um zu überleben, setzte ich meine Suche fort und nahm zeitweilig Bürojobs an. Das hatte ich schon in den letzten Jahren während der Schulferien getan, um etwas Geld nebenher zu verdienen. (Alles nur deswegen, um nicht nach Hause fahren zu müssen!) Doch war es meinem Selbstwertgefühl nicht zuträglich, als ich erkannte, daß ich mich vier Jahre lang durch die B. U. geschwitzt hatte, um nun von meinen bescheidenen Schreibmaschinenkünsten leben zu müssen. Schließlich ergatterte ich eine feste Stellung – als Empfangsdame in einem Krankenhaus. In der zur Boston University gehörenden Klinik hatte es mir zwar Spaß gemacht, mit Krebskranken zu arbeiten, aber es paßte mir nicht, daß ich meine Bildung nicht nutzen konnte.

So bekam mein Selbstgefühl zwar wieder einen Schlag, aber mein Liebesleben sah dafür hoffnungsvoll aus. Ich wurde mit einem Medizinstudenten bekannt, der im Krankenhaus sein Praktikum ablegte. Richie hatte nicht die Ausstrahlung eines zukünftigen Arztes, trotz des weißen Laborkittels hätte er leicht als Bauarbeiter durchgehen können. Er ragte über mir auf, war fast einsneunzig groß, hatte langes, dünnes, dunkles Haar und kleine grüne Augen. Zwar wirkte er ungekämmt, war aber irgendwie auch sexy. Er kam aus ganz anderen Verhältnissen. Seine Familie war arm, aber ich bewunderte die Tatsache, daß er sich aus eigener Kraft durchs Medizinstudium geschleust hatte.

Ein paar Monate später wurde mir endlich klar, daß Richie kein Jude war. Natürlich hielt ich diese Erkenntnis vor meinen Eltern geheim. Er gehörte auf mehr als eine Art zu genau den Typen, auf die ich immer wieder hereinfiel: Er war sehr eigennützig und dachte nur an seine eigenen Interessen. Wenn er am Wochenende angeln wollte, fragte er gar nicht erst, was ich davon hielte, sondern schleppte mich einfach mit. Dann saß ich am Ufer, langweilte mich zu Tode und freute mich nur, bei ihm zu sein.

Aber ich wollte nicht nur einen Freund haben, sondern

auch einen Beruf, in dem ich mich wohlfühlte. Wenn mich eine Ex-Kommilitonin anrief, kam ich mir erniedrigt vor. Ständig suchte ich nach einer Lehrerposition, aber immer wurde ich abgelehnt. Ich war nur einsfünfzig groß, wirkte für mein Alter zu jung, und die Schuldirektoren gaben mir sehr oft zu verstehen, daß sie nicht glaubten, ich könne mit einer Klasse störrischer Kinder fertig werden. Außerdem bewarben sich ständig Massen anderer Lehrer um den gleichen Job. Die Stapel der Bewerbungsschreiben erinnerten mich daran, daß in dem Bereich, den ich mir ausgesucht hatte, großer Konkurrenzkampf herrschte. Warum sollte jemand, der alle fünf Sinne beisammen hatte, ausgerechnet *mich* nehmen?

Ich gab die Stelle als Empfangsdame bald auf und übernahm Vertretungsjobs in Schulen. Mit mehreren Nebenjobs kam ich so einigermaßen über die Runden, und da ich mir mit zwei anderen Mädchen eine Wohnung teilte, konnte ich meinen Anteil an den Rechnungen gerade eben bezahlen. Dann testete ich den Arbeitsmarkt außerhalb von Boston und ging dabei bis nach Vermont und New Hampshire. Als man mir endlich eine Stelle anbot, die mitten im Skigebiet lag, über vier Stunden von Boston entfernt, war ich zwar Feuer und Flamme, aber auch unentschieden. »Keine Sorge, ich besuche dich«, ermutigte Richie mich. Doch irgendwie wußte ich, daß ich dort nicht leben konnte. Ich habe nicht nur eine Aversion gegen bittere Kälte, sondern bin auch zu träge, um Skilaufen nur in Erwägung zu ziehen. Ich war sicher, daß ich mich zu Tode langweilen würde.

Eine weitere Chance bot sich an, als uns Betty, eine meiner Freundinnen und Zimmergenossinnen, an einem Wochenende besuchte. Sie hatte gerade eine Stelle als Lehrerin auf St. Croix bekommen, einer der Jungferninseln. Dies klang eindeutig exotischer und wärmer als ein Kaff in Vermont. Eine alte Ausgabe von *National Geographiec* bestätigte uns, daß St. Croix ein wunderschöner Ort war. Betty war sicher, daß es dort noch mehr freie Stellen gab und ermutigte mich, eine schriftliche Bewerbung loszulassen. Ich habe sie zwar geschrieben, aber bald vergaß ich die Chance und tauchte wieder in den Problemen des alltäglichen Lebens unter.

Zum Beispiel in meine Beziehung zu Richie. Man könnte vielleicht sagen, wir befanden uns auf einem bequemen und ausgefahrenen Gleis. Richie wohnte in einem städtischen Krankenhaus in der Nähe. Meist lief es so, daß er mich nach getaner Arbeit gegen 22 Uhr oder 23 Uhr abholte und daß ich dann die Nacht bei ihm verbrachte. Unser Sexualleben funktionierte bestens. Richie war tatsächlich der erste Mann, bei dem ich zum Höhepunkt kam, und er hatte mir auch gleich versichert, daß er als Medizinstudent mit all den wunderbaren Ecken und Winkeln eines Frauenkörpers sehr vertraut sei. Seine flinken Chirurgenfinger arbeiteten zwischen meinen Schenkeln, fanden meine Klitoris und brachten mich bald zum Zucken und Stöhnen.

Kurz zuvor hatte ich die Freuden des selbsterzeugten Orgasmus entdeckt. Brave Mädchen fassen sich »da unten« ja nicht an, und ich bildete da keine Ausnahme. Es gelang mir jedoch, das Tabu zu umgehen und trotzdem sinnliches Zittern zu erleben: Ich setzte mich unter den festen Strahl des Wasserhahns meiner Badewanne und spreizte so weit möglich die Beine. Der unbarmherzige Strom plätscherte wie ein Bach über meinen Hügel, und ich schaute zu, wie mein Kitzler unter der Massage pulsierte. Dann schloß ich die Augen, und meine Phantasie erledigte den Rest. Ich brauchte mir nur vorzustellen, daß mich jemand verdrosch, dann dauerte es nie lange, bis ich unter einem gewaltigen Orgasmus erbebte.

Ungefähr zur gleichen Zeit las ich einen Artikel in der »Forum«-Kolumne von *Penthouse*, der meine erotische Phantasie anheizte. Er beschrieb mit deutlichen Einzelheiten eine Szene, in der jemand verdroschen wurde. Wenn ich an diese Passage dachte, war ich schnell erregt, und so hatte ich bei Richies ausgefeilter Rubbeltechnik und meinen privaten Phantasien nie Probleme, zum Orgasmus zu kommen. Obwohl ich sexuell also zufrieden war, fragte ich mich aber doch fortwährend, warum mich Prügelphantasien heimsuchten. Warum konnte ich mir nicht etwas »Normales« vorstellen – etwa in der Art, es im Mondschein am Strand zu treiben? Sowas soll doch jede Frau in Erregung versetzen!

Ich weiß nur, daß ich mir beim Masturbieren oder Ficken ständig vorstelle, daß eine feste Hand meinen Arsch versohlte – und daß ich dabei immer zum Höhepunkt kam. Warum war das so falsch? Ich richtete meine Aufmerksamkeit auf die schlüpfrigen Kleinanzeigen, die ich in Zeitungen wie *Boston Phoenix* oder *Real Paper* fand, und werde nie das Inserat eines Mannes vergessen, in dem stand: »Warst du ein böses Mädchen? Ich werde dich ordentlich verdreschen und dann zärtlich trösten.« Sofort steckte ich zwei Finger in meine warme, feuchte Möse und flüsterte diesen Satz immer wieder vor mich hin, hochgradig erregt vom Klang der Worte und der Art, wie sie meine Phantasie beschäftigten. Doch nach einem starken Orgasmus hatte ich stets ein schlechtes Gewissen. Warum konnte Alice nicht wie alle anderen sein? Du bist doch nicht normal!

Obwohl unser Sexualleben zufriedenstellend war, hatten Richie und ich außerhalb des Bettes nicht viele Gemeinsamkeiten. Saßen wir mit anderen zusammen, war er stets mitteilsam und lustig – der Typ, der alle zum Lachen bringt. Ich wünschte mir wiederholt, er sei mir und meinen Bedürfnissen gegenüber etwas aufmerksamer. Wenn es um Männer ging, war ich eben noch ziemlich naiv. Da ich Angst hatte, ich könnte so herrschsüchtig werden wie meine Mutter bei meinem Vater, wagte ich kaum, eine Meinung zu äußern. Ich wollte ums Verrecken nicht so sein wie Mama. Und noch genauer wußte ich, daß ich keinen verklemmten Langeweiler wie meinen Vater zum Gefährten haben wollte. Statt dessen verfiel ich ins andere Extrem: Ich ließ mich gefühlsmäßig mißbrauchen und nahm passiv alles hin, was meine Freunde für richtig hielten. Ob ich glücklich war oder nicht, es machte mir Spaß, die Märtyrerin zu spielen. Ich ließ mich so behandeln, wie ich es meiner Meinung nach verdiente, und fühlte mich wohl dabei. Das perfekte Opfer. Und ungefähr um diese Zeit wurde ich vergewaltigt.

3
Der Überfall

Am 8. Mai, wenige Tage vor meinem zweiundzwanzigsten Geburtstag, wurde ich vergewaltigt. Meine Unterrichtsvertretung fand oft in Schulen statt, die mitten in einem Getto lagen, und meist mußte ich mit einer Klasse voller ungehorsamer Kinder fertig werden. Es machte auch keinen Unterschied, welcher Klasse man zugewiesen wurde: die Zweitklässler waren manchmal noch schlimmer als die Fünft- oder Sechstklässler.

In der Regel traf ich mich jeden Abend mit Richie. Eines Abends fühlte er sich jedoch nicht wohl und bat mich, mit einem Taxi zu seiner Wohnung zu kommen. Ich erwiderte, mir sei nicht danach zumute, weil ich eigentlich nicht zu ihm gehen wollte, aber das schlechte Gewissen, ihn allein zu lassen, führte dazu, daß ich meine Meinung änderte. Statt ein Taxi zu nehmen, beschloß ich aber, die knappe Meile zu seiner Wohnung zu Fuß zu gehen. Es war ein schöner Frühlingsabend. Der Weg führte mich in der Nähe der Commonwealth Avenue, einer Bostoner Hauptdurchgangsstraße, in der immer starker Verkehr und viel Betrieb herrscht, durch eine finstere Seitenstraße. Als ich so dahinschlenderte, erfreute ich mich am sauberen Geruch der Jahreszeit und an einer milden Brise. Mir war warm und behagliche. In meinem kastanienbraunen Anorak sah ich nicht sehr sexy aus, doch als ich diese stillere Nebenstraße entlangging, bemerkte ich, daß mir dichtauf ein großer Schwarzer folgte. Wir waren allein in der menschenleeren Straße. Er wirkte, als hätte er sich verlaufen und hielt nach Hausnummern Ausschau. Beinahe hätte ich mich umgedreht und ihn gefragt, ob ich ihm helfen könne.

Ich ging weiter, fühlte mich dann jedoch unbehaglich, weil ich plötzlich sicher war, daß der Kerl mir folgte. Mir fielen ein paar Dinge ein, die meine Mutter mir erzählt hatte –

daß ich vorsichtig sein sollte. Als ich an eine Ecke kam, wollte ich in die Straße einbiegen, in der das Krankenhaus lag. Ich fragte mich, ob ich Richie anrufen und ihm sagen sollte, daß ich unterwegs sei. Er wußte schließlich nicht, daß ich kam. Ich entschied mich dagegen und ging statt dessen schneller. Aus den Augenwinkeln sah ich, daß der Schwarze einen Wagen anhielt. Erleichtert ging ich davon aus, daß er die Verfolgung aufgegeben hatte.

Aber irgend etwas ließ ein komisches Gefühl in mir wachsen. Ich konnte die Angst kalt und metallisch in meinem Mund schmecken und rannte in Richtung Krankenhaustor. Mit einem Mal hielt ein Wagen neben mir, der Mann sprang heraus, lief hinter mir her und packte mich am Hals. Ich schrie. »Halt die Fresse!« fauchte er mich an. Ich bin zwar sicher, daß man mich gehört hat, als ich fortgezerrt wurde, aber es war zu spät. Er zog mich in den Wagen, und plötzlich wurde mir klar, daß das Fahrzeug uns die ganze Zeit gefolgt war.

»Oh, Scheiße!« dachte ich fortwährend. »Das kann doch nicht wahr sein!« Im Inneren des Wagens brüllte mich der Fahrer – er war ebenfalls ein Schwarzer – an, ich solle mit dem Geschrei aufhören, sonst würden sie mich umbringen. Ich sah zwar, daß sich seine Lippen bewegten, aber ich war so entsetzt, daß seine Worte keinen Sinn für mich ergaben. Der Kerl, der mich gepackt hielt, drückte meinen Kopf an das muffige Kunstleder des Rücksitzes.

»Halt bloß die Schnauze«, warnte er mich. »Wenn du noch mal loskreischst, zerschneiden wir dir das Gesicht.«

Dann fegte der Fahrer wie ein Irrer über die Commonwealth Avenue. Ich betete darum, daß er der Polizei auffiele, denn das Schlimmste war, daß mich niemand vermissen und mein Verschwinden melden würde. Meine Zimmergenossinnen gingen davon aus, ich sei bei Richie. Und Richie hatte keine Ahnung, daß ich meine Meinung geändert und beschlossen hatte, bei ihm zu schlafen. Niemand würde mich vermissen. Ich nahm an, daß man mich an einen abgelegenen Ort bringen wollte. Dort würden die Männer mich vergewaltigen und töten, und in ein paar Tagen würde je-

mand zwischen den Ahornbäumen eine gesichts- und na-
menlose nackte Leiche finden. Wieder hörte ich die pausen-
losen Warnungen meiner Mutter: »Wenn du nicht aufpaßt,
Alice, findet man dich eines Tages irgendwo als Leiche.«

Der Bursche, der mich gepackt hielt, tastete mich auf dem
Rücksitz ab. Ich hatte keine Ahnung, was unser Ziel war, da
der andere Mann rücksichtslos durch die Gegend raste.
Nach einer Viertelstunde hielten wir mit kreischenden Rei-
fen in einer schwach beleuchteten Straße im Roxbury-Getto
Bostons. Die Kerle zogen mich aus dem Wagen und packten
meine Arme. »Mach dir gar nicht erst die Mühe zu schreien,
Weiße, in dieser Gegend gibt keiner einen Scheiß auf dich.«
Tatsächlich, ich sah ein paar schwarze Burschen, aber sie
lachten nur über meine Hilferufe.

Im Inneren eines Wohnhauses drückten sie eine Klingel,
doch niemand kam. Jetzt hatten die Herren Vergewaltiger
ein Problem – sie hatten zwar ein Opfer, aber kein Dach
über dem Kopf. Als wir wieder auf der Straße waren, ich
wie eine Gefangene zwischen ihnen, marschierten wir endlos weit. Ich spürte, wie die Beine unter mir nachgaben, aber
die Burschen griffen mir unter die Achseln und rissen mich
wieder hoch. Dann zog mich der Kerl, der mich zum Wagen
gezerrt hatte, neben sich auf den Bordstein nieder, während
der andere verschwand. Es stellte sich heraus, daß er nach
einem Platz suchte, an dem sie mich hernehmen konnten.

Mein Häscher schaute mich mit großen, funkelnden Augen an und reichte mir eine Zigarette. Es war wirklich bizarr, denn einige Zeit saßen wir schweigend und rauchend
da, wie zwei alte Freunde, doch als ich ihn bat, mich gehen
zu lassen, überhörte er mich einfach. Dann unterhielten wir
uns. Er war viel jünger als ich. Ich fragte ihn, ob er in die
Schule ginge. »Yeah«, sagte er. »In die Boston High.« Ich
hatte an der Schule oft Vertretung gemacht.

»Wir tun dir nicht weh«, sagte er leise. »Tu nur das, was
wir dir sagen.«

Da saß ich nun mit meinem Entführer auf dem Bordstein.
Er war groß, etwas über einsachtzig, und trug einen Stiftohr-
ring; es wurde erst viel später modern, daß Männer so etwas

trugen. Der Kripo habe ich später erzählt, es sei sein einziges deutlich erkennbares Kennzeichen gewesen. Der andere Kerl war viel tückischer. Klein. Unstet. Er war gemein zu mir.

Ich paffte die Zigarette, die er mir gegeben hatte, und gab mir Mühe, gelassener zu wirken als ich war. »Mein Freund erwartet mich«, sagte ich sachlich. »Er wird gleich nach mir suchen.«

»Mach dir keine Sorgen«, versicherte mir der Bursche. »Wir bringen dich bald wieder von hier weg.« Gott, er klang wie ein Friseur, der eine Kundin beschwichtigt, die er zu lange hat warten lassen.

Ein paar Minuten später kam sein Freund zurück. Sobald er wieder da war, wurde auch mein Häscher gemeiner. Als ich wieder zwischen ihnen ging, hatte ich echte Angst. Schließlich hielten sie auf einem finsteren Gelände zwischen zwei Gebäuden an. Ich wußte nicht genau, was sie wollten und bat sie schluchzend, mich in Ruhe zu lassen.

»Zieh dich aus«, fauchte der Tückische und riß mir die Jacke herunter.

Völlig entsetzt zog ich die Bluse über meinen Kopf. »Alles«, fauchte einer der beiden. Ich öffnete den Reißverschluß meiner Jeans, und sie rutschte auf meine Knöchel hinab. Dann kamen mein Büstenhalter und mein Höschen dran. Ich war nackt und hilflos. Einer der beiden fand einen großen, zerrissenen Pappkarton und zwang mich auf ihn nieder. Ich weiß nicht mehr, wer mich zuerst gefickt hat, und erinnere mich nur an einen in die Luft ragenden schwarzen Schwanz und daß einer der beiden auf mich raufstieg. Er stieß heftig zu und kam nach wenigen Sekunden. Dann bestieg mich der andere. Ich betete, daß sie mich wirklich nur vögeln und nicht umbringen wollten.

Natürlich hatte ich *Die fröhliche Nutte* von Xaviera Hollander gelesen, und ihre Offfenheit hatte mich erstaunt. Xaviera konnte es wahrscheinlich mit jedem treiben, sie konnte möglicherweise sogar mit Schlägern wie diesen kooperieren. Um zu überleben, versuchte ich mich in ihre Gedankengänge einzuklinken: Ich spielte eine Nutte. Ich trieb es mit Männern, die ich zwar nicht sonderlich mochte, aber bald war es ja vorbei. Ich ging sogar soweit, daß ich so tat, als mache es mir Spaß. Und es war auch gar nicht so schlimm. Schließlich haben sie mich nur gevögelt.

Also habe ich mich nicht gewehrt, habe mich einfach hingelegt und die Beine breitgemacht; habe gestöhnt, geächzt und so getan, als würde es mir Spaß machen.

»Es hat dir gefallen, du Schlampe, was?« sagte der Tückische. »Sag uns, ob es dir gefallen hat.«

»Yeah«, sagte ich verbittert. »Es war toll.«

»Möchtest du noch mal?«

»Bitte nicht«, bettelte ich. »Ich habe genug.«

»Warum gibst du uns nicht deine Telefonnummer?« fragte der andere. »Dann können wir uns mal wieder treffen.«

Ich antwortete nicht. Als ich mich anzog, schauten sie mir zu. Ich konnte im Dunkeln meine Handtasche nicht finden. »Du bist zu unvorsichtig, Weiße«, höhnten sie. Sie nannten mich fortwährend so, dann zündeten sie Streichhölzer an, um mir zu helfen, meine Tasche zu suchen.

Aus irgendeinem Grund war ich so dumm, sie zu fragen, ob sie mich nach Hause brächten. Natürlich haben sie es nicht getan. Aber ob Sie's glauben oder nicht – sie haben mir geholfen, ein Taxi anzuhalten, weil sie meinten, daß mir in einer Gegend wie dieser leicht etwas zustoßen könnte.

Ich ließ mich von dem Taxi zum Krankenhaus fahren und rief von der Pforte aus Richie an. Er kam sofort herunter. Nach der Untersuchung in der Ambulanz wollte er, daß ich zur Polizei gehe. Ich weigerte mich zuerst, aber Richie sagte, ich müsse es tun, und schließlich gab ich nach. Ich zeigte die beiden an, dann fuhren Richie und ich mit einem Cop hinaus, um nachzusehen, ob die Vergewaltiger noch in der Gegend waren. Wir fuhren dorthin, wo sie mich vergewaltigt hatten und suchten lange herum, aber sie waren nicht mehr da. Einer der Cops hatte gesagt: »Ach, würde mich doch irgendwann mal ein Mädchen vergewaltigen.« Richie und er haben sich fast kaputtgelacht – ist das zu glauben? Meine Beschreibung half der Polizei zwar, die beiden zu schnappen, aber erst, nachdem sie zwei andere Frauen überfallen hatten. Ich hatte wohl Glück, denn eine der beiden hatten sie gezwungen, es anal mit ihnen zu treiben.

Als wir Stunden später in meine Wohnung zurückkehrten, war Richie kaum das, was man als Stütze bezeichnen könnte. Er bestand darauf, daß ich mit ihm schliefe. Ich hatte wirklich keine Lust dazu, aber er beharrte darauf. »Ich möchte nur sichergehen, daß ich dich nach den beiden schwarzen Burschen noch ficken kann.« Ich habe mitgemacht, wie immer.

Psychisch wurde ich mit der Vergewaltigung nicht fertig. Ich wünschte mir, ich könnte die übelkeitserzeugende Angst in meinem Magen vergessen, als sie sich in mich hineingeschraubt hatten. Doch unterdrückte ich meine Gefühle. Ich habe mir sogar Vorwürfe gemacht. Warum war ich nicht vorsichtiger gewesen? Warum hatte ich mich nicht entschlossener gewehrt? Ich war zu nachlässig, zu dumm gewesen. Eine Weile hatte ich Angst vor schwarzen Männern, was komisch war, da ich bald darauf eine Stelle auf den Jungferninseln annahm. Glücklicherweise haben sich die sexuellen Aspekte der Vergewaltigung dann nicht als traumatisch erwiesen. Ich mag Männer noch immer und habe Spaß am Sex. Heute sehe ich in dem Überfall einen miserablen Schnellfick, eine schiefgegangene Nummer mit jemandem, den man nicht mehr wiedersieht.

Erst viele Jahre später, als ich für das Rape Response Program im Cedars Sinai Hospital tätig war, erkannte ich die vollen Auswirkungen dessen, was die Vergewaltigung mir angetan hatte. Neben dem Dienst am Nottelefon schickte man uns oft in die Krankenhaus-Notaufnahme, um Opfern nach Überfällen Soforthilfe zu leisten; wir begleiteten sie auch zu den Gerichtsverhandlungen. Der Leiter des Lehrgangs betonte zwar die Wichtigkeit individueller Beratung, aber ich war der Ansicht, Gruppensitzungen brächten die Emotionen wirkungsvoller ans Tageslicht, die Frauen fühlten sich dann weniger alleingelassen. So erhielt ich die Erlaubnis, im Cedars Sinai die erste Vergewaltigungs-Selbsterfahrungsgruppe zu starten. Erforderlich war nur, daß die

Mitglieder sich nicht in einer »Krise« befanden – daß die Vergewaltigung wenigstens sechs Monate zurücklag. Als ehemaliges Opfer war das eine unglaubliche Erfahrung für mich.

Bei der Gerichtsvorverhandlung wimmelte es im Saal von den Freunden meiner Vergewaltiger. Als ich den Anwälten zu erklären versuchte, was geschehen war, fingen die Kerle alle an zu lachen. Später als der Prozeß dann stattfand, hatte ich mich schon auf den Jungferninseln niedergelassen, hörte aber, daß die beiden Burschen zu zwölf Jahren Gefängnis verdonnert worden waren. Mir war die Sache wirklich ziemlich gleichgültig, wahrscheinlich, weil ich mit unserem Strafrecht schon immer Schwierigkeiten hatte. Wenn man jemanden ins Gefängnis wirft, macht man ihn meist nur noch schlimmer. Wer als Vergewaltiger reingeht, kommt vielleicht, wenn er freigelassen wird, als Killer wieder raus. Ich hätte es lieber gesehen, man hätte den Burschen eine Therapie verordnet.

Abgesehen davon, war ich nie ein sehr nachtragender Mensch. Was die beiden Kerle mir angetan hatten, war zwar nicht in Ordnung, aber ich habe es überstanden. Ich lebe weiter. Ich habe es überlebt. Es war nichts Besonderes. Vielleicht ist das eine falsche Einstellung, aber so empfinde ich heute nun mal.

4
Daniel

Richie und ich waren an einem toten Punkt angelangt. Ich wartete darauf, daß er mich bat, ihn zu heiraten, oder wenigstens daß ich zu ihm ziehen solle. Wahrscheinlich ist ihm keiner von beiden Gedanken gekommen, denn gleich nach Beendigung seines Studiums zog er mit einigen Freunden zusammen. Alice stand im Regen und schaute wieder in die Röhre.

Da ich schon seit einiger Zeit keinen Urlaub mehr genommen hatte, kam ich zu dem Schluß, daß ich eine Pause brauchte – um mich von Richie, vom Leben und allem anderen zu erholen. Zu meiner Überraschung bot man mir da auf St. Croix eine Stelle als Lehrerin an. Doch bevor ich annahm, meinte ich, ich sollte die Insel ein wenig kennenlernen. Ich flog, wie ein braves kleines Mädchen, ganz allein hin. Es war Ende Juni oder Anfang Juli, kurz nach dem Ende der Hauptsaison, und ich merkte sofort, daß die Insulaner sehr freundlich waren. Als ich zu der Dame vom Fremdenverkehrsamt sagte, ich wolle über eine Stelle als Lehrerin Erkundigungen einziehen, stellte sie mich einem Freund vor, der in einem örtlichen Hotel beschäftigt war. Er lud mich zum Abendessen ein, und ich lernte eine Gruppe fröhlicher Menschen kennen. Da war ich nun, an einem fremden Ort, tanzte, trank und freute mich des Lebens. Dank Richie hatte ich jede Menge Erfahrungen mit Alkohol, Trinken gehörte zu den Dingen, die wir gern zusammen taten. Trinken entkrampfte mich, machte mich frei und entspannte. Wenn ich trank, hatte ich das Gefühl, ich könnte alles tun, was ich wollte. Und hier, in dem warmen tropischen Klima, hatte ich viel Durst. Die großen, süßen Drinks mit den lustigen Namen ließen mich genau an den richtigen Stellen schmelzen.

St. Croix schien mir zwar sehr ruhig zu sein, aber schön. Ich nahm mir vor, in den nächsten paar Tagen nichts von großer Bedeutung zu tun. Als ich am Strand entlangwanderte, genoß ich das Gefühl des heißen Sandes zwischen den Zehen, und die Sonne bräunte meine Haut. Am Hafen hing eine Gruppe von Leuten meines Alters herum. Ich näherte mich ohne Scheu ihrem Boot und stellte mich vor. Sofort luden sie mich freimütig und freundschaftlich ein, in ihrem Haus zu wohnen. Meine Klamotten waren im Nu gepackt, und ich zog aus dem Hotel aus. Der ernsthafteste Punkt auf unserer Tagesordnung bestand aus Segeln. Ich hatte noch nie so blaues Wasser gesehen. Wir glitten stundenlang in der Brise umher und tranken Rum und alles, was wir auftreiben konnten. Durch schwere, trunkene Lider betrachtet, erschien mir dieses Paradies noch viel lieblicher. Ich hatte eine kurze Affäre mit einem meiner neuen Hausgefährten, und meine Freunde stellten mich auch einem der vielen Amerikaner vor, die sich auf der Insel niedergelassen hatten. Bev und Irv betrieben direkt am Hafen einen Muschelladen. Bev machte mich mit Annie bekannt, einer anderen Frau, die vorhatte im kommenden Herbst auf der Insel als Lehrerin zu arbeiten. Für den Fall, daß ich beschloß, das Angebot anzunehmen, wollten wir zusammen wohnen.

Ja, trinken half mir, meine Ängste und meine Schüchternheit zu überwinden. Es half mir auch, die Dinge von mir fernzuhalten, von denen ich nichts wissen wollte. Eine Geschichte z. B., von der ich nichts hören wollte, handelte von einem kurz zuvor erfolgten Mord. Auf dem piekfeinen Fountain-Valley-Golfplatz, der den Rockefellers gehörte, hatten Rasta-Leute fünf amerikanische Golfspieler niedergeschossen. Es handelte sich eindeutig um Mord. Der berühmte Anwalt William Kunstler schien eine Vorliebe für politische Fälle dieser Art zu haben, denn er verteidigte die angeklagten Mörder. Ich hörte zwar Gerüchte über Rassenprobleme auf der Insel, bemühte mich aber, sie zu ignorieren. St. Croix war so prächtig, die Menschen waren so nett – wie konnten da solche Gerüchte stimmen? Wenn ich mich einmal auf etwas eingestimmt habe, sehe ich nur noch das, was ich sehen will. Und dort sah ich nur ein tropisches Himmelreich, einen Ort, an dem man Parties feiern, Freunde haben und gleichzeitig seinem Beruf nachgehen konnte. Und das reichte mir.

Ich hatte ursprünglich nur ein paar Tage auf St. Croix bleiben wollen, doch wurden daraus schließlich zwei Wochen. Als Richie mich am Logan Airport abholte, wirkte er nicht sehr begeistert. Da mein gutes Aussehen ihn überraschte, hielt sich sein Zorn über meinen festen Beschluß, eine Stelle auf den Jungferninseln anzunehmen, in Grenzen. Es war klar, daß er derjenige sein wollte, der sämtliche Entscheidungen in unserer Beziehung fällen würde.

Natürlich waren meine Eltern nicht erfreut darüber, daß ich das Land verlassen wollte, doch jetzt hatten sie keine Macht mehr über mich. Um meine Zuversicht zu stützen, rief ich Betty an und fragte sie, was sie von den Rassenunruhen und den kürzlich erfolgten Morden hielte. Sie sagte, ich solle mir keine Sorgen machen; auch sie sei fest entschlossen, wieder nach St. Croix zurückzukehren, um dort zu arbeiten. Betty bot mir an, zu ihr zu ziehen, aber ich hatte ja schon feste Pläne mit Annie gemacht.

Nun, da ich mich fest entschlossen hatte, blieben mir nur noch ein paar Wochen, um mein seitheriges Leben in Pappkartons zu verstauen. Am Abend vor der Abreise kam Richie vorbei, um mir beim Packen zu helfen. Es dauerte nicht sehr lange, dann hatten wir einen häßlichen Streit.

»Wie kannst du das nur tun?« wollte er wissen. Seine grünen Augen wirkten so gefährlich wie Glasscherben und versuchten mich zu sezieren.

»Was denn?« fragte ich und faltete gelassen einen Pullover vor der Brust.

Das reichte schon. Richie schleuderte einen Karton quer durch das Zimmer. Die Kleider, die ich ordentlich hineingelegt hatte, fielen zu Boden. Ich sammelte sie schweigend auf, während Richie schrie und brüllte und mit den Füßen gegen meine Koffer trat. Obwohl er mich nicht schlug, wirkte er doch sehr gewalttätig. Nur wenige Monate nach der Vergewaltigung lernte ich einen weiteren gewalttätigen Mann kennen. Ich konnte es nicht erwarten, endlich abzuhauen.

Auf St. Croix schien alles glattzugehen. Annie und ich flogen zusammen hin, und als erstes kauften wir einen Wagen, damit wir uns auf der Insel umsehen konnten; sie ist nur achtundzwanzig Meilen lang. Der Mann, der uns den Wagen verkaufte, wußte von einer leeren Wohnung in einem in der Nähe befindlichen Neubauprojekt. Am gleichen Nachmittag zeigte uns der Hausbesitzer aber ein hübsches Doppelhaus in der Stadt, mit zwei Schlafzimmern und zwei Bädern. Annie und ich kamen uns vor wie in einem Wirbelsturm. Da wir uns nicht einigen konnten, schenkte uns der Hausbesitzer zwei große Drinks ein, und nach ein paar Schlucken erschien uns alles klar. Wir unterzeichneten den Mietvertrag und hatten dann sogar noch fast zwei Wochen vor uns, um uns zu entspannen, bevor die Schule anfing.

Das Schulsystem von St. Croix war ganz anders als das, was ich aus den Staaten gewohnt war. Als Referendarin in Boston hatte ich in den besten, fortschrittlichsten Schulen, aber auch in Getto-Institutionen gearbeitet. Doch auf das rückständige Schulsystem von St. Croix war ich nicht im geringsten vorbereitet. In Sachen Lehrmittel und Lesestoff gab es nur sehr wenig; wir mußten praktisch sogar um die Lehrbücher kämpfen. Die Schulleitung beschäftigte sich hauptsächlich damit, die Kinder ruhig zu halten. Es gab zwei Arten von Lehrern: schwarze Einheimische und Leute wie Annie und mich, importierte Weiße. Die Vorurteile, die man uns entgegenbrachte, waren deutlich. »Kontinentale« Lehrer lautete der respektvolle Begriff, mit dem man uns belegte. Man verwendete ihn, wenn man uns gegenüberstand, aber wir wußten, daß man uns hintenrum meist als »Schreier« bezeichnete. In der Regel hatten wir die schlimmsten Klassen und mußten unter den entsetzlichsten Bedingungen arbeiten.

Ich muß Glück gehabt haben, da man mich mit einer Gruppe von Fünftkläßlern auszeichnete – der exakten Altersgruppe, die ich hatte haben wollen. Ich hatte eine 5-2-Klasse (mit 5-1 bezeichnete man die Begabtesten), die aus intelligenten, fleißigen Schülern bestand. Ich mochte sie von Anfang an, deswegen arbeitete ich hart, um geistig stimulierende Übungen für sie auszuarbeiten. In den ersten paar Wochen war ich abends meist bis 23 Uhr wach und beschäftigte mich mit den Unterrichtsplänen. Wirklich, ich war sehr glücklich, endlich unterrichten zu dürfen.

Aus Boston kam ein ständiger Strom von Briefen. Richie. Er schwor Stein und Bein, er hätte mich sofort geheiratet, wenn ich bei ihm geblieben wäre. Ich mußte lachen. Hatte ich etwa schon wieder alles vermasselt?

Das Inselleben ähnelte sehr dem Leben in einem Dörfchen. Da es in der Umgebung nur zwei Kneipen gab, kannten die Gäste einander wie eine Familie. Freitag und Samstagabends, wenn sie sich vollaufen ließen, konnte man alle dort treffen. In der Woche hieß es Arbeiten, am Wochenende machte man Segelausflüge. Es sah so aus, als könne nichts das schöne, festliche Leben dort erschüttern. Doch dann ging etwas schief. Irgend etwas geht immer schief.

Ich hielt mich erst seit ein paar Monaten auf St. Croix auf, als in »The Gallows«, einer Kneipe, die wir frequentierten, ein weißer Franzose umgebracht wurde. Frenchie hatte angeblich nach einer Biersorte verlangt, die man dort nicht führte; man hatte sich grobe Worte an den Kopf geworfen, und später fand man ihn ermordet auf. Es war eindeutig ein Überfall mit rassischem Hintergrund. Ich fürchtete mich.

Am nächsten Tag wurde gemeldet, daß man zwei Lehrerinnen vom Kontinent vermißte. Ihre Leichen wurden bald darauf an den Strand gespült. Eines der Opfer war Betty – ausgerechnet die, die mir versichert hatte, es sei sicher auf St. Croix. Das ging mir an die Nieren. Wenn ich bei Betty gewohnt hätte – wäre dann ich die aufgeschwemmte Leiche neben ihr gewesen?

Die genauen Einzelheiten, die den Doppelmord umgaben, wurden zwar nie enthüllt, aber das gemütliche Klima der Insel änderte sich drastisch. Jeder paßte jetzt auf den anderen auf. Die Morde auf dem Fountain-Valley-Golfplatz hatten das Tourismusgeschäft schon beträchtlich reduziert, doch die neue Ereignislage brachte es endgültig zum Erliegen. Das Leben auf St. Croix sank schnell auf die Armutsebene herab; selbst die etabliertesten Hotels schlossen ihre Türen.

Eine Reihe von Lehrern entschied sich, die Insel zu verlassen, und auch ich wäre am liebsten gegangen, doch liebte ich meinen Job zu sehr. Wenn ich in die Staaten zurückkehrte, würde ich vielleicht nie wieder vor einer Klasse stehen und nie wieder Kinder strahlen sehen, die gerade etwas Faszinierendes entdeckt haben. Das konnte ich nicht aufgeben, denn ich hatte hier wirklich etwas gefunden, das mich ausfüllte.

Im Oktober hatte Richie ein paar freie Tage und besuchte mich. Da es kurz nach den Morden war, versuchte er mich zu überreden, mit ihm nach Hause zu fliegen. Eines abends lagen wir still nebeneinander im Bett. »Du bist die nächste«, flüsterte er mir ins Ohr. »Dich holen sie als nächste. Es ist dir schon mal passiert. Und es wird wieder passieren.« Ich drehte mich von ihm weg und tat so, als schliefe ich.

Insgeheim hatte ich mich entschlossen, wenigstens das Schuljahr auf St. Croix zu beenden. Meine Schüler waren sehr nett zu mir. Obwohl sie arm waren und keine rosigen Zukunftsaussichten hatten, konnte ich mich durchaus in dem Gefühl sonnen, Veränderung in ihr Leben zu bringen. Wir lernten zusammen – und ich kam mir wie ein lebenswichtiger Teil des Universums vor.

Auf St. Croix gab es, wie gesagt, jede Menge Alkohol. Wenn man einen Screwdriver bestellte, bestand er zu drei Vierteln aus Wodka mit einem kleinen Spritzer Orangensaft, und da ist es wohl keine Frage, daß man nicht reich sein muß, um dort zum Alkoholiker zu werden. Ich jedenfalls trank jeden Tag nach dem Unterricht. Der St. Patrick's Day war ein Feiertag, den die Einheimischen ganz besonders liebten, dann tranken die Halbwüchsigen und Erwachsenen ohne Scheu ganz offen auf der Straße. Und neben den Getränken kam man auch leicht an Drogen heran. Ich hatte ein Rezept für Quaaludes – Pillen, die mir besonders lieb waren, da sie meine erotischen Gefühle weckten. Marihuana hatte zwar auch Wirkung auf mich, war aber schwerer zu bekommen. Meine Leidenschaft für so etwas habe ich nicht allzu eingehend analysiert, ich wußte nur, daß Drogen mir halfen, die ungehemmte Frau zu sein, die ich gern sein wollte. Alice, das Partygirl. Die schöne, exotische Alice. *Diese* Alice war wild. Sie hatte keine Angst vor Männern. Sie hatte vor gar nichts Angst – außer vielleicht vor sich selbst.

Die Männer waren so zahlreich wie das Zuckerrohr auf der Insel. Ich war süchtig nach ihnen und schlief mit jedem Burschen, den ich sah. Bald verknallte ich mich in Mark, einen anderen Lehrer, und anfangs war alles ziemlich toll zwischen uns, doch dann zog er sich von mir zurück. Immer wenn ein Mann dies tut, neige ich dazu, ihn noch mehr zu begehren. Mark war ein ansehnlicher Vietnamveteran. Eine ziemlich harte Schale umgab ihn, und ich hatte immer das Gefühl, sie nicht durchdringen zu können, um herauszukriegen, was unter ihr lag. Doch in erotischer Beziehung war ich zufrieden. Wayne, Marks bester Freund, lebte ebenfalls auf der Insel. Jane, Waynes Frau, war ebenfalls Lehrerin, also hatten wir zu viert eine Menge Spaß und tollten so richtig rings um St. Croix herum.

Mark war der erste Mann, dem ich meine Prügelphantasien beichtete. Er hatte mich auf dem falschen Fuß erwischt, als er mich plötzlich fragte, ob ich irgendwelche sexuellen Phantasien hätte. Ich riß mich zusammen und machte mit rotem Gesicht einen Versuch, es ihm zu erzählen, erstickte aber fast an meinen Worten; doch sie beeindruckten ihn nicht. »Ach ja«, sagte er. »Bei den Kindern in der Schule muß ich sowas alle naselang machen. Ich bin's leid, den Gürtel zu schwingen. – Sonst noch was?« Ich hatte *keine* weiteren Phantasien, hatte nur dieses eine fürchterliche Geheimnis. Nun hatte ich es endlich jemandem mitgeteilt – doch leider einem Mann, der es nicht verstand.

Unsere Beziehung kühlte sich zwar schnell ab, aber das hielt mich nicht auf. In der Karnevalszeit nahm ich seine halbherzig geäußerte Einladung an, Wayne und ihn zum Haus eines Freundes in der Nähe von St. Thomas zu begleiten. Da die Schlafgelegenheiten begrenzt waren, mußte ich mit den beiden in einem Bett schlafen. Mark forderte mich auf, den Schwanz seines Freundes zu streicheln, und obwohl ich meiner Freundin Jane gegenüber ein schlechtes Gewissen hatte, tat ich es. In dieser Nacht liebten wir uns zu dritt. Ich beglückte die beiden mit den Händen, dem Mund und meiner Muschi, und trotz meiner Hemmungen war es zweifellos erregend. Mir gefiel es, daß vier Hände meinen Körper streichelten. Hinterher schlief ich mit dem Gefühl ein, ein sexuell befreiter Mensch zu sein.

Als ich am nächsten Morgen erwachte, rechnete ich damit, daß wir drei nun die besten Freunde seien. Aber Mark gab sich zurückhaltend. Er fuhr zwei Stunden später unerwartet nach St. Croix zurück und ließ mich mit Wayne allein. Wayne bemühte sich zwar, freundlich zu sein, aber ich reagierte einsilbig. Offen gesagt, auf Liebe seiner Art war ich nicht scharf; er war mir einfach in jeder Beziehung zu grob. Obwohl Mark das Interesse an mir verloren hatte, begehrte ich ihn noch immer. Ich habe mir wohl immer das gewünscht, was ich nicht haben konnte.

Nach Mark lebte ich wieder wie üblich in den Tag hinein. Auch das gehörte offenbar zu den Dingen, die ich sehr gut beherrschte – mich zu betrinken, bis ich kaum noch stehen konnte, um dann Männer aufzureißen, die mir nichts Gutes brachten. Erstaunlicherweise kam ich meinen täglichen Verpflichtungen an der Schule dabei trotzdem nach. Mein Unterricht trug mir vorteilhafte Bewertungen ein, und ich kam mit Mr. Salinsky, dem Schulleiter, ausgezeichnet aus.

Den größten Teil des Sommers verbrachte ich in New York, aber ich konnte es kaum erwarten, wieder nach St. Croix zurückzukehren, um im kommenden September dort zu unterrichten. Inzwischen hielt ich nach alten Schulfreundinnen Ausschau und rief Ellen an. Wir kicherten über die alten Zeiten und brachten uns gegenseitig im Hinblick auf die Ereignisse der letzten Jahre auf den neuesten Stand. Ellen schien von allen zu wissen, wo sie waren und was sie machten. »Du glaubst nicht, wen ich getroffen habe«, sagte sie. »Mir ist gerade Daniel Fidel über den Weg gelaufen, und er sieht großartig aus.«

Ich hatte Daniel mindestens fünf Jahre nicht mehr gesehen. Wir waren in der High School gute Freunde gewesen. Er hatte den Klassenclown gespielt, und ich hatte über seine

Scherze gelacht. Damals war er nicht größer gewesen als ich, und mit sechzehn hatte er noch ausgesehen wie ein Kind von zwölf. Ein paarmal waren wir zwar zusammen ausgegangen, aber ich hatte schnell erkannt, daß er nicht mein Typ war. Mich machten älter aussehende Jungs im College-Alter an. Ich hatte Daniel dann noch einmal getroffen, als ich im zweiten Studienjahr zu Hause gewesen war; da hatte er mitgeholfen, ein Mini-Klassentreffen der Roosevelt High School zu organisieren. Wir hatten uns alle zu einer festgelegten Zeit an der »Alice im Wunderland«-Statue im Central Park getroffen. Ich hatte Daniel damals zwei Jahre nicht mehr gesehen und war verblüfft gewesen – er war nicht nur mindestens dreißig Zentimeter gewachsen, er sah auch verdammt gut aus. Wir hatten uns ein paarmal verabredet, und er war sogar mit dem Bus nach Boston gefahren, um mich zu besuchen. Ins Bett war ich aber nicht mit ihm gegangen, weil ich damals mit Richie schlief. In den Weihnachtsferien hatte er mich zu einem Laura-Nyro-Konzert mitgenommen, und wir hatten vorgehabt, den Silvesterabend zusammen zu verbringen. Dann fühlte er sich aber nicht wohl, wollte an diesem Abend nicht mehr ausgehen und hatte mich statt dessen gebeten, in seine Wohnung zu kommen. Ich hatte irgendeine unabsichtlich schnodderige Bemerkung gemacht, etwa: »Ich bin wohl keine von denen, in die man viel Geld investiert.« Daniel hatte nichts darauf geantwortet, sondern nur den Hörer aufgeknallt. Ich hatte nie wieder etwas von ihm gehört und redete mir ständig ein, daß das ohnehin keine Rolle spielte.

Als ich mit Ellen am Telefon über Daniel sprach, kehrten die alten Gefühle schrittweise zurück. Sie schienen beidseitiger Natur zu sein, denn Daniel hatte ihr einen Brief gegeben, den sie nach St. Croix schicken sollte. Aber natürlich hatte die schusselige Ellen das vergessen. Sie angelte ihn aus einem der unordentlichen Häufchen, die meines Wissens nach ständig in ihrer Wohnung herumlagen, und las ihn mir vor. Daniel konnte verdammt gut mit Worten umgehen. Sein Brief war eine sehr witzige und erheiternde Beschreibung seiner College-Erfahrungen und seiner Reisen durch das

Land. Er schloß, indem er die Hoffnung ausdrückte, bald mit mir reden zu können. Ich rief ihn sofort an und freute mich, seine herzliche, kameradschaftliche Stimme zu hören. Auch er schien sich zu freuen, von mir zu hören. Wir machten aus, uns am 4. Juli zu treffen.

Bis dahin hatte ich es irgendwie geschafft, mir Richie trotz des ganzen auf St. Croix verbrachten Jahres warmzuhalten. Ich wußte zwar, daß ich Schluß mit ihm machen mußte, aber in derlei Hinsicht war ich nie sehr gut. Besser ging es mir, wenn ich den Tritt bekam; ich war nicht gern diejenige, die anderen Schmerzen zufügte. Allerdings hatte ich noch eine Menge Sachen in Richies Wohnung, und er drohte, sie rauszuwerfen, falls ich nicht nach Boston käme. Daraus ergab sich, daß ich meine Verabredung mit Daniel nicht einhalten konnte, doch er schien Verständnis dafür zu haben.

Es war eine unbehagliche Konfrontation. Trotz Richies Wutanfällen gelang es mir, meine Siebensachen zu packen und abzuhauen. Erfreut darüber, wieder im Bus zu sitzen, fuhr ich zum Haus meiner Schwester und meines Schwagers nach New Jersey. Die beiden hatten das Kibbuz-Leben satt und waren nun typische Vorstadtbewohner. Robin war so freundlich, meinen Eltern nicht zu sagen, daß ich mich in der Stadt aufhielt.

Kurz nachdem ich mich hingesetzt hatte, erfuhr ich, daß sie und Bob eine Woche in San Francisco verbringen wollten. Obwohl es mir freistand mitzukommen, wollte ich aber lieber Daniel wiedersehen. Ich mußte immer an den Burschen denken. Auch wenn sich zwischen uns nichts Ernstes entwickelt hatte, war etwas an ihm, daß mir wirklich gefiel.

Ein paar Tage später spazierte ich durch Greenwich Village und suchte nach der Adresse, die ich in aller Eile auf einen Zettel geschrieben hatte. Es war ein hübsches Gebäude gegenüber dem Washington Square Park. Als ich allein im Aufzug stand, wußte ich zwar nicht, was mich erwartete, aber mein Herz klopfte rasend schnell. Ich werde niemals vergessen, wie Daniel mich ansah – hungrig und überrascht. »Mein Gott«, murmelte er, »du siehst toll aus.« Der Aufenthalt auf den Jungferninseln hatte meine Haut goldbraun gefärbt, und die Kugeln meiner Brüste ließen mein Oberteil fast platzen. Ich wog etwas mehr als heute, aber Daniel beharrte darauf, daß ich ihm üppig besser gefiele. Nun, es freute mich, daß Daniel Fidel mich so sexy fand.

Sofort verplante er den ganzen Tag für uns, und im Gegensatz zu meinen »Rendezvous« mit Richie war unsere Begegnung kein Grund, möglichst schnell blau zu werden. Daniel trank überhaupt nicht. Wir spazierten über den West Side Highway, der damals wegen Bauarbeiten abgesperrt war. Daniel hatte sogar ein paar Sandwiches eingepackt, damit wir mitten auf dem Betonpflaster ein kleines Picknick einlegen konnten. Wir redeten unaufhörlich, und irgendwie kamen wir bei unseren Gesprächen auf die schlüpfrigen Leserbriefe in *Penthouse*. Während wir so dahinspazierten, lachten wir darüber und bewunderten gleichzeitig die schöne Aussicht auf den Hudson River, der neben uns herfloß. Natürlich erwähnte ich mit keinem Wort, welch erregende Wirkung gerade die S/M-Leserbriefe auf mich gehabt hatten. Wenigstens konnten Mama und Papa nun froh sein, daß ich endlich einen netten jüdischen Mann gefunden hatte, der mir wirklich gefiel. Da Daniel und ich praktisch miteinander aufgewachsen waren, hatten wir uns pausenlos etwas zu erzählen, und er schaffte es, mich den ganzen Tag über zum Lachen und Lächeln zu bringen. Nach all dem Schmutz, den Richie und ich uns fortwährend an den Kopf geworfen hatten, empfand ich das wie eine frische Brise. Wir gingen in eine kleine Bar, in der am späten Abend die Nitty Gritty Dirt Band auftrat. Daniel hatte Eintrittskarten besorgt und lud mich später in ein chinesisches Restaurant ein.

Nach dem Auftritt sehnte ich mich sehr danach, die Nacht mit ihm zu verbringen, aber ich wagte nicht, es zu sagen. Es wurde immer später, und ich wies mehrmals darauf hin, ich müsse einen Blick auf den Busfahrplan werfen, um nach New Jersey zurückzukehren. Er antwortete nicht. Einen Moment lang befürchtete ich, daß er nicht mit mir schlafen wollte. Daniel schaute mir nur zu, als ich mich mit meiner Rum-Cola beschäftigte; er selbst hatte keinen Drink bestellt. Der Alkohol entspannte mich ein wenig. Als wir wieder in seiner Wohnung waren, gingen wir auf die Terrasse hinaus, um uns die Lichter der Stadt anzusehen. Daniel nahm mich in die Arme und küßte mich. Da wußte ich, daß ich nicht wieder nach New Jersey fahren müsse.

Als Daniel und ich uns liebten, fühlte ich mich zuerst sehr verletzlich; mehr noch als bei jedem anderen. In dem abgedunkelten Raum schauten wir einander schweigend beim Ausziehen zu. Es war ein komisches Gefühl, mich vor ihm auszuziehen, vielleicht deswegen, weil wir uns so lange kannten – ein eigenartiges und schutzloses Gefühl, aber es war auch sehr gut. Ich fühlte mich behaglich, wie zu Hause. Dann liebten wir uns, und es war vielleicht nicht das, was man leidenschaftlich nennt, aber ich spürte, daß ich ihm wichtig war. Seine Fingerkuppen streichelten meine Brustwarzen so sanft und feinfühlig, als hätte er Angst, sie könnten kaputtgehen. Ich schlang die Beine um ihn und spürte, wie er sich vorsichtig in mir bewegte. Es war das innigste, intensivste Gefühl, das ich je erlebt habe. Natürlich verliebte ich mich wahnsinnig in ihn. Noch jetzt steigen mir die Tränen in die Augen, weil ich ihn immer so geliebt habe. Denn die Geschichte fand kein Happy End.

Nach dieser Nacht verbrachten Daniel und ich den Sommer miteinander. Die Wohnung meiner Schwester Robin war zwar meine Heimatbasis, aber ich lebte praktisch in seiner Wohnung. Meine Eltern rief ich aus Telefonzellen an und gab vor, durch das Land zu reisen. In Wirklichkeit war ich nur eine kurze U-Bahn-Fahrt von ihnen entfernt. Hätten sie gewußt, daß ich in der Stadt war, hätte das den herrlichen Bann gebrochen, unter dem ich mich fühlte. In diesem Fall hätte ich mich nicht nur dem Sperrfeuer ihrer Fragen stellen, sondern auch nach ihren Regeln leben müssen. Und in ihren Augen machte ich ja nie etwas richtig. Doch als ich mit Daniel zusammen war, kam mir alles richtig vor. So empfand ich völlige Freiheit. Ich konnte New York zum ersten Mal genießen, ohne jemandem Rechenschaft über meine Zeit ablegen zu müssen.

Im Verlauf des Sommers machten Daniel und ich einen Ausflug und fuhren per Anhalter in die Rocky Mountains.

Wir hatten eigentlich zelten wollen, aber die meiste Zeit regnete es. Unterwegs lernten wir alle möglichen Menschen kennen – übriggebliebene Hippies, die das Land kultivierten, eigenes Gemüse und Marihuana anbauten, und arme Familien, die seit Generationen in der öden Bergwelt lebten. Alles erschien mir so schön. Ich war verliebt, lächelte ständig – und war mir sicher, daß ich Daniel mehr liebte als jeden anderen zuvor. Wir konnten stundenlang über das Leben und die Vergangenheit reden. Daniel war sehr verständnisvoll, besonders hinsichtlich meiner Trennung von Richie. Ich erzählte ihm alles, und besonders, daß Richie mein empfindliches Ego ständig verletzt hatte. Im Gegensatz zu ihm war Daniel stets bemüht, meine Selbstachtung aufzubauen. »Gönn dir etwas Gutes«, sagte er manchmal. »Geh in die Stadt und kauf dir was Schönes.«

Daniel war Lehrer wie ich, aber auch er konnte in den Staaten keinen ordentlichen Vollzeitjob kriegen. Also arbeitete er als Teilzeitkraft an der Hughes High School, einer der schlimmsten Institutionen Manhattans. Er brachte Verhaltensgestörten das Lesen bei. Nachts arbeitete er im Computerzentrum der New York University. Da seine Mutter jahrelang an der NYU tätig gewesen war, hatte sie ihm die schöne Hochhauswohnung im Washington-Square-Village-Komplex besorgt. Alles in allem – es war ein traumhafter Sommer. Wir lachten und liebten uns. Wir besuchten alle örtlichen Varietés, was Daniel besonders mochte. Oft sagte er, daß er davon träume, eines Tages selbst als Komödiant zu arbeiten.

Kurz bevor Daniel und ich uns trafen, hatte er eine Beziehung zu einer schönen blonden Nichtjüdin namens Martha beendet – einem Mädchentyp, der jüdische Männer offenbar verrückt macht. Martha war jene Art Frau gewesen, vor denen jüdische Mütter ihre Söhne ständig warnen. Daniel schien große Freude daran zu haben, mir zu erzählen, wie hübsch sie gewesen war und daß sie einen flachen Bauch gehabt hatte. »Wenn du zehn Pfund abnehmen würdest, könntest du auch so aussehen«, sagte er fortwährend. »Ja dann würdest du sogar noch viel besser aussehen als sie«, fügte er dann taktvoll hinzu. Ich wurde fast über Nacht eine fanatische Turnerin und aß kaum noch etwas. Für Daniel wollte ich perfekt sein.

Mehr als alles andere wünschte ich mir, daß er mich bitten würde zu ihm zu ziehen, aber er tat es nicht. Um die Dinge noch komplizierter zu machen, war eine Frau, die er einst auf Reisen kennengelernt hatte, auf dem Weg von Kalifornien her zu ihm unterwegs und wollte bei ihm wohnen. Es war nichts Ernstes, nur eine platonische Geschichte. Aber ich bekam eine Gänsehaut, als ich mir vorstellte, daß die mir unbekannte Valerie mit dem Mann, den ich liebte, in einem kleinen Studio-Apartment zusammenwohnen würde. Obwohl es mir nicht leichtfiel, gab ich Daniel trotzdem die Gelegenheit, ein paar Tage mit ihr zusammen zu sein. Meine Schwester Robin sagte zwar pausenlos, ich solle nicht wütend werden, aber ich konnte nicht anders. Ich konnte nichts dagegen machen, aber ich tat mein Bestes, um unserer Beziehung keine Gewalt anzutun. Was unsere gegenseitigen Gefühle anbetraf, waren Daniel und ich sehr ehrlich zueinander. Zwar sagten wir uns Dinge wie: »Mir gefällt alles an dir« oder: »Ich bin verrückt nach dir«, aber wir achteten sorgfältig darauf, nicht: »Ich liebe dich« zu sagen. Daniel wußte, daß ich vorhatte, im September wieder nach St. Croix zurückzukehren. Zwar versuchte ich fortwährend, eine Stelle als Lehrerin in New York City zu kriegen, aber es war unmöglich. Bevor ich wieder abreiste, mußte ich unbedingt ein paar Tage bei meinen Eltern verbringen. Da sie mir wieder zusetzten, belog ich sie über mein eigentliches Abreisedatum, damit ich noch eine ungestörte Woche mit Daniel im Village verbringen konnte. Die Zeit, die wir beieinander waren, verging rasend schnell. Und dann, obwohl ich es kaum ertragen konnte, ihn zu verlassen, reiste ich ab.

Nach einem tränenreichen Abschied am Flughafen rief ich ihn noch in der Nacht an, in der ich St. Croix erreichte. Er sagte, er fühle sich schon jetzt einsam ohne mich. »Alice«, bat er, »nimm doch die nächste Maschine und komm nach Hause.« Nach Hause? Hatte ich endlich ein Zuhause? War es das an Daniels Seite? Wollte er mir das sagen? Es war zwar ein verlockender Gedanke, gleich wieder abzureisen, aber ich habe es nicht getan. Ich hoffte weiterhin darauf, daß er sich für eine Lehrerstelle auf St. Croix entscheiden würde, aber er hat es nicht einmal in Erwägung gezogen. Daniel war ein echter New Yorker. Er behauptete, sich nicht vorstellen zu können, anderswo zu leben. Ich war ihm in meinem verlockenden Tropenparadies treu und ging mit niemand aus; ich wollte auch keinen anderen. Da man auf St. Croix aber außer Trinken und miteinander Schlafen nur wenig tun konnte, wurde mir zunehmend langweiliger.

Im Jahr davor war ich meinen Schülern sehr zugetan gewesen. Man sagt ja, jeder Lehrer hält seine erste Klasse für etwas Besonderes. Es dauerte dann einige Zeit, bis ich mich an die neuen Schüler gewöhnt hatte. Überhaupt schien nichts mehr so zu sein wie früher. Ich mußte immer daran denken, wie es mit Daniel gewesen war. Um die schulischen Angelegenheiten noch komplizierter zu machen, hatte man die stellvertretende Schulleiterin zur Chefin befördert. Miss Jenkins war eine große schwarze Dame, die für ihre schrecklichen Wutausbrüche bekannt war. Wir waren nie miteinander ausgekommen, auch nicht vor ihrer Beförderung. Im Lauf der Zeit wurde ihr hochnäsiges Betragen immer problematischer. Sie erschwerte es mir, selbst an das grundlegendste Unterrichtsmaterial heranzukommen. Wenn ich zu spät kam, brummte sie mich an wie ein wütender Bär. Wirklich, ich stand auf ihrer Abschußliste: Sie führte ein Buch über sämtliche Lehrerinnen und Lehrer, die zu spät kamen, und trug jeden Unterrichtsausfall ein, als seien wir Schuld daran, daß das marode Schulsystem der Insel verkam. Abgesehen davon nehme ich an, daß ich nach einem Grund suchte, meinen Job aufzugeben, denn ich fühlte mich dort einfach nicht mehr wohl.

Glücklicherweise flog Daniel während der Thanksgiving-Ferien ein, um mich zu besuchen, aber trotz meiner Hoffnungen gefiel ihm St. Croix weniger gut als mir. Meine Tagträume, er könne sich in die Tropen verlieben, sich entscheiden, hier zu unterrichten und dann glücklich mit mir hier zu leben, schwanden wie Wasser in heißem Sand. Daniel schwärmte vom Kitzel, den Manhattan zu bieten hatte, von den Clubs und Restaurants, und daß man dort die neuesten Filme sehen konnte, wenn sie uraufgeführt wurden. Außerdem holte er sich gleich das, was wir »Inselfieber« nennen, und konnte es dann nicht erwarten, wieder in die Zivilisation zurückzukehren. Selbst unsere Bettabenteuer ließen viel zu wünschen übrig: sie waren nicht die verschwitzten und erhitzten Begegnungen in mondhellen Nächten, die man sich vielleicht vorstellt. Sie waren einfach … in Ordnung. Nichts Besonderes. Doch damals erweckte nichts den Anschein, daß mit Daniel etwas nicht stimme. Nein. Ich hatte nur den Eindruck, daß es auf der Insel mit uns nicht richtig klappte.

In der Nacht vor Daniels Abreise trank ich mir knallhart einen an. Ich schätze, es war die einzige Möglichkeit, mit seinem Verschwinden fertig zu werden. Montagmorgen, nach einem verkaterten Abschied am Flughafen, fuhr ich zur Schule, ohne jede Begeisterung darüber, den Unterricht wieder aufzunehmen. Ich kam wieder mal zu spät. Es wurde allmählich zur Gewohnheit, aber es war mir im Grunde gleich. Da ich zu Miss Jenkins' Hauptzuspätkommern gehörte, wurde ich in ihr Büro eskortiert, um mir eine neue Standpauke anzuhören. Doch dazu war ich nicht in Stimmung. Nicht an diesem Morgen.

Miss Jenkins war zwar noch nicht da, aber ihre teuflische Verspätungsliste lag mitten auf dem Schreibtisch. Ich war schon immer neugierig gewesen, was sie eigentlich dort vermerkte, und jetzt hatte ich die Chance, einen Blick hineinzuwerfen. Wie das Leben nun einmal so spielt, kam die Übel gelaunte Miss Jenkins genau in dem Moment herein, als ich mir ihre kostbare Liste ansah. Wenn ich sage, ihre Reaktion fiel übermäßig aus, untertreibe ich. Sie drehte völlig durch und beschuldigte mich, ihren Schreibtisch zu »durchwühlen« und sie zu bestehlen. Das reichte mir, besonders deswegen, da mir elend zumute und ich sowieso wegen Daniels Abreise sehr verletzlich war. Ich kam mir verlassen und ganz allein vor und brach in Tränen aus. Irgendwie gelang es mir an diesem Tag aber noch, mich zusammenzureißen und den Unterricht zu Ende zu bringen.

Ein paar Tage später lag in meinem Briefkasten ein Schreiben, das mich davon in Kenntnis setzte, daß Miss Jenkins beschlossen hatte, mich vor Gericht zu zitieren. Offenbar galt das »Durchwühlen« von Schreibtischen auf den Jungferninseln als unbotmäßiges Verhalten. Sie hatte sich die Freiheit genommen, eine Kopie des Dokuments an die Schulbehörde sowie an andere Personen zu schicken. Ich war ebenso ängstlich wie wütend und hilflos. Obwohl ich es nicht beweisen konnte, hatte ich ja wirklich nichts in ihrem Privatreich angerührt und doch nur einen Blick auf ihre blöde Verspätungsliste werfen wollen. Meine Freundin Jane schlug vor, ich solle sie wegen »übler Nachrede« verklagen, und aufgebracht tat ich das. Danach wurden der Unterricht und die Begegnungen mit Miss Jenkins fast unerträglich.

Weihnachten flog ich nach Hause und blieb in Daniels Wohnung. Doch der Aufenthalt entpuppte sich als Enttäuschung. Er war nicht sehr liebevoll zu mir und bestimmt nicht so aufmerksam, wie ich es mir nach der einschüchternden Episode mit Miss Jenkins ersehnt hätte. Daniel schien nur daran interessiert zu sein, sich im Fernsehen Football-Spiele anzusehen. Ich erzählte ihm schluchzend, daß ich nicht nach St. Croix zurückgehen könne, und ich nehme an, dies hat ihn hinsichtlich unseres Lebensarrangements wachsam gemacht. Da ich mir allein keine Wohnung zulegen wollte, schlug Daniel aber immerhin vor, ich solle zu ihm ziehen. Unser Zieldatum war der 14. Februar, der Valentinstag.

Um meinen Besuch weiter zu komplizieren, bekam Daniel schreckliche Probleme mit dem Magen. Er litt die ganze Woche an Durchfall, und je länger ich blieb, desto kranker wurde er. Das versetzte unserem Sexualleben natürlich einen Dämpfer, aber dieser Aspekt für mich nun ohnehin völlig unwichtig. Ich wollte nur mit Daniel zusammensein, an seiner Seite schlafen und nachts seine Wärme spüren. Ich wollte auch, daß es ihm besser ginge, aber als die Zeit kam, wo ich nach St. Croix zurück mußte, verschlimmerte sich sein Zustand noch mehr.

Eigentlich hätte ich gar nicht nach St. Croix fliegen sollen, aber die Wahrheit ist, daß es mich immer verwirrt, wenn ich eine wichtige Entscheidung treffen muß. Es ist nun mal so, daß ich lieber in einer schlechten Situation leben würde, als etwas daran zu verändern. Doch meine Freundin Jane hatte ebenfalls beschlossen zu gehen, und im Februar war ich, wie Daniel und ich es geplant hatten, abreisebereit. Vorher hatte ich mir die Arbeit gemacht, einen langen Brief an die Lokalzeitung in St. Croix zu schicken, um meine Version der Geschichte zu erzählen. Überraschenderweise wurde meine Leidensgeschichte auch abgedruckt.

Kurz bevor ich dann St. Croix endgültig wieder verließ, erfuhr ich, daß Daniels kranker Magen sich zu einem Dickdarmkatarrh entwickelt hatte. Man hatte ihn auf Diät gesetzt, er war sehr abgemagert und lag im Krankenhaus. Da es ihm so schlecht ging, holten seine Eltern mich am Flughafen ab. Ich hatte nicht mal meiner eigenen Familie von meinem Entschluß berichtet, die Jungferninseln zu verlassen – und natürlich auch nichts davon gesagt, daß ich zu Daniel ziehen wolle. Ich hatte mir vorgenommen, es ihnen beizubringen, wenn ich angekommen war.

Daniels Eltern hatten mir sofort gefallen. Als ich sie im Sommer zum ersten Mal gesehen hatte, war ich sehr nervös gewesen »Daniel ist so nett«, hatte ich gedacht, »daß sie sich bestimmt fragen, was er überhaupt mit einer wie mir will.« Es gab zwar nicht den geringsten Grund, mich so zu fühlen, aber mein Selbstwertgefühl lag eben meist völlig am Boden. Das einzige, was mich rettete, war ein kleines Röhrchen mit Quaaludes. Kurz bevor ich die Eltern kennenlernte, zerkaute ich vorsichtig, damit Daniel nichts merkte, das Bruchstück einer Tablette, was mich beträchtlich ruhiger machte. Damals brauchte ich Drogen oder Schnaps, um Selbstvertrauen zu gewinnen, und als ich jetzt seine Eltern am Flughafen traf, kam ich mir etwas schwerfällig vor und wußte nicht einmal, was ich mit ihnen reden sollte. Als könne er meine Gedanken lesen, sagte sein Vater, Daniel hätte vorgeschlagen, ich solle in seiner Wohnung wohnen. Erleichtert fragte ich ihn, ob sie mich gleich zu ihm ins Krankenhaus fahren könnten. Seine Mama schien amüsiert zu sein, daß ich mich so um ihn sorgte. »Natürlich, Schätzchen«, sagte sie lächelnd. »Wohin sollten wir dich wohl sonst bringen?«

In dem sterilen Krankenhauskorridor versuchten sie mich auf das vorzubereiten, was mir bevorstand. »Erwarte am besten gar nichts«, warnte Daniels Vater mich liebevoll. »Daniel ist kein geduldiger Patient. Er war sehr krank. Jetzt, wo es ihm besser geht, nörgelt er nur rum und wirft mit Gegenständen um sich.« Als ich Daniel sah, konnte ich es nicht glauben. Er war so abgemagert, daß man ihn in dem großen Krankenhausbett kaum wiederfand. An einem seiner Arme hingen intravenöse Schläuche. Nachdem seine Eltern uns allein gelassen hatten, kam ich mir fast so vor wie in einer Szene aus *Love Story*. Ich kroch neben ihn ins Bett, nahm ihn so fest in die Arme, wie ich nur konnte, und war so glücklich, endlich wieder bei ihm zu sein, daß ich mit dem Weinen nicht aufhören konnte. Nun, da ich ihn wiederhatte, war mir alles andere egal. Das hatten Mama und Papa mich gelehrt: Ist man einmal einem Mann begegnet, den man liebt, löst sich alles andere auf wunderbare Weise.

Während Daniel im Krankenhaus war, hatte ich seine Wohnung ganz für mich allein. Ich besuchte ihn jeden Tag und machte mir keine Gedanken darüber, eine Stelle zu finden. Auch wenn ich weit von den Tropen entfernt war, machte ich mir mitten im typisch trübseligen New Yorker Februar keine Sorgen. Hier war der Ort, an dem ich sein wollte. Doch als Daniel schließlich nach Hause kam, waren die Dinge nicht so perfekt, wie ich erhofft hatte. Von der Krankheit noch immer mitgenommen, war er schrecklich schlecht gelaunt. Um mich bei ihm mehr zu Hause zu fühlen, hatte ich eins meiner Poster an die Wand gehängt; als er in die Wohnung kam, riß er es als erstes herunter. Vielleicht ärgerte er sich darüber, daß ich so schnell nach meiner Ankunft meine Spuren hinterließ – jedenfalls sah ich über seinen Ausbruch hinweg. Zwar wurden mir auch andere nervenzermürbende Eigenarten seines Charakters deutlich, aber auch die ignorierte ich und bemühte mich, ihm zu vergeben, weil ich wußte, daß er krank und mieser Laune war.

Gleichzeitig wünschte ich mir, daß er in mir nicht den Eindringling sehen würde, sondern die Verbündete; jemanden, der ihn liebte.

Immer wenn Daniel einen Vorschlag machte, kam ich mir vor, als hörte ich einem Orakel zu. Gottes Stimme hatte gesprochen. Eines Tages sagte er: »Glaubst du nicht, es ist an der Zeit, daß du dir einen Job suchst?« Das war ein bißchen zu grob, und ich war verletzt, aber schon am nächsten Tag ging ich zu einer Stellenvermittlung und nahm das erste Angebot an, das man mir machte. Ich arbeitete bei einer japanischen Firma im Welthandelszentrum; zwar nicht der Job, den ich gewollt hatte, aber ich nahm ihn schon deswegen an, weil Daniel meinte, ich solle arbeiten gehen. Zwar konnte ich mit Büroarbeiten fertig werden, aber ausstehen konnte ich sie nicht. Japaner neigen dazu, weibliche Angestellte wie zweiter Klasse zu behandeln, so bestand eine meiner Aufgaben darin, die männlichen Abteilungsleiter während der Kaffeepause zu bedienen. Ich tat es zähneknirschend. Da ich chronisch zu spät kam, wurde die Uhr mein Feind. Wenn ich um 9 Uhr 10 ins Büro stürmte, versuchte ich das auszugleichen, indem ich zehn Minuten länger arbeitete. Ich dachte, dann gäbe es keine Probleme damit, da ich meinen Achtstundentag ja erfüllte. Aber es paßte nicht zu den zeremoniellen Vorschriften und Regeln. »Nein, nein«, sagte der Oberbonze fortwährend zu mir. »Müssen haben Entschuldigung. Sagen irgend etwas. Sagen Aufzug bleiben stecken. Sagen Eisenbahn haben Verspätung.« Ich versuchte, dem zu entsprechen, aber ich war nicht sehr gut darin, gestoppt, gemaßregelt und umgemodelt zu werden. Also hielt ich es dort nur drei Monate aus.

Solange ich arbeitete, war meine Beziehung zu Daniel ruhiger. Es war zwar nicht mehr so aufregend wie früher, aber wir gewöhnten uns langsam an das Zusammenleben und hatten nur noch gelegentlich Zusammenstöße. Stritten wir uns aber, tat er oft etwas sehr Grausames: dann ignorierte er mich völlig. Einmal, bei einem Patti-Smith-Konzert, weigerte er sich sogar mit mir zu reden, bis ich ihn um Verzeihung bat. Es war ein Verhaltensmuster, das er von seinen Eltern gelernt hatte, da sein Vater oft ebenso mit seiner Mama verfuhr – so wie ich gelernt hatte, Sündenbock und Opfer zu sein, weil mir ins Gedächtnis eingeprägt war, wie meine Mutter meinen Vater behandelte.

Obwohl ich damals nur sehr wenig über S/M wußte, strebte ich danach, mich Daniel zu unterwerfen. Ich war, wie man so sagt, der »Bodenmann«, und er der »Obermann«. Wir haben die Rollen jedoch nicht körperlich ausgespielt, Daniel hat mich weder ausgepeitscht noch gefesselt – aber die emotionalen Aspekte einer S/M-Beziehung waren vorhanden. Daniel beharrte darauf, daß ich ihn gern krank sähe. Vielleicht hatte er damit recht. Nur nachdem er aus dem Krankenhaus gekommen war, hatte er mir gestattet, mich um ihn zu kümmern und ihm zu dienen.

Ich ging gern auf Parties und war gern mit vielen Menschen zusammen. Ich trank gern – und ich trank alles. Ich war nicht wählerisch. Daniel dagegen nippte nicht einmal an einem Weinglas, auch nicht an süßem Wein; er mochte einfach den Geschmack nicht. Bald darauf trank ich für uns beide. Da Daniel gern früh zu Bett ging, gewöhnte ich mir an, mir einen anzusaufen, während er nur ein paar Schritte von mir entfernt friedlich schlief. Meist war ich dann so zu, daß ich ins Bett kriechen und in wirre Träume versinken konnte.

Samstagnachmittag spielte Daniel mit seinen Freunden Softball. Er unternahm überhaupt sehr viel mit seinen Freunden zusammen, und da ich wenig Freundinnen hatte, war ich sehr oft allein zu Hause. Wenn nicht, ging ich mit ihm. Daniel spielte auch Baseball. Und Alice schaute ihm zu, wenn er Baseball spielte. Daniel schaute sich zu Hause im Fernsehen Baseball an. Ich durfte ihn während des Spiels nie ansprechen – nur wenn die Werbung lief; also saß ich bloß neben ihm und nippte manchmal an einem Glas Wein. Meist war ich schon glücklich, nur bei ihm sein zu können.

Einen Monat nach meinem Umzug in Daniels Wohnung rief ich endlich meine Eltern an und erzählte ihnen, daß ich nicht mehr auf den Jungferninseln sei. Sie kannten Daniel noch von der High School her. Ich gab zwar zu, daß ich ihn getroffen hatte, verschwieg jedoch, daß wir zusammen lebten. Ich konnte es ihnen einfach nicht sagen. Sie hatten ihn nie sonderlich gemocht, und außerdem wußte ich, daß es zu hysterischen Anfällen führte, wenn sie hörten, daß ihre Tochter »in Sünde lebte«. Es war schwer, in der gleichen Stadt, in der auch meine Eltern wohnten, ein Doppelleben zu führen.

Eines Tages gab ich es auf und sagte ihnen die Wahrheit: daß Daniel und ich ineinander verliebt seien und daß wir zusammenlebten, um herauszufinden, ob wir für die Ehe taugten. Ich weiß zwar nicht mehr genau, was Mama sagte, aber ihre Stimme bohrte sich durch die Telefonleitung in mein Gehirn. »Du bist wohl verrückt geworden!« kreischte sie. Meine Eltern waren der Meinung, daß Sex erst nach der Heirat erlaubt war, und ich bin mir sicher, daß sie mich nun für eine Hure hielten. In meiner Verwirrung muß ich wohl, bevor ich auflegte, meine Adresse ausgeplaudert haben. Zwei Tage später erhielt ich einen sorgfältig ausgearbeiteten, mit der Maschine getippten Brief meiner Mutter. (Sie arbeitete damals als Sekretärin am Lehman College in der Bronx und war demzufolge sehr formell und geschäftsmäßig geworden.) In allen Einzelheiten beschieb sie mir, wie verheerend sie sich fühlte und wie entsetzt mein Vater sei.

Ausgerechnet in mir wollte er seine jungfräuliche Tochter sehen. Es war in den frühen siebziger Jahren. Wie sollte ich ihm beibringen, daß die meisten jungen Mädchen längst keine Jungfrauen mehr waren? Zusammen mit dem Brief hatte Mama sauber einen zweispaltigen (ebenfalls getippten) Vergleich aufgeführt, der die Pros und Contras der wilden Ehe mit der echten verglich: Wenn man eine wilde Ehe führte und sich stritt, konnte man einfach seine Sachen packen und gehen. Eheleute aber hatten keine andere Wahl, als die Probleme, die sie hatten, miteinander zu bereinigen. Wenn zwei Menschen in wilder Ehe zusammenlebten, ging es die Familie nichts an; aber wenn man verheiratet war, gab es vorher eine Hochzeit. Dann machten die Menschen einem Geschenke (z. B. ein Schlafzimmer); damit versuchten meine Eltern uns zu bestechen. Dieser Punkt brachte Daniel und mich wirklich zum Lachen). Die Vergleiche waren endlos, und jeder war blöder als der vorherige.

Dann, an einem schicksalhaften Samstagnachmittag, schlug die Türglocke an. Ich öffnete, und mein Vater stand vor mir. Hatte Papa es gewagt, meiner Mutter zu trotzen, um seine verlorene Tochter allein zu besuchen? (Ich fand später heraus, daß es nicht so gewesen war.) Unser großes Studio-Apartment mit dem Balkon und dem Hauswächter im Parterre schien ihn zu beeindrucken. Ich wollte ihm erzählen, daß ich glücklich war und daß alles in Ordnung sei. Daniel versicherte ihm, daß er mich liebte, und sagte, wir würden bald heiraten. Doch als ich mit Papa im Aufzug nach unten fuhr, war sein einziger Kommentar: »Wenigstens lebst du in einer sauberen Wohnung.« Das war alles. Er hatte kein Verständnis für Daniel; er akzeptierte ihn nicht.

Wenige Wochen später hatte mein Vater einen Herzanfall. Mama schob die Schuld daran natürlich mir in die Schuhe. Papa hatte während des ganzen Lebens einen zu hohen Cholesterinspiegel und ein schwaches Herz gehabt. Doch der Herzanfall war allein meine Schuld. Zum Glück überlebte er ihn. Aus dem »Daniel-Zwischenfall« zog ich nur eine Hauptlehre: daß ich meiner Familie nie wieder die Wahrheit über etwas sagen konnte.

Während Daniel und ich, ohne einen Rabbi zu Rate zu ziehen, unsere »Ehe« führten, beschlossen seine Eltern, in ein Wohnhaus direkt nebenan zu ziehen. Ich war zwar anfangs nicht allzu froh darüber, sie so dicht bei mir zu haben, aber das lag hauptsächlich daran, daß ich mich an meine Eltern erinnerte. Daniels Eltern waren jedoch ganz anders. Es schien ihnen völlig egal zu sein, ob wir verheiratet waren oder nicht. Zum ersten Mal im Leben hatte ich das Gefühl, wirklich eine Familie zu haben – eine normale Familie, in der man nicht ständig herumschrie. Daniels Mutter war gütig und liebevoll. Sie erinnerte mich manchmal an meine Großmutter, den einzigen Menschen, der zu mir gesagt hatte, ich sei brav oder hübsch. Daniels Vater war ebenfalls stets bereit, mich innig an sein Herz zu drücken. Er führte ein Textilgeschäft an der Lower East Side und brachte mir oft Geschenke mit. Daniels Eltern überhäuften mich mit Geschenken. Sie interessierten sich sogar mehr für das, was ich tat, als Daniel selbst. Es wurde zur Tradition, daß wir Samstag abends bei ihnen aßen; danach packten sie uns die Reste ein, damit wir sie nach Hause mitnehmen konnten.

Ich hatte endlich eine echte, liebevolle Familie und liebte Daniels Eltern nicht nur, ich liebte auch seine Vettern, Cousinen, Tanten, Onkel und sogar seine Großmutter. Daniels Bruder Harry und seine Frau Marlo waren echte Hippies und führten in Denver ein einfaches Leben. Daniels Eltern freuten sich, daß Marlo beschlossen hatte, keine Kinder zu bekommen, Daniel war jedoch darauf aus, daß wir, wenn wir heirateten, eine richtige Familie gründeten. Schließlich hatten alle Ehepaare Kinder. So war es nun mal. Daniel sah manche Dinge sehr Schwarz-weiß, auch diese. Ich selbst hatte zwar keine übermäßigen Mutterinstinkte, aber ich dachte, die kämen schon mit der Zeit. Im Moment machten wir uns Sorgen über simplere Dinge – das Bezahlen der Miete, und wie wir uns hin und wieder eine Extrafreude im Leben gönnen konnten. Kinder zu kriegen war das letzte, was mir eingefallen wäre. Ich wollte nur eines wirklich – verliebt sein, und das war ich ganz bestimmt.

In dieser Zeit heirateten ziemlich viele von Daniels Freunden, und wir verbrachten die Wochenenden auf den Hochzeiten anderer. Nach einer Feier beschlossen wir, nicht nach Manhattan zurückzufahren, sondern bei Freunden in Yonkers zu bleiben. Ein paar auf dem Boden ausgebreitete Decken genügten uns völlig. Als wir uns auf dem Teppich liebten, sah Daniel mir in die Augen und fragte: »Alice, würdest du mich heiraten? Ich liebe dich wirklich.« Und ob ich wollte! Ich konnte die Tränen nicht zurückhalten. Mein Traum war endlich wahr geworden.

Das war im April. Wir nahmen uns vor, im Juni zu heiraten. Das Jahr verlief glatt. Daniels Mutter beschaffte mir eine Stelle mit guten Sozialleistungen als Sekretärin an der NYU-Dentistenschule. Ich arbeitete nicht auf dem Hauptgelände der Universität, das sozusagen gleich neben unserer Wohnung lag, sondern mitten in der Stadt. Man erkannte bald, daß ich keine sonderlich talentierte Sekretärin war, und gab mir irgendeine monotone, niedrige Sklavenarbeit. Obwohl ich in Sachen Pünktlichkeit noch immer nicht gut funktionierte, tat ich meine Arbeit, denn Daniel und ich waren auf meinen Gehaltsscheck angewiesen. Auch Daniel war nicht sehr glücklich als Lehrer für Verhaltensgestörte an der Hughes High School. Die meisten seiner Schüler waren praktisch Analphabeten, und davon abgesehen war der Laden gefährlich und gewalttätig. Schließlich stimmte er mir zu und sagte: »Laß uns von hier verschwinden – aber dalli.«

Zusammen machten wir uns also an die Arbeit, einen Ort zu suchen, in dem man gute Lehrerjobs kriegen konnte. Ich plädierte für ein warmes Klima, vielleicht Arizona. Aber Daniel hatte etwas anderes im Kopf. Er wollte nach Denver ziehen, wo sein Bruder Harry lebte. Die Vorstellung der kalten Winter dort zog mich zwar nicht an, aber die meisten unserer Entscheidungen traf nun einmal Daniel; ich hatte nur wenig zu bestimmen. Doch obwohl er sich bei der städtischen Schulbehörde von Denver bewarb und auch eine irgendwie vielversprechende Antwort bekam, ergab sich nichts Endgültiges.

In der Zwischenzeit waren wir mit den Komplikationen unserer Heiratspläne beschäftigt. Meine Eltern wollten, daß wir eine traditionelle jüdische Hochzeit feierten, und zwar im gleichen Speisesaal, in dem meine Schwester Robin geheiratet hatte. Daniel und ich wünschten uns eine einfache Zeremonie im Freien. Doch da meine Eltern die Rechnung zahlten, meinten sie, sie könnten auch ihre Vorstellungen durchsetzen. Daniels Eltern waren der Meinung, es sei schließlich unsere Hochzeit, also sollten wir auch das bekommen, was wir wollten. Natürlich machten sie sich damit bei meinen Eltern unbeliebt. Daniel und ich fanden schließlich einen Ort in Connecticut, der absolut prächtig war. Die Zeremonie sollte auf einem üppig bewachsenen Hügel stattfinden, doch da dort alles so teuer war, konnten wir nur vierzig Gäste einladen. Meine Eltern dagegen wollten eine Riesenshow, damit sie all ihre Freunde einladen und gehörig angeben konnten. Meine Vorstellungen sahen völlig anders aus – eine intime Feier im Freien, vielleicht mit etwas Wein und Käse. Mama war entsetzt. Sie und Papa wünschten sich eben ein riesiges, schmalziges Chaos! Schon der Gedanke daran war mir widerlich. Dann kam der Wahnsinn des Brautkleidkaufens. Da ich meinte, eine Hochzeit sei eine besondere Angelegenheit, die man nur einmal im Leben feiert, beschloß ich, mich im Kaufhaus Saks in der Fifth Avenue umzusehen. Mein Blick fiel sofort auf ein einfaches Kleid mit einer Empire-Taille und etwas Spitze am Oberteil. Da ich so klein bin, habe ich oft Schwierigkeiten, passende Kleider zu finden, aber dieses saß perfekt. Trotz des Namens, den Saks hat, hielt ich den Preis nicht für übertrieben. Ich war so aufgeregt, daß ich das perfekte Hochzeitskleid gefunden hatte, daß ich es nicht abwarten konnte, es meiner Mutter zu zeigen.

Natürlich war Mama der Meinung, Saks sei zu gut für mich. Sie bestand darauf, mich zu einem Großhändler auf dem Broadway mitzunehmen, und eines Samstags gab ich nach und zog mit ihr los. Ich glaube, daß man Bräute verhätscheln sollte, und genau so wurde man bei Saks auch behandelt. Als wäre man etwas Besonderes. Doch bei dem Großhändler kam ich mir vor wie auf dem Fischmarkt. Die Frauen hetzten hin und her und rissen Kleider aus den Regalen. Die Geschäftsführerin klatschte unaufhörlich in die Hände, um unsere Aufmerksamkeit zu erringen und brüllte über das Getöse hinweg. Ich konnte mich nicht konzentrieren und konnte nichts Passendes finden. So wie früher, als ich noch ein Kind gewesen war, suchte meine Mutter die gräßlichsten Kleider aus und wollte mir einreden, daß sie mir gefielen. Mama wies auch deutlich darauf hin, daß ich kein weißes Kleid mehr tragen durfte, da ich doch eindeutig (Ächz!) keine Jungfrau mehr sei. Ein weiterer Eintrag in ihrem tränenreichen, maschinengeschriebenen Brief hatte darauf hingewiesen, daß alle Menschen lachten und spotteten, wenn Frauen von fragwürdiger Tugend es wagten, bei ihrer Hochzeit Weiß zu tragen. Daniel hatte gesagt: »Scheiß drauf. Zieh es trotzdem an. Und dann verteilen wir Snickers-Riegel, damit sie noch mehr zu hetzen haben.« Dinge dieser Art liebte ich an Daniel sehr. Er konnte mich immer zum Lachen bringen, selbst in den hoffnungslosesten Situationen. Und das Zusammensein mit meiner Mama bei diesem Großhändler war bestimmt hoffnungslos.

Zwischen meinen Augen machten sich allmählich Kopfschmerzen breit. Da ich nicht die Kraft hatte, mich mit ihr zu streiten, unterwarf ich mich der Weiß-ist-nicht-Restriktion, die sie mir auferlegte. Doch die unscheinbaren Kleider, die sie für ihre weniger als perfekte Tochter aussuchte, trafen mich an einer sehr tiefsitzenden, wunden Stelle. Ich war wieder zehn Jahre alt. Ich war nicht hübsch. Ich war eigentlich ein Nichts. Und allem Anschein nach standen mir hübsche Dinge nicht zu. Irgendwie gelang es mir aber, die Sache durchzustehen, ohne meine Mutter zu erwürgen oder mich aus dem Fenster zu stürzen. Da ich damals noch arbeiten ging, beschloß ich, das Geld zu sparen und mir mein Hochzeitskleid selbst zu kaufen – bei Saks, in der Fifth Avenue.

Nachdem wir unsere Verlobung im Juni bekanntgegeben hatten, beharrten meine Eltern pausenlos darauf, daß wir im Dezember heiraten sollten. Daniel und ich hatten uns, wie gesagt, auf eine Eheschließung im Freien versteift, und schließlich einigten wir uns auf einen Kompromiß. Wir wollten in Robins Garten in Fairlawn, New Jersey, ein Zelt aufstellen, einen Rabbi anheuern und uns Essen und Trinken von einem Service bringen lassen. Solange es dabei nicht zu Streitigkeiten kam, hat es mir übrigens sogar Spaß gemacht, bei den Hochzeitsvorbereitungen zu helfen; bei der Menü- und der Farbauswahl der Tischdecken, Servietten usw. half ich gern mit.

Daniel hat mir nie einen Verlobungsring gekauft, und diese Tatsache hat meine Mutter wahrscheinlich ziemlich irritiert. Aber mir war es egal. Juwelen bedeuteten mir damals nicht viel; sie kamen mir trivial und materialistisch vor. »Wer legt schon Wert auf Diamanten?« dachte ich. Ich wollte doch nur Daniel. Statt Geld für ein sorgfältig gearbeitetes Schleiertuch auszugeben, wollte ich auch nur einen Blumenkranz im Haar tragen, doch in letzter Minute beschlossen

Daniels Eltern, mir zum Geburtstag einen zum Brautkleid passenden Überwurf zu schenken. Das war mehr, als meine Eltern mir geboten hatten. Tatsächlich konnte ich mich bei der Hochzeitsfeier des Gedankens nicht erwehren, daß Daniels Mutter mehr Mama für mich war als meine eigene. An meinem Hochzeitstag fing Mutter sofort an, die Einzelheiten mit dem Lieferanten zu besprechen. Ich wurde mir selbst überlassen. Daniels Mutter dagegen half mir beim Anziehen des Kleides und beim Kampf mit dem Überwurf. Meine Mutter machte sich mehr Sorgen über das Hors d'oeuvre als um ihre Tochter. Es war nicht das erstemal, daß ich mich von ihr alleingelassen fühlte, und auch nicht das letztemal.

Am Abend vor der Hochzeit bestanden meine Eltern darauf, daß ich in ihrer Wohnung schlief. Ich bin sicher, Mama hat insgeheim gehofft, mein Hymen würde auf wunderbare Weise nachwachsen, damit ich am nächsten morgen wieder tugendhaft wäre. Was hätte ich dagegen tun sollen? Ich mußte die Nacht bei ihnen verbringen. Daniel und sein Vater fuhren mich in die Bronx und rissen auf der Fahrt alle erdenklichen Witze. Ich war deprimiert und bei dem Gedanken, bei meinen Eltern eingeschlossen zu sein, sogar etwas ängstlich. Schweigend sahen wir uns die 23-Uhr-Nachrichten an. Als der Wetterfrosch für den nächsten Tag Regen nicht ausschloß, funkelte Mama mich an. »Siehst du? Was habe ich gesagt?« Auch an diesem Abend wurden keine liebevollen Gefühle zwischen uns ausgetauscht. Meine Eltern organisierten die Hochzeit nicht für mich – sie organisierten sie, um ihre Freunde und Verwandten zu beeindrucken.

Am nächsten Morgen schien die Sonne. In einem wirren Chaos gelang es mir, mich anzuziehen, Fotos zu machen und die Gäste zu begrüßen. Ich fühlte mich verwirrt und kam mir wie verlaufen vor, aber in dem Augenblick, als ich Daniel sah, war ich mir wieder sicher. Ich lief zu ihm und küßte ihn, so glücklich war ich, daß er bald mein Gatte sein würde. Er war zwar nervös, aber meine Selbstsicherheit beruhigte ihn. Bestimmt würden wir ein glückliches Leben führen. Ich habe mir wirklich nicht vorgestellt, es könnte schon nach sechs kurzen Jahren zu Ende sein.

Doch an meinem Hochzeitstag kam mir alles perfekt vor. Um nicht nervös zu sein, trank ich ein paar Schluck, und als ich nach vorn geführt würde, war ich deutlich angetrunken. Der Rabbi hatte uns noch nie gesehen. Er hatte unsere Namen auf einem Zettel notiert, warf einen Blick darauf und war so nervös, daß er seinen Text durcheinanderbrachte. Eigentlich sagte er sehr dumme Dinge, die wohl tiefgründig klingen sollten. »Die Worte ›vereint‹ und ›getrennt‹«, brummte er, »enden mit dem gleichen Buchstaben. Hoffen wir, daß sie kein böses Omen sind.« Daniel und ich konnten nicht anders: Wir mußten uns ansehen, grinsen und zusammenreißen, um nicht laut loszulachen.

Hinterher »feierte« ich etwas zuviel und schluckte mehr Champagner als üblich. Einmal zog Papa mich beiseite. »Um Himmelswillen, Alice! Iß etwas!«

»Ich brauche nichts zu essen«, stotterte ich. »Ich bin doch so glücklich.«

5
Ehefrau

Da Daniel und ich ohnehin vorhatten, New York für ein paar Wochen zu verlassen, beschlossen wir, kein Geld für eine Hochzeitsreise auszugeben. Wir kehrten in seine Wohnung zurück, die nun, wie ich annehme, gesetzlich die »unsere« war. Plötzlich sank in der flauen Wärme des Zimmers mein Alkoholspiegel, und mir wurde vom vielen Trinken übel. Ich fühlte mich eigenartig. Nun war ich plötzlich verheiratet. Und urplötzlich war alles anders. Der Ring an meinem Finger wog schwer, er fühlte sich unbehaglich und zu eng an. Alles, was mich umgab, drang auf mich ein.

Daniel und ich saßen auf dem Boden und zählten unser Geld. Die Gäste hatten sich unseren »Keine Geschenke, nur Geld«-Hinweis zu Herzen genommen. Irgendwie kam mir das Verheiratetsein nicht so romantisch vor, wie ich mir erhofft hatte. Ich weiß noch, daß ich das sehr tiefgründig spürte. Jetzt, da wir eine offizielle Beischlaf-Erlaubnis hatten, war ein Teil des verbotenen Kitzels nicht mehr da.

Auf Dauer empfand ich die Realität des Zueinandergehörens als sehr seltsam, und in den nachfolgenden Wochen analysierten wir die Ehen unserer Freunde und kamen stets zum gleichen Ergebnis: Unsere war die beste. Sie bestand nicht nur aus Sex. Zwischen uns existierte ein tiefes Element der Freundschaft. Wir waren auch nicht die typischen Jungverheirateten, die ihr Geld für ein Haus und Kinder ausgaben. Wir waren auf Abenteuer aus. Porzellan- und Farbmuster scherten uns einen Dreck. Es interessierte doch niemanden einen Scheiß, ob unsere Bad-Handtücher zusammenpaßten. Wir wollten etwas erleben; wir wollten fort aus New York, um unser Glück zu machen.

Etwa drei Wochen nach der Hochzeit reisten wir nach Denver. Da Harry und Marlo nicht in der Stadt waren, hatten wir ihr Haus ganz für uns allein. Ich merkte schnell, daß es nicht mein Traumhaus war. Es war uralt und wies keine der modernen Bequemlichkeiten auf, die man in typischen Vorstadthäusern findet. Ich schätze, ich war zu sehr in meinem persönlichen Trip gefangen. Zwar gab ich mich gern als Freigeist, aber andererseits sollte auch alles ordentlich und traditionsgemäß sein. Rustikaler Sperrmüll hatte in meinen Wertvorstellungen keinen Platz. Obwohl das Haus mitten in der Innenstadt von Denver lag, kamen wir nicht weit herum. Harry hatte uns seinen alten Wagen dagelassen, doch da Daniel überhaupt nicht fuhr und ich nicht daran gewöhnt war, Gangschaltungen zu bedienen, nahmen wir den Bus oder gingen zu Fuß. Im Vergleich mit New York City kam Denver uns provinziell vor; es war nicht die schöne Stadt, die ich erwartet hatte. Daniel allerdings gefiel sie toll. Ich lachte nur und sagte, um sie herunterzumachen: »Es ist die häßlichste Stadt, die ich je gesehen habe.« Doch Daniel kam das nicht einmal witzig vor.

»Was, zum Teufel, hast du erwartet?«

Ich hatte nichts erwartet.

»Es ist immer das gleiche. Nie ist etwas gut genug für dich, Alice!«

Als ich hörte, daß er mich so anschrie, mußte ich weinen. Es war unser erster Streit als Ehepaar. Daniel verstand einfach nicht, wie ängstlich mir in dieser fremden Stadt zumute war; sie erzeugte ungute Gefühle in mir. Wir hatten zwar etwas Geld, aber keinen Job. Und waren ganz allein an einem Ort, an dem ich nicht sein wollte – den ich mir nicht ausgesucht hatte. Ich wußte nicht, was die Zukunft für uns bereit hielt.

Keinem von uns gelang es, eine Stelle als Lehrer zu bekommen. Wir lernten zwar ein paar Leute kennen, aber niemanden, mit dem wir in Verbindung blieben oder den wir als echten Freund ansehen konnten. Nach einer hoffnungslosen Woche des Herumirrens fragte Daniel, ob wir Denver besser wieder verlassen sollten. Für den Fall, daß wir zurückkehren würden, zahlten seine Eltern ein paar Monate lang die Miete für unsere New Yorker Wohnung. Wir konnten also wieder nach Osten ziehen – oder unser Glück weiter im Westen versuchen. Wir beide liebten San Francisco. Obwohl wir wußten, daß es nicht einfach war, dort ansprechende Jobs zu kriegen, nahmen wir uns vor, hinzufahren. Schnell lösten wir das Sparkonto auf, das wir gerade eröffnet hatten, und machten uns in eine neblige Stadt voller Fremder auf.

Der einzige, den ich dort kannte, war mein Vetter Glen. Glen war – wie ich – das Schwarze Schaf seiner Familie. Er verdiente sein Geld mit dem Vertrieb von »Nancy's Joghurt«, indem er die Küste entlangfuhr. Für mich war er immer ein witziger Kerl gewesen, mit dem ich gern zusammen war. Ich hoffte, er und Daniel würden sich mögen, aber das war nicht der Fall. Daniel hielt Glen für einen ausgeflippten Drogenhippie, Glen hingegen konnte Daniels Arroganz nicht ausstehen. Er war nach Kalifornien gezogen, damit er genau solche Leute nicht mehr um sich hatte.

Die erste Nacht in San Francisco verbrachten wir in einem verwanzten Hotel. Am nächsten Tag fanden wir ein schöneres mit festem Wochenpreis. Obwohl wir nicht gerade im Luxus lebten, bestätigten sich meine vernarrten Erinnerungen an die Stadt – San Francisco war schön, ganz anders als Denver. Dort verkaufte man Wein sogar ganz offen in Lebensmittelgeschäften. Und das gefiel mir sehr.

Als wir New York verlassen hatten, war Tiefkühljoghurt gerade populär geworden, aber in San Francisco bot es noch niemand an. Die Möglichkeiten ließen in unserem Kopf Dollarsymbole entstehen. Als wir eines Tages im Golden Gate Park saßen, lernten wir zufällig ein junges Paar namens Kyle und Maureen kennen. Sie kamen aus dem Herzen des Mittelwestens, gehörten einer komischen religösen Sekte an und waren genau jene Art Menschen, mit denen Daniel normalerweise keine Minute verbracht hätte. Doch nun saß er da und berichtete völlig Fremden von seiner Idee, wie man mit Tiefkühljoghurt eine Menge Geld machen konnte. Daniel wollte Kyle und Maureen als Partner in dem Unternehmen haben, deswegen freundeten wir uns mit ihnen an. Irgendwie fühlte ich mich aber nie ganz behaglich bei ihnen, denn sie redeten ständig über die Verzwicktheiten des Kosmos und ihre komische religiöse Gruppierung. Wir verbrachten in den nächsten Wochen viel Zeit miteinander und recherchierten unsere Joghurt-Idee. Da mein Vetter Glen in der normalen Joghurtbranche tätig war, hatte er Zugang zur gesamten dazu nötigen Maschinerie. Daniel und ich versuchten sogar, ein kleines Geschäftsdarlehen zu bekommen, aber da kam eine große Firma namens Johnston urplötzlich auf die gleiche Idee. Der Laden war ein Riesenunternehmen mit viel Geld und einer eigenen Marketing-Abteilung. Ohne finanziellen Rückhalt mußten Daniel und ich einen Rückzieher machen und zuschauen, wie andere von unserem wunderbaren Einfall profitierten.

Trotz dieser großen Enttäuschung wollten wir in San Francisco bleiben. Wir sagten Daniels Eltern, sie sollten unsere Sachen zu der Wohnung schicken, die wir in der Pine Street gefunden hatten. Sie lag dem Fillmore direkt gegenüber und befand sich in einem kleinen Wohnhaus mit annehmbarer Miete. In dem Haus wohnten viele junge Leute. Unsere Nachbarin war ein Mädchen namens Lena, das aus Cleveland kam. Da Daniel noch immer nicht trank, zogen Lena und ich uns öfters ein paar Gläschen Wein rein. Daniel fand bald Baseballfreunde, und ich legte mir einen Kreis von Saufkumpanen zu. Tagsüber hielten Lena und ich nach Arbeit Ausschau, nachts schienen sich alle im Wohnblock zum Trinken und Reden zu versammeln. Ich bin zwar sicher, daß Daniel sich als fünftes Rad am Wagen empfand, aber er hat nie etwas gesagt.

Der nächste Punkt der Tagesordnung bestand darin, auszutüfteln, wie wir unsere Rechnungen bezahlen sollten. Ich bin mit dem Fluch belastet, erfindungsreich und verantwortungsbewußt zu sein – in schon fast übertriebenem Maß. Während unserer gesamten Ehe verließ Daniel sich ständig darauf, daß ich leicht eintönige Jobs ergattern und ertragen konnte, damit wir wenigstens etwas zu essen hatten. Nach ein paar Wochen arbeitete ich denn auch als flotte Empfangsdame bei Glassman International, einer Firma, die Architekten Baubedarf verkaufte. Es war zwar nicht sehr aufregend, aber immerhin etwas. Daniel beschloß, sich ordentlich

Zeit zu nehmen, um eine Stelle zu finden, die ihm wirklich gefiel. Dieses Verhaltensmuster setzte sich durch unsere gesamte Ehe fort. Ich schuftete pausenlos, und er suchte nach seinem Traumjob. Das einzige Problem war, daß er nicht wußte, wie sein Traumjob aussah. Bei seinem mannigfaltigen Wissen hätte er leicht einen Computerjob kriegen können, aber sowas reizte ihn nicht.

Ich liebte den Lehrerberuf deswegen so sehr, weil ich gern einen sichtbaren Beitrag dazu lieferte, Menschen zu helfen. Zudem empfand ich sofort emotionale Befriedigung durch die Schüler, mit denen ich arbeitete. In meinem Job als Empfangsdame gab es nichts dieser Art, denn das Entgegennehmen von Telefongesprächen befriedigte meine Bedürfnisse durchaus nicht. Ich war nur ein hübsches Mädchen am Empfangstisch, mehr nicht. Was sollte ich dagegen tun? Was ich Daniel übelnahm war, daß ich in einem Job arbeitete, der mir nicht gefiel, und daß er eine ruhige Kugel schob. Schließlich gab ich ihm ziemlich sauer zu verstehen, daß *ich* einen Job für ihn suchen würde, griff zum Anzeigenteil und las ihm ein perfektes Inserat vor. »Wie würde es dir gefallen«, fragte ich, »Grundstücke für eine Maklerfirma zu verwalten?« Der Job erwies sich als gutbezahlte Position, und Daniel wurde sofort eingestellt. Obwohl er vorher noch nie Büroarbeit gemacht hatte, schien es ihm wirklich zu behagen. Zum ersten Mal in den Anfangswochen hatte ich das Gefühl, daß es für uns so etwas wie eine Zukunft gab.

Als wir in San Francisco waren, besuchten uns praktisch all unsere New Yorker Freunde. Wir waren bestimmt eine Million Mal am Fisherman's Wharf. Ein anderer beliebter Ort war ein großes Varieté namens »The Holy City Zoo«. Ich ermunterte Daniel mehrmals, dort aufzutreten, aber er hatte dauernd Ausreden. Sein Dickdarmkatarrh würde sich wieder melden, wenn er auf der Bühne stand, dann wäre er sicher nicht sehr gut. Etcetera. Ich kannte seine Geschichten zur Genüge. Als wir mit Ben, einem zu Besuch weilenden Freund, aus dem »Holy City Zoo« kamen, legte Daniel aber sofort wieder mit seinem »Ich weiß genau, daß ich es kann«-Gequatsche los. Allem Anschein nach hatte er seinerzeit im

College ein paar längst in Vergessenheit geratene Sketche geschrieben. Ben überredete ihn, sie aus der Versenkung zu holen. Er schlug vor, sie aufzupolieren und in der nächsten Woche an einem Amateurabend vorzutragen.

Ich freute mich zwar, daß Daniel seinen Traum endlich mal ausprobierte, aber er war gerade geflogen, und ich erwartete von ihm, daß er fleißig nach einem neuen Job Ausschau hielt. Während ich meiner Arbeit nachging, lachte und alberte er mit Ben in der Stadt herum und malte sich seine paar Minuten im Rampenlicht aus.

Als sich der ins Auge gefaßte Tag näherte, kriegte Daniel zwar kalte Füße, aber Ben baute sein Ego so gut auf, daß er tatsächlich auf die Bühne wollte. Ich muß zugeben, daß er bei unseren Proben seine Sache toll machte, und war von dem außerordentlich ängstlichen Gefühl erfüllt, daß etwas Großes geschah, daß unser Leben auf eine wichtige Veränderung zusteuerte. Da Daniel aufgrund seines Debüts sehr nervös war, aß er den ganzen Tag lang nichts. Er traf sehr früh im Club ein, warf einen Zettel mit seinem Namen in einen Hut und wartete, bis er aufgerufen wurde. Dann spulte er seinen Fünfminutenauftritt flott ab und stolperte schließlich gegen Mitternacht von der Bühne. Weil er nichts gegessen hatte, war er so erschöpft, daß er praktisch zusammenbrach. Seine Vorstellung war zwar nicht atemberaubend gewesen, aber er hatte ein paar gute Gags gelandet, und es war ihm gelungen, die Menge mehrmals herzlich zum Lachen zu bringen. Als er von der Bühne herunterkam, war seine Nervosität schmerzhaft sichtbar, und ich hoffte, er würde den Komödianten nun vergessen, damit wir uns wieder auf die reale Welt konzentrieren konnten. Auf dem Heimweg besprachen Daniel und Ben ausführlich den großen Moment im Rampenlicht und berichteten einander, wie sie ihn empfunden hatten. Ich war aus dem Gespräch ausgeschlossen. Alle Kommentare, die ich abgab, schienen Daniel wütend zu machen. Vielleicht war ich zu dumm, um die Verzwicktheit seiner Sprüche zu verstehen.

»Du warst zwar gut«, sagte ich, »aber wenn du damit aufhören willst, soll es mir auch recht sein.«

Daniel funkelte mich an. »Von jetzt an ist die Komödie mein Leben«, gab er mir grob zu verstehen. Er hatte seinen Entschluß gefällt – ich kam darin nicht vor.

Von diesem Tag an war ich Daniels Gehaltsscheck, ob es mir paßte oder nicht. Allerdings machte es mir keinen Spaß, einen um Anerkennung kämpfenden Künstler zu unterstützen oder einen Ehemann zu haben, der sich bemühte, im Showbusiness Karriere zu machen. Wir hatten dergleichen nie geplant. Ben dehnte seinen Besuch um eine weitere Woche aus, damit sie neues Material ausarbeiten konnten. Am nächsten Amateurabend fiel Daniels Auftritt entspannter aus. Er riß die Zuschauer zwar noch immer nicht von den Stühlen, aber er hatte sich deutlich verbessert. Bald merkte er aber, daß der Kömodiantenzirkel San Franciscos eine abscheuliche Vetternwirtschaft betrieb; trotzdem blieb er bei der Stange und verbrachte allmählich immer mehr Zeit in den besten Varietés. Er nahm sich vor, an einem einwöchigen Komödiantenwettstreit teilzunehmen – auch wenn er gegen Leute antreten mußte, die schon seit Jahren in der Branche aktiv waren und ihre Sprüche im Schlaf herunterbeten konnten. Um sich von allen anderen zu unterscheiden, bot Daniel jeden Abend ein anderes Programm an. Obwohl seine Darbietung besser hätte sein können, waren seine Texte gut. Man merkte deutlich, daß er als Autor besser war denn als Darsteller; er hatte einen Haufen aktueller satirischer Sprüche drauf, die seine Vorstellungen belebten. Insgesamt gesehen war der Wettstreit eine gute Erfahrung für ihn. Er lernte eine Menge Leute kennen, einschließlich Bobby, der inzwischen ein sehr bekannter Komödiant ist. Auch Dana Carvy lernte er kennen, die als Siegerin aus dem Wettstreit hervorging. Dana wurde dann viele Jahre später die Kirchendame in der TV-Sendung »Saturday Night Live«.

Obwohl ich Daniel jeden Abend zum Wettstreit begleitete, blieb ich doch nur eine Randfigur und hatte nicht das Gefühl, in den Kreis jener komischen und witzigen Menschen zu gehören. Ich weiß zwar, daß ich ihm damit keine große Hilfe war, aber ich nehme an, daß ich innerlich befürchtete, unsere Liebe stünde auf dem Spiel. Wir waren erst kurz verheiratet, doch schon lebten wir uns auseinander. Daniel hatte sein Leben umgekrempelt, und es schien ihm gleich zu sein, ob ich für oder gegen seine neue Wahl war. Die meisten meiner negativen Gefühle entstammten meiner Unsicherheit. Da stand er nun spät in der Nacht im Rampenlicht und war von attraktiven Frauen umgeben – viel attraktiveren als mir, das wußte ich genau. Während ich pflichtgemäß in den üblichen Bürostunden ackerte, zog er in verräucherten Bars die Nachtschicht ab. Heute kenne ich mich besser. Ich habe erkannt, daß ich im Grunde nur neidisch auf ihn war – auf seinen Mut, das zu tun, was ihm im Leben das Liebste war. Als Exhibitionistin wollte aber *ich* im Mittelpunkt des Interesses stehen, und es brachte mich im geheimen fast um, wenn ich sah, daß Daniel Abend für Abend Aufmerksamkeit zuteil wurde. Und zu allem Übel war ich noch in einem eintönigen Job gefangen, damit er seine neue Obsession finanzieren konnte. Hatte Alice etwa keine Träume? Hatte Alice etwa keine verborgenen Talente? Sie war so sehr damit beschäftigt, Geld zu verdienen, daß sie es nicht erkannte.

Sexuell gesehen war San Francisco eine sehr offene Stadt; es gab an allen Ecken Stripteasebars und Schwulenclubs. Zeitschriften für Swinger und andere sinnliche Abenteurer überschwemmten die Kioske. Schwule konnten sich ihrer Lebensart öffentlich erfreuen, ohne das Gefühl zu haben, etwas Besonderes zu sein. Das gefiel mir. Ich mochte die Gefahr, die Empfindung des Wilden, die Freiheit. Wenn ich die Suchanzeigen durchblätterte, schaute ich mir auch die Stellenangebote für Stripper und Tänzerinnen an. Mich faszinierte die Vorstellung, ob ich es wohl wagen würde, meine Hüften wogen zu lassen und in einem Raum voller aufgeheizter Männer knappe Kleidungsstücke abzustreifen. Ob sie dann Verlangen nach mir hatten? Ob sie einen Steifen kriegten, wenn ich zu schwüler Musik zuckte und tanzte? *Meinet*wegen? Der kleinen Alice wegen? – Yeah, genau.

Nicht nur die Vorstellung war verlockend, sondern auch der Verdienst. Man konnte leicht 1000 Dollar pro Woche verdienen, wenn man Fremden seine Brustwarzen zeigte. Es kam mir alles so leicht vor; viel leichter, als sieben Stunden am Tag und fünf Tage in der Woche Anrufe entgegenzunehmen. Außerdem wollte ich unbedingt etwas machen, in dem ich gut war. Sofortige Reaktion, sofortige Belohnung – wie bei dem Applaus, den Daniel bei seinen Auftritten bekam. Dann wieder mußte ich über mich lachen. Klein-Alice macht Männer geil und läßt sie vor Verlangen kochen. – Also wirklich, Alice!

Es gab noch ein interessantes Phänomen, das man »Treffpunkt«-Bars nannte. Das waren Lokale, in denen man in einer kleinen gläsernen Kabine arbeitete und sich über schmutzige Dinge mit Männern unterhielt, während die sich einen runterholten. Sie zahlten nur für das Privileg, dein nacktes Fleisch anzusehen und dich reden zu hören. Ich weiß nicht, vielleicht mußte man auch seine Beine so spreizen, daß sie alles sehen konnten. Vielleicht mußte man auch an sich rummachen. Darin war ich immer gut gewesen. Es war immer herrlich, wenn ich mich mit meinen Prügelphantasien zum Orgasmus brachte. Nun, schließlich ging ich so weit, daß ich mich in einer »Treffpunkt«-Bar bewarb. Innerlich wollte ich Daniel beweisen, daß auch ich es im Showgeschäft zu etwas bringen konnte. Der Mann in der Bar sagte, ich solle zuerst die Erlaubnis meines Mannes einholen, bevor ich daran dächte, bei ihm zu arbeiten. Ich nehme an, er hatte keinen Bedarf an wütenden Ehemännern, die in seinen Laden stürmten. Zu meiner Überraschung schien Daniel nichts gegen meine Idee einzuwenden zu haben. Vielleicht hat die gewaltige Summe, die ich hätte verdienen können, ihm den Vorschlag akzeptabel macht.

Aber schließlich hatte ich doch nicht den Nerv, den Job anzunehmen. Ich war damals wirklich normal und unsicher. Statt etwas anderes zu versuchen, blieb ich bei den Sekretärinnenjobs, in denen ich mich fortwährend erniedrigt fühlte. Heute macht es mir nichts mehr aus, was man von »Herrin Jacqueline« oder meiner Berufswahl denkt. Das Erniedrigendste, das ich je getan habe, fand nicht in einem Kerker statt, sondern in zahllosen Bürogebäuden, wo ich Briefe für Arschlöcher von Abteilungsleitern tippen und zwischen 9 und 17 Uhr mit hunderten dämlicher Kunden fertig werden mußte. Was ich jetzt mache, ist mir viel lieber – Menschen dabei zu helfen, ihre sexuellen Phantasien auszuleben. Ein Mann, der meinen Füßen huldigt und mich dafür ziemlich großzügig entlohnt, ist viel besser als ein Bürohengst, glauben Sie mir das. Ich verdiene einen Batzen Geld und habe nebenher noch mein Vergnügen. In Büros stößt man alle naselang auf Idioten, die einen wegen eines Tippfehlers heruntermachen. Als Sekretärin zu arbeiten war für mich die größte Demütigung auf der Welt. Seit ich Domina bin, habe ich dieses Gefühl nie wieder empfunden.

Im Nachhinein hätte meine Ehe vielleicht Bestand gehabt, wenn ich den Wagemut besessen hätte, mir meines Körpers und meines Ichs bewußter zu werden. Dann hätten wir wenigstens beide nachts gearbeitet. Aber damals war ich noch der Vorstellung verhaftet, ein »braves Mädchen« und eine gute Ehefrau sein zu müssen. Und was tun gute Ehefrauen? Sie tun alles, was der Gatte sagt, knirschen mit den Zähnen und verhalten sich so, als ob alles in Ordnung wäre, auch wenn es nicht so ist.

Da ich gefühlsmäßig so durcheinander war, litt ich an Schlaflosigkeit. Ich hatte solchen Horror davor, jeden Morgen zur Arbeit gehen zu müssen, daß ich manchmal eine ganze Woche durch nachts nicht schlafen konnte. Im Büro brachte ich sogar die eintönigsten Vorgänge durcheinander und hätte eigentlich kündigen sollen, aber ich hatte doch Verpflichtungen. Nach wie vor war ich der Meinung, Daniel gegenüber verpflichtet zu sein, und hatte ganz vergessen, daß ich auch mir selbst verpflichtet war. Nach einer Reihe schlafloser Nächte wurde ich schließlich rausgeworfen. Meine Abteilungsleiterin sagte, sie täte mir nur einen Gefallen. »Ich glaube nicht, daß Sie hier reinpassen, Alice«, erklärte sie. Obwohl ich durchaus verstand, was sie meinte, war es doch verheerend für mich. Ich glaubte, nirgendwo reinzupassen, brach schluchzend zusammen und rief meine Mutter an. Gott sei Dank erwies sie sich in diesem einen Fall als Hilfe.

Irgend etwas an meinem Zusammenleben mit Daniel nagte an meinem Selbstwertgefühl. Anfangs war er zwar sehr hilfreich gewesen, doch das hatte sich geändert. Auf den Jungferninseln hatte ich eine Menge Spaß gehabt, und es war mir wegen meines Geschicks als Lehrerin gut gegangen; doch je länger ich mit Daniel zusammen war und je mehr ich mich in ihn verliebte, desto weniger konnte ich mich auf mich selbst konzentrieren. Seine Bemerkungen, ich würde zu dick, brachten mich dazu, abzunehmen. Von einer knakkigen Üppigen hungerte ich mich auf schmerzhaft dünne achtundachtzig Pfund herunter. Wenn ich Daniel abends ein herzhaftes Essen mit Fleisch und Kartoffeln vorsetzte, saß ich ihm gegenüber und mümmelte Salat wie ein blondes Häschen. Ich wußte, daß ich Daniel damit verrückt machte; es hätte auch jeden anderen verrückt gemacht. Tatsächlich wurde ich zu einer schrecklichen Langweilerin, die wie besessen vom Abnehmen faselte. Immer unter dem Gesichtspunkt: Alles was ich tue, tue ich für Daniel. Um diese Zeit herum erfanden wir einen privaten Witz: »Alice liebt Daniel. Und Daniel liebt Daniel auch.« Und darüber konnte ich noch lachen. Es war traurig, aber wahr.

Da ich nun einmal eine Närrin mit Pflichtgefühl war, suchte ich sofort nach einer neuen Stelle. Am späten Nachmittag stand ich vor dem Gebäude der Industrial Finance auf der California Street. Ich hatte mich aus einer Laune heraus entschlossen, dem Personalbüro einen Besuch abzustatten und meine vielfältige Bildung deutlich zu machen. Die Leute im Büro kamen mir sehr nett vor, und sie waren auch sicher, daß sie eine interessante Position für mich aus dem Ärmel ziehen konnten. Da ich als Lehrerin ausgebildet war, meinten sie, daß ich gleich in ihrer Ausbildungsabteilung anfangen solle. Man begleitete mich nach oben, wo ich die Abteilungsleiterin Carol kennenlernte – eine echte Draufgängerin mit Haaren auf den Zähnen. Sie erklärte, Mary Lou, die Koordinatorin der Abteilung, würde die Firma in ein paar Monaten verlassen, und sie suche jemanden, der nach Mary Lous Weggang in ihre Fußstapfen treten könne. Es war zwar ein Bürojob, aber wenigstens brauchte ich keine Sekretärinnenarbeit zu tun. Endlich konnte ich wieder meinen Grips einsetzen.

Es stellte sich heraus, daß mir die Arbeit gefiel. Die Ausbildungsabteilung war praktisch ein neues Gebiet, und ich koordinierte die personellen und technischen Lehrgänge. Zu dem Job gehörte auch eine Menge Arbeit am Telefon, da ich Hotelreservierungen für Leute machte, die in die Stadt kamen, aktuelle Seminare vorbereitete und dafür sorgte, daß die nötigen Lehrmittel da waren. Ich schien in detailorientierten Tätigkeiten gut zu sein. Es machte mir Spaß, wenn ich sah, daß alles wie am Schnürchen lief. Auch ein paar Werbegeschenke waren für mich drin, etwa Gratis-Hotelsuiten.

Die Industrial Finance bot mir gute Zukunftsaussichten, und ungefähr eineinhalb Jahre lag war ich sehr glücklich. Ich wußte schließlich, daß ich Seminare zum Thema Management leiten und Aufsichtstätigkeiten ausführen konnte, genau die Arbeit, für die ich nun Leute anheuerte. Man schickte mich auch auf ein paar Versicherungslehrgänge, doch hatte ich an diesem Aspekt des Geschäfts überhaupt kein Interesse. Ich konnte sie nicht schnell genug hinter mich bringen.

Nach einer Weile nahm man in der Firma Veränderungen vor, die große Auswirkungen auf meine Position hatten. Neue Leute wurden eingestellt, die mehr Erfahrung hatten als ich, und ich schaute zu, wie sie an mir vorbei befördert wurden. Oft hatte ich nichts anderes zu tun, als einen beschäftigten Eindruck zu machen. In der Freizeit besuchte ich eine Schauspielschule, nahm Tennisunterricht und turnte in einer städtischen Turnhalle. Es gab Alice' Leben und Daniels Leben – und zwischen den beiden bestand keine Verbindung, es sei denn, ich versuchte, ein Teil seines Lebens zu werden.

Daniel frequentierte abends noch immer die Varietés, und wenn ich konnte, begleitete ich ihn. Nach der anfänglichen Aufregung bei seinen Auftritten wurde die Sache ziemlich langweilig. Die anderen Komödianten erschienen mir wie eine verschworene Gemeinschaft, und ich bin mir sicher, daß ich für sie das fünfte Rad am Wagen war. Man sah »die Ehefrau« in mir. Obwohl ich die Rolle nicht gern spielte, wollte ich abends aber auch nicht gern allein zu Hause sitzen. Stand ich dann früh auf und hetzte ins Büro, saß Daniel nur herum, las die Zeitung und mampfte sein Frühstück. Das machte mich wütend! Und schließlich wurde ich wild. Ich wollte, daß auch er finanziell etwas zu unserem Leben beitrug. Schließlich schafften es auch die anderen Hungerkünstler, sich einen Job zu angeln. Daniel fand zwar hin und wieder eine Stelle, aber immer nur für ein paar Wochen. Nach einer Kurzreise nach Mexiko, die ich allein bezahlte, hatte er ein schlechtes Gewissen und versprach hoch und heilig, wieder auf Jobsuche zu gehen. Aber er vergaß den Schwur bald wieder. Wenn ich zurückschaue, frage ich mich, warum ich nicht meine Siebensachen gepackt und ihn verlassen habe. Vielleicht war ich der Meinung, kein Recht dazu zu haben.

Obwohl ich alles tat, um es zu verbergen, war ich immer wütend. Wut ist für mich auch heute noch eine Emotion, die ich schwer beschreiben kann. Entweder fresse ich sie in mich hinein, oder ich explodiere, aber ich habe nie gelernt, friedlich mit ihr zu koexistieren. Schließlich suchte ich mir im Branchenverzeichnis eine Therapeutin. Ich brauchte jemanden, mit dem ich mich unterhalten konnte, aber die Dame, die ich ausgesucht hatte, war sehr kalt und schien mich nicht zu verstehen. In ihrem winzigen Büro im Geschäftsviertel kam ich mir wie eingesperrt vor. Doch bevor ich meine Besuche bei ihr einstellte, erzählte sie mir etwas, das etwas in mir zum Klingeln brachte. Sie nahm mein Verlangen aufs Korn, für Daniel alles zu sein. »Das ist unmöglich«, sagte sie. »Wir können nicht für jeden alles sein. Früher oder später wird er sich eine andere suchen.« Mit diesem Gedanken wurde ich nicht fertig.

Daniels Freund Bobby kam mit dem Plan zu uns, nach Los Angeles zu fahren, da man dort Probeaufnahmen für die »Gong Show« machte. Natürlich zogen sie ohne mich los. Daniel hatte großen Eindruck gemacht und kam triumphierend nach San Francisco zurück. »Das ist es!« sagte er. »Jetzt komme ich groß raus.« – Ja, aber wo? fragte ich mich. In einer anderen Stadt? Ich war sicher, daß er mich verlassen würde, wenn er als Komödiant erfolgreich war, und aus diesem Grund konnte ich hinsichtlich seiner Zukunft nicht so enthusiastisch sein. Es war etwas, von dem ich das sichere Gefühl hatte, es würde uns entzweien. Für Daniel sah die Zukunft glänzend aus, aber ich plagte mich weiterhin ab. Noch heute tut es mir leid, daß ich seine Begeisterung nicht teilen konnte; ich war eben mit meinem Leben unzufrieden und hatte keine echten Freunde und keine eigenen Träume.

In L. A. hatte Daniel eine Frau namens Carol Haber kennengelernt. Als sie ihn einmal mitten in der Nacht anrief, bin ich hochgegangen. Wer war sie? Was hatte er mit ihr gemacht? Daniel gab zu, er habe in Los Angeles mit ihr und Bobby ein paar Tanzlokale besucht. Tanzen waren sie gegangen! Auch ich tanzte gern, doch Daniel hatte sich stets geweigert, mich auszuführen. Abgesehen von gelegentlichen Zwistigkeiten dieser Art stritten wir uns selten. Wir waren noch immer Freunde, hatten aber keine wachsende intime Beziehung. Alles stagnierte.

Endlich bekam Daniel ein paar bezahlte Engagaments, außerdem lernte er einen Burschen namens Ron Marks kennen, der schließlich sein Co-Autor wurde. Ron ist ein großer, dicker, häßlicher, widerwärtiger, typischer New Yorker. Wir kamen zwar nicht sehr gut miteinander aus, aber Daniel wurde wie ein Magnet von ihm angezogen und war davon überzeugt, sie müßten das Autorenteam der achtziger Jahre werden. Jedes klitzekleine Lob, das sie erhielten, stellten sie übergroß heraus, um zu beweisen, daß sie beide der größte Hammer seit der Erfindung des Kaugummis waren. Und dann mußte ich herumsitzen und mir ihr pausenloses Geprahle anhören. Wenn ich trank, war es leichter zu ertragen.

In dieser Zeit etwa freundete Daniel sich auch mit einer anderen Autorin an, die Doreen hieß. Obwohl Doreen einen guten Job beim *San Francisco Magazine* hatte, wollte sie nach L.A. ziehen, und damit setzte sie Daniel den Floh ins Ohr, die Stadt ebenfalls zu verlassen. Ich war stinksauer, denn ich liebte San Francisco und wollte nicht umziehen. L. A. wurde überall »die Senkgrube« genannt, da die Stadt voller Bluffer und Smog war. Dort wurde man nach seinem Aussehen, seinem Wagen und den Leuten beurteilt, die man kannte. Wie sollte ich damit fertig werden? Da machte Daniel mir klar, er werde allein umziehen, wenn ich nicht mit wollte.

Daniel hätte mich niemals heiraten sollen – und auch keine andere. Er war zu unreif, zu ichbezogen. Doch jetzt war es zu spät, darüber nachzudenken. Obwohl wir nur selten von Trennung sprachen, kam das Thema hin und wieder auf. Ich konnte mir noch immer nicht vorstellen, daß er einfach packte und ohne mich ging. Als Daniel dann immer beharrlicher auf einem Umzug bestand, fing ich aber doch an, die Versicherungsgesellschaften in L. A. ins Auge zu fassen. Ich bekam ein paar vielversprechende Antwortschreiben, besonders ein Gesprächsangebot bei Magic Mountain. Der Job brachte das Ausarbeiten von Ausbildungskursen mit sich, bei denen es um Achterbahn-Reparaturen ging. Die Schlosser hätten ja in der Kaffeepause möglicherweise mal eine Runde drehen können. Auch ein, zwei andere Firmen bekundeten Interesse daran, mich einzustellen, doch dann wollte Daniel urplötzlich nicht mehr umziehen. Auch das Leben mit ihm wurde immer mehr zu einer gefühlsmäßigen Achterbahnfahrt.

Was hätte ich also tun sollen? Natürlich nach einem neuen Job Ausschau halten. Ich fand einen in einer Firma namens QWIK, dem Tochterunternehmen einer großen Ölgesellschaft. Die Firma sollte einen neuen PC-Typ entwickeln, und da ich schon Menschen ausgebildet hatte, war man sicher, ich müsse perfekt darin sein, anderen beizubringen, wie man Konzepte verfaßte, mit denen man Ausbilder ausbildete. Es gab nur ein Problem – ich bin, was Maschinen anbetrifft, eine absolute Null. Obwohl ich nie mit Computern zu tun gehabt hatte, überzeugte man mich aber davon, daß ich keine Angst zu haben brauchte. Man hätte mich am liebsten »gestern, wenn nicht noch eher« eingestellt, also haute ich bei Industrial Finance in den Sack und fing zwei Wochen später bei QWIK an.

Die Industrial war ein recht menschliches Unternehmen gewesen, doch die Leute bei QWIK eiferten IBM nach; ihre Philosophie drückte sich in Verkaufszahlen aus. Die Büros waren mit endlosen Strömen von Männern in blauen Nadel-streifenanzügen bevölkert, und ich paßte nicht im geringsten in diesen Laden. Zwar tat ich mein Bestes, um mich mit meinem Unterrichtsjob zu beschäftigen, aber zuerst mußte ich lernen, wie man mit diesen verdammten Maschinen umging. Ich saß in Ausbildungskursen, die für mich nicht viel Sinn ergaben, und überzeugte also meinen Chef, mich nach Osten zu schicken, um eine Intensivausbildung zu absolvieren. Das hielt ich nicht nur für ein schönes Päuschen, sondern war auch sicher, einen kleinen Wochenendausflug nach Manhattan machen zu können. Hatte ich mir jedenfalls vorgestellt.

Mit der Entschuldigung, an Schlaflosigkeit zu leiden, vermied ich es zwar, mit einer Fremden in einem Zimmer zu schlafen, doch mein Traum, einen Abend auf die Pauke hauen zu können, erübrigte sich, als der Kursleiter erklärte, dies sei ein zusammenhängender Zweiwochenausbildungslehrgang mit Hausaufgaben – ohne Pausen, ohne freies Wochenende. Es gelang mir zwar, die Einkerkerung zu überleben, aber nur, indem ich mit den Männern jeden Abend an der Bar herumhing. Meist schaffte ich es, mich sinnlos zu besaufen, und an dem Tag, an dem ich mein Referat halten mußte, hatte ich einen solchen Kater, daß ich keinen klaren Gedanken fassen konnte. Ich brauche wohl nicht zu erwähnen, daß ich die niedrigste Wertung in der Geschichte des Seminars bekam. Was ich auch tat, ich habe nie gelernt, die QWIK-Höllenmaschine zu bedienen.

Als ich wieder in San Francisco war, wurde ich ins Büro meines Chefs gerufen. »Was ist los mit Ihnen?« fragte er. »Ich habe während des Lehrgangs vier Anrufe über ihr Benehmen bekommen. Sie sind wohl auf Schwierigkeiten aus, was?« Er lächelte zwar, meinte es aber todernst. »Seien wir doch mal ehrlich«, fuhr er fort, »Sie sind hier völlig fehl am Platze.« Da er mich überredet hatte, meine alte Stellung aufzugeben, bekam ich für zwei Wochen Gehalt und ein Zeugnis, das mich in den höchsten Tönen lobte. Wir schüttelten uns die Hände und verabschiedeten uns.

Diese erneute Veränderung unseres Lebens ließ Daniel

den Beschluß fassen, nun doch nach Los Angeles zu ziehen. Diesmal hatte ich nichts mehr dagegen. In der Hoffnung, in der *L. A. Times* einen Job zu finden, stieß ich auf ein Inserat für einen zweijährigen Arbeits- und Studienlehrgang zur Erlangung eines M.A.-Titels in Psychologie an der Pepperdine University. Ich schloß mit Daniel einen Handel ab: Wenn wir nach L. A. gingen, wollte ich die Chance haben, endlich das zu tun, wonach mir der Sinn stand. Er versprach, zu arbeiten und beim Bezahlen der Rechnungen zu helfen, während ich von einem Studentendarlehen leben und Teilzeitarbeit annehmen wollte, um die Pepperdine besuchen zu können.

Glücklicherweise gehörte Jenny und Will, Freunden von Bobbys Eltern, ein wunderschönes Anwesen in Playa del Rey, und sie boten Daniel und mir an, dort zu wohnen, bis wir eine eigene Wohnung gefunden hätten. Wir wohnten also in ihrem herrlichen Gästehaus und joggten jeden Tag zum Strand; ein wirklich hübscher Anfang an einem schönen Ort. Wider Willen lernte ich Los Angeles lieben.

Ich beschloß, mir die Universitäten anzusehen, und verglich die Pepperdine mit der Antioch University. Die Antioch wirkte auf mich, als hätte sie eine entspanntere, intellektuellere und freigeistigere Atmosphäre, und ich entschloß mich sofort, daß ich hier weiterstudieren wollte. Es schien wieder alles an Ort und Stelle zu rücken. Bald zogen wir in einen Wohnkomplex in Sherman Oaks, mitten im San Fernando Valley. Das Leben mit Daniel kam mir eine Weile glücklich vor.

Los Angeles war in Sachen Showgeschäft sehr »realistisch«; San Francisco schien dagegen von einer Bande Halbwüchsiger bevölkert zu sein, die nur herumulkten und sich noch etwas darauf einbildeten. In L. A. war es offensichtlich ein gutes Geschäft, witzig zu sein. Den Beweis sah man an den schwarzen Mercedes-Karossen, die auf den Straßen fuhren, und in den Geschäften am Rodeo Drive. Einer von Daniels Freunden machte uns mit einem Mann namens Jackie bekannt. Jackie war ein alter Varietékünstler, der früher die Shows von Elvis angeheizt hatte; nun managte er Gag-

Schreiber und war sehr gut darin. Da Daniels wahres Talent im Schreiben lag, erklärte Jackie sich bereit, ihn und Ron Marks, der nun offiziell Daniels Co-Autor war, zu managen. Als Daniel mich mitnahm, um Jackie in seinem Büro zu besuchen, hatte ich plötzlich das Gefühl, dazuzugehören. Ich war nun nicht mehr die blöde, am Rand stehende Ehefrau, sondern ein wesentlicher Teil des Bundes. Auch Jackie ließ mich nicht im Regen stehen, er erkannte mich als Daniels Frau an. Jackie war selbst seit langer Zeit verheiratet, und zum ersten Mal kam mir der Gedanke, daß es doch so etwas wie Stabilität im Showgeschäft geben könnte. Hier wartete man nicht nur auf seinen Auftritt, ging auf die Bühne, zog Ulknummern ab und lief dann herum und verkündete, wie toll man war – in L. A. spielte sich das alles mehr im Rahmen einer Unterhaltungsindustrie ab. Die Menschen hatten eine Familie. Ich fühlte mich angesichts von Daniels Berufswahl plötzlich viel besser.

Ironischerweise war das erste Engagement, das Jackie meinem Mann verschaffte, ein Auftritt in San Francisco. Ich war erfreut, weil ich annahm, ich könnte mit ihm zusammen nach Norden fahren. Auch hatte ich noch nicht an der Uni angefangen und somit nicht viel zu tun. Aber Daniel wurde wütend, als ich andeutete, ich wolle ihn begleiten. »Kümmere dich gefälligst um deine eigenen Angelegenheiten!« schnauzte er mich an, packte mich und stieß mich mit dem Gesicht gegen die Wand. Ich brach schluchzend auf dem Boden zusammen. Dann fing auch Daniel an zu weinen und entschuldigte sich. Ich schrieb es mir selbst zu, daß ich ihn dazu gebracht hatte, und beharrte auf meiner Schuld. Wir waren beide sehr durcheinander, aber die Schrammen und das blaue Auge hatte nur ich.

Ein paar Minuten später tauchte Ron auf. Er zog Daniel beiseite und meinte, wir bräuchten psychiatrische Hilfe. Ich war nicht der Meinung, daß unsere Lage so ernst sei, und redete mir ein, Daniel würde mich nie wieder schlagen. Schließlich war es zum ersten Mal zwischen uns zu körperlicher Gewalt gekommen. »Wenn du nur wüßtest, wie sehr ich dich liebe«, sagte Daniel immerzu. Aber wenn er mich schätzte, wie schaffte er es dann immer wieder, daß ich mich wie Dreck fühlte? Ich erklärte ihm, nichts anderes zu wollen als etwas mehr Einbeziehung in sein Leben: daß er mir das Gefühl vermittelte, ein wichtiger und wesentlicher Bestandteil seiner Existenz zu sein. Das könne doch nicht schwierig sein.

Statt dessen brachte Daniel mich dazu, mich noch unsicherer zu fühlen. Jedesmal wenn wir zusammen ausgingen, musterte er unverhohlen andere Frauen. Einmal, auf einem Sportplatz, kam eine Frau auf ihn zu und fing vor meinen Augen an, mit ihm zu flirten. Sie wußte verdammt gut, daß ich seine Ehefrau war. In umgekehrter Situation würde kein Mann es wagen, vor den Augen ihres Gatten mit einer Frau anzubandeln; Männer scheinen Ehen viel mehr Respekt entgegenzubringen als Frauen. Nachdem ich verheiratet war, kam es mir so vor, als würden alleinstehende Männer mich ignorieren, besonders dann, wenn Daniel in der Nähe war – als hätte mein Ehering ihren Hoden einen elektrischen Schlag versetzt. Aus irgendwelchen Gründen verhalten aber Frauen sich so, als seien Ehemänner eine Beute für sie, eine echte Herausforderung, die man annehmen muß. Das hat wohl nichts mit Besitzstreben zu tun, es ist eher eine Frage der Selbstbestätigung.

Als ich wieder anfing zu studieren, ging es mir viel besser. Ich war nun mit anderen Dingen beschäftigt, nicht mehr nur mit Daniel, und kam mir vor, als sei ich wieder etwas wert. Doch gleich zu Anfang des Semesters an der Antioch University fühlte ich mich auch unbehaglich. Die Leute kamen mir alle so intelligent vor; sie erschienen mir klüger als ich. Obwohl ich wahrscheinlich ebenso viel wußte wie alle anderen Studenten, fühlte ich mich minderwertig. Die Seminare waren sehr klein, und man forderte uns auf, unsere Meinung zu sagen. Außerdem erwartete man von uns, daß wir emotionell orientierte Aufsätze verfaßten. Ein anderes Erfordernis war, daß sämtliche Kandidaten für einen Psychologie-M.A. an einer Therapie teilnahmen. Die Schule vertrat eine echte »Erkenne dich selbst«-Philosophie. Antioch war irgendwie ernsthafter und menschlicher als die Uni in Boston, und ich freundete mich sehr gut mit einigen Kommilitonen an.

Im vierten Jahr unserer Ehe wurde mir Daniel erstmals
weniger wichtig. Endlich hatte ich einen Halt an mir selbst
gefunden und sah mich im Brennpunkt. Ich las fleißig Bücher und machte Fallstudien am lebenden Objekt, und da
ich sehr mit meinem Studium beschäftigt war, besserte sich
unsere Ehe auf gewisse Weise. Aber ich merkte auch, daß
Daniel und ich, da wir völlig verschiedene Berufe anstrebten, uns immer weiter auseinanderlebten. Meine Augen und
meine Gefühle öffneten sich; mir wurden plötzlich die anderen Männer in den Seminaren bewußt. Ansehnliche Gesichter. Anziehende Körper. Verlockende Intelligenz. Es gab da
einen speziellen Mann, Karl, und ich entdeckte wieder den
Spaß, auf harmlose Weise mit jemandem zusammenzusein,
und das blöde, atemlose, aufregende Gefühl, das dazu gehört. Ich fühlte mich wieder als Frau. Karl und ich wurden
gute Freunde, nichts weiter. Karl war ein ziemlich sorgloser
Typ und nicht im geringsten daran interessiert, ernsthaft etwas mit mir anzufangen. Aber es machte mir Spaß, ihn anzuschauen und meiner Phantasie freien Lauf zu lassen.

Plötzlich führte ich wieder ein echtes gesellschaftlichches
Leben, ging oft mit Kommilitonen in Bars oder zum Tanzen.
Jede Beziehung wird schwierig, wenn der eine sich weiterentwickelt und der andere der gleiche bleibt. Mein Therapeut meinte, daß ich mich möglicherweise im Unterbewußtsein über Daniel ärgerte. Natürlich ärgerte ich mich!
Abgesehen davon hatte unser Sexualleben fast aufgehört zu
existieren. Daniel übernahm nie die Initiative; wenn ich versteckte Andeutungen machte, überging er sie. Oh, natürlich
umarmten und küßten wir uns noch und redeten miteinander. Aber im größten Teil des vergangenen Jahres war ich
mir eher wie sein Kumpel vorgekommen, statt wie seine
Frau. Ich empfand hinsichtlich Daniel eindeutig nichts
mehr, aber ich kam nicht dahinter, woran es lag. Immer
wenn ich mit ihm darüber reden wollte, beharrte er darauf,
daß zwischen uns alles in Ordnung sei. Ich verstand einfach
nicht, warum nur ich so empfand. Wenn ich ihn fragte, war

um wir nicht richtig miteinander schliefen, sagte er, er sei zu müde oder so etwas.

Nach dem Umzug nach Los Angeles schlief unser Sexualleben vollends ein. Davor hatten wir das genossen, was man vielleicht als grundlegenden, traditionellen Sex bezeichnen kann. Wir hatten unsere Ficks sogar benotet, ob sie gut oder schlecht gewesen waren, doch irgend etwas fehlte mir immer. Obwohl Daniel sehr bewandert darin war, mich mit den Händen zum Höhepunkt zu bringen, wollte er nie meine Muschi küssen oder lecken. Oraler Sex war etwas, worauf ich stand, Daniel hingegen nicht. Er rieb meinen Kitzler zwar, aber ich hatte oft das Gefühl, er täte es nur, um mich zu beschwichtigen, wobei er sich im stillen fragte: »Wann, zum Teufel, kommt sie denn endlich?« Vielleicht tat ihm dabei sogar das Handgelenk weh. Ich hatte dann zwar meist einen Orgasmus, aber irgend etwas fehlte mir; doch wußte ich nicht genau, was es war. Aber Daniel hielt die Ehefassade aufrecht. Nach Therapiesitzungen war ich immer wild darauf, unsere Probleme zu besprechen, aber er versicherte mir stets, es sei alles in bester Ordnung. Besser als je zuvor. All dies machte mich verständlicherweise verrückt. Es war eben *nicht* alles in Ordnung!

Gegen Ende meines Studiums hatte Daniel einige Dinge in New York zu erledigen. Da ich monatelang keinen Sex mit meinem Mann gehabt hatte und geil auf Karl war, nahm ich mir fest vor, ein wildes Abenteuer zu erleben. Karl wohnte in Malibu und hatte mich zu einem Besuch eingeladen. Ich hatte zwar zunächst jede erdenkliche Ausrede benutzt, aber dann gab ich nach – einen Tag vor Daniels Heimkehr. Als ich durch den Canyon fuhr, fühlte ich mich plötzlich wieder lebendig, fühlte mich wieder als sexuelles Wesen. Ich war frei! Aber natürlich hatte ich die ungünstigste Zeit erwischt. Karl war Gitarrist und wollte gerade zu einem Auftritt in einen Club fahren. Welche Enttäuschung. Ich nahm mir vor, mit ihm zu gehen und erst zu verschwinden, wenn ich meinen Wunsch erfüllt hatte. Also wartete ich zwei Stunden in der kleinen Bar, während er seine Lieder spielte. Später dann, als Karl und ich endlich ins Bett krochen, war es schon zu Ende, bevor es richtig angefangen hatte. Dabei hatte ich mich doch danach gesehnt, es langsam und träge mit ihm zu machen, seinen Körper zu schmecken und lange zu knutschen. Aber Karl war unheimlich erregt. Seine Hände kneteten meine Brüste und meinen Bauch, ein kurzes Vorspiel, dann schwang er sich auf mich und war drin. Ich kam nicht zum Höhepunkt, kam ihm nicht einmal nahe. Obwohl das irgendwie frustrierend war, nachdem ich Karl doch so lange begehrt hatte, erleichterte es mich, weil ich endlich und mit vollem Bewußtsein etwas Verbotenes getan hatte.

Da ich mich in einer Umgebung befand, die Trinken nicht tolerierte, ja, nicht einmal in Erwägung zog, hatte mein Alkoholkonsum abgenommen. Nach der Vorlesung gingen wir zwar in Horden aus, aber in der Regel konsumierten wir nur Tee oder Kaffee, damit wir umso leidenschaftlicher die Vielschichtigkeit unserer Psyche diskutieren konnten. Ich habe das Trinken, ehrlich gesagt, nicht vermißt, aber ich verließ mich zum Einschlafen immer auf ein Glas Wein. Karl wollte mich mit Biofeedback vom Trinken entwöhnen, und eine Weile hörte ich tatsächlich völlig damit auf, aber es hielt nicht sehr lange vor.

Alles in allem verlebte ich in Antioch eine glückliche Zeit. Mein Leben verlief normal. Obwohl mich meine Prügelphantasien noch immer beschäftigten, bemühte ich mich, damit klarzukommen. Doch sie verschwanden nicht. Wenn Daniel und ich uns liebten, malte ich mir sehr oft aus, daß er mich verdrosch. Eines Abends nahm ich meinen ganzen Mut zusammen und fragte ihn, ob er es tun würde. Ich sah ihm zwar schon am Gesicht an, daß er es für total verblödet hielt, aber er machte mit – natürlich ohne es zu verstehen. Er legte mich flach auf den Bauch, nahm eine Haarbürste und versohlte mir fest den Arsch – zu fest. Es tat weh und war gar nicht erotisch. Ich habe geschrien. Nach ein paar Hieben hörte er auf, und ich sagte mit angeekelter Stimme: »Lassen wir's.« Vielleicht hatte auch er ein paar Phantasien, mit denen er nicht fertig wurde, aber über manche Phantasien sollte man vielleicht lieber nicht reden.

Einst, in seiner kleinen Bude im Village, hatte er mich einmal, als ich auf der Toilette saß, plötzlich gepackt, übers Knie gelegt und halb im Spaß versohlt. Ich hatte nicht den Nerv, ihm zu sagen, wie sehr es mir gefiel. Bevor wir San Francisco verließen, hatte es noch eine Episode gegeben. Obwohl Daniel nur selten Drogen nahm, warfen wir eines nachmittags beide eine Quaalude ein; diese Tabletten sind bekannt dafür, daß sie einen sehr erregen. Als wir Hand in Hand durch den Golden Gate Park gingen, gab Daniel zu, daß er das Gefühl mochte, high und geil zu sein. Da wir beide das gleiche empfanden, konnte ich auch »Schlag mich! Jetzt! Bitte!« zu ihm sagen. Daniel war zwar überglücklich, mich in die Büsche zerren und ficken zu können, aber verdreschen wollte er mich nicht. Als wir dann weiter durch den Park spazierten, stießen wir auf seine Baseballkumpane. Ich erstarrte, als er ihnen zuschrie: »Ratet mal, was meine Frau von mir wollte! Ich sollte sie verdreschen!« Ich wäre auf der Stelle am liebsten tot umgefallen. Mein Mann und seine Freunde lachten über meine geheimste Leidenschaft.

Als ich meinem Therapeuten schließlich von meinen S/M-Phantasien erzählte, brachte ich die Worte kaum über die Lippen. Mein Gesicht war flammendrot. Ich spürte es, fing an zu schwitzen, hielt meine Hände fest und stotterte: »Ich habe es gern, wenn ich verdroschen werde« – als sei es die abscheulichste Sünde im ganzen Universum. Zuerst wußte er nichts darauf zu sagen, dann erklärte er mir ziemlich erbittert, ich würde das Verlangen nach Bestrafung verlieren, wenn mein Selbstbewußtsein wüchse. Ende der Geschichte. Heute ist mir klar, daß er die Vorstellung von der Unterwerfung und Beherrschung eigentlich gar nicht verstanden hat. Schon der Gedanke daran hat ihn wahrscheinlich entsetzt. Ich bin sicher, er hat diesen Verhaltenstypus – wie Freud – als pervers und abartig eingestuft.

Die Reaktion meines Therapeuten auf mein tiefstes, dunkelstes Geheimnis ließ mich vieles empfinden, am meisten jedoch Wut. Er wußte alles über mich, wahrscheinlich sogar mehr als Daniel. Wie konnte er es wagen, dazusitzen und mich aufgrund einer einzigen Persönlichkeitsfacette abzuurteilen? Mir wurde allmählich klar, daß die Welt jemanden brauchte, der die heiklen Beweggründe der S/M-Phantasien versteht; und ich war mir sicher, daß ich die Leute, die mit S/M zu tun hatten, dazu bringen konnte, über ihre Gefühle zu reden. Mich würde das Eingeständnis eines anderen niemals so peinlich berühren wie meinen Therapeuten. Ich wußte, wie verheerend das sein konnte. All unsere sexuellen Sehnsüchte haben ihre Gültigkeit – bei dem Mann, der Füßen huldigt; bei der Frau, die danach lechzt, ausgepeitscht zu werden; bei dem Mann, der sich gern wie eine Frau kleidet und sich in das weibliche Empfindungsvermögen hineinflüchtet. Nichts, was im Einverständnis zwischen Erwachsenen passiert, ist falsch, schlecht oder gemein. Ich glaube wirklich nicht, daß mich irgend etwas verletzen könnte und applaudiere den Menschen sogar, die den Mut haben, zu sagen: »Ich bin anders. Aber liebe mich trotzdem, und nimm mich so, wie ich bin. Bitte.« Ich gehöre selbst zu diesen Menschen.

6
Verlassen

Nachdem ich mein Examen in Antioch gemacht hatte, war ich Abschlußrednerin. Es hat mich wirklich gefreut, mit der Ehre belohnt zu werden, bei den Graduationszeremonien sprechen zu dürfen. Ironischerweise fiel die Feier auf meinen fünften Hochzeitstag. Daniel befand sich unter den Zuhörern, und hinterher gingen wir in unser Lieblingsrestaurant. Zwar stimmten alle Voraussetzungen, um den Tag zu einem erinnerungswürdigen werden zu lassen, aber innerlich fühlte ich mich sehr leer. Und ich hatte in diesem Jahr viel Leere in mir verspürt. Ich hatte sie im vergangenen März mit einem schnellen Abenteuer auszufüllen versucht, das damit endete, daß ich nach einer Party mit einem Kommilitonen in dessen Wagen fickte. An einer Uni mit derart entspannter Atmoshphäre fiel es einem nicht schwer, es mit jemand zu treiben.

Gebildet ausgedrückt – ich war unzufrieden damit, nur einen Magistertitel zu haben. Doch so entschlossen ich auch war, meinen Doktor zu machen – ich mußte enttäuscht feststellen, daß es in Antioch keine entsprechenden Studiengänge gab. Die anderen Universitäten, die ich mir ansah, waren für meinen Geschmack etwas zu mittelmäßig. Zwar hatte ich Pläne, das Studium fortzusetzen, aber ich legte sie für eine Weile auf Eis.

Ich habe sie fast acht Jahre lang auf Eis gelegt, wie sich später zeigte. Schließlich habe ich angefangen, am Institute for Advanced Study of Human Sexuality in San Francisco zu studieren, um meinen Doktor zu machen. Ich liebe das Gefühl der körperlichen und geistigen Intimität in den Vorlesungen. Es erinnert mich an das Buch *The Harrad Experiment;* nicht nur an den Sex, sondern auch an die Tatsache, daß es so viel Kommunikation und so viele Verbindungen zwischen den Menschen gibt, nicht nur im Bett, sondern überall.

Deutlich steht mir eine Szene in dem Buch vor Augen, in der ein Bursche mit Beth Hillyer schläft. Sie sind zwar körperlich verbunden, haben aber keine Eile, zum Höhepunkt zu kommen. Sie sind, als sie sich lieben, sehr zufrieden auch mit ihrer verbalen Kommunikation; sie lachen und erleben viele Gefühle. Diese Szene hat mich geistig stimuliert. So sollte meiner Meinung nach Sex sein – etwas, das Freunde miteinander tun; etwas, das sich zwischen Menschen abspielt, die einander wichtig sind und die nicht nur »abspritzen« oder »Nummern machen« wollen. Sex ist kein Wettkampf. Beim Sex sollte ein Gefühl echter Intimität, Verbundenheit und Kommunikation herrschen. Das habe ich zwar immer gewollt und gesucht, aber nur selten gefunden. In dem Institut fand ich eine Atmosphäre dieser Art. Selbst wenn meiner Meinung nach Doktortitel nicht dazu beitragen, einen echten Psychotherapeuten aus einem zu machen – ich bin sicher, daß mir die Erfahrung, an diesem Institut gewesen zu sein, persönlich eine Menge brachte.

Doch davon später mehr. In den wenigen Monaten, die sich als die letzten meiner Ehe mit Daniel erwiesen, rief der Schriftstellerverband zum Streik auf, und Daniel und Ron gingen schließlich getrennte Wege. Daniel verbrachte immer mehr Zeit mit Doreen, der Autorin, die er schon aus San Francisco kannte. Sie war, wie wir, nach L. A. gezogen. Ich konnte Doreen gut leiden; sie lebte damals mit einem Schauspieler namens Daryl Anderson zusammen. Sie kennen ihn vielleicht noch in der Rolle eines Fotoreporters in der Fernsehserie »Lou Grant«. Obwohl Doreen als Sekretärin tätig war, hatte sie eine Drehbuchidee, die Daniel und sie sofort zu Papier brachten. Nach kurzer Zeit schienen die beiden unzertrennlich.

Ich dachte mir nichts dabei. Auch wenn Daniel und ich uns nicht oft liebten, war er sehr liebevoll zu mir, und ich fühlte mich von Doreens und Daniels Beziehung nie bedroht. Das Kriterium, nach dem ich damals Eifersucht verteilte, bestand darin, wie schlank jemand war, und da Doreen dicker war als ich, hielt ich sie nicht im geringsten für eine Konkurrenz. Aber ich erkannte, daß sie und Daniel viele Gemeinsamkeiten hatten. Manchmal habe ich Daniel halb im Scherz gefragt: »Was unternehmen wir? – Ich meine, du und Doreen?« Daniel wiederholte dann all die lieben Sachen, die er Doreen über mich erzählte, und beteuerte mir fortwährend, wie sehr er mich liebte. Ich habe es zwar nicht erkannt, aber ich nehme an, daß sie schon damals etwas miteinander hatten.

Obwohl sie meist in der Wohnung von Doreens Freund arbeiteten, kam ich eines Tages nach Hause und fand sie in der unseren vor. Und so wie die beiden mich da anschauten, kam ich mir in meiner eigenen Wohnung wie eine Fremde vor, als sei ich der Eindringling. Zwischen ihnen existierte ein deutliches »Wir«-Gefühl, an dem ich keinen Anteil hatte. Nun, ich gab mir Mühe, mich auf meinen eigenen Beruf zu konzentrieren und ging wieder mal eifrig auf Jobsuche. Ich ließ nichts unversucht und arbeitete sogar als Ernährungsberaterin. Wenigstens konnte ich so *irgend jemanden* beraten. Bald wurde ich aber zu einem Pflichtpraktikantenlehrgang angenommen, der mir beim Aufbau einer eigenen Psychologenpraxis helfen sollte; dazu organisierte ich mit meiner Freundin Kerry aus der Uni Workshops. Wir spezialisierten uns auf Frauengruppen und redeten über alle anliegenden Probleme. Wie man Selbstsicherheit gewinnt, Schüchternheit überwindet und sich kleidet, um Erfolg zu haben, gehörten zu den beliebtesten. Ich war sehr beschäftigt – fast zu beschäftigt, um mir über Daniel und Doreen Sorgen zu machen.

Anfang August kamen meine Schwester Robin und ihr Mann Bob für ein paar Tage zu Besuch. Sie reisten an einem Samstag an, und ich wollte sie an diesem Abend ausführen, doch Daniel hatte andere Pläne. Er hatte Karten für den Film *Napoleon* gekauft, wollte aber nicht mich, sondern Doreen mit ins Kino nehmen. Also gingen er und ich an diesem Abend getrennte Wege. Ich nahm Robin und Bob zu einem typischen L. A.-Abend mit in die Stadt – zum Abendessen und in den Improv Comedy Club. In den vergangenen Monaten hatte ich mich sowieso daran gewöhnt, ohne Daniel auszugehen, also störte es mich nicht in geringsten.

Sonntag feierten Robin und Bob ihren Hochzeitstag, und Daniel versprach, bei dieser Gelegenheit bei uns zu sein. Der Tag verlief wie jeder andere. Jane Fondas Aerobic-Center hatten gerade im Valley eröffnet, und ich wurde eifriges Mitglied. Wie üblich wachte ich früh auf, um den 9-Uhr-Kurs mitzumachen. Ein entzückender Ausbilder namens Ed war eher ein Ansporn, in Form zu bleiben, als alles andere. Hinterher sprach ich mit ihm über seine kürzlich erfolgte Trennung von seiner Freundin und kam später als üblich nach Hause. Als ich in die Wohnung kam, lag Daniel noch im Bett und blätterte in der Sonntagszeitung. Ich gab ihm einen Begrüßungskuß, verzehrte mein Frühstück und hüpfte schnell ins Bad. Dann krabbelte ich ins Bett und kuschelte mich, wie immer, an ihn. Ich streichelte gerade seinen Schwanz, als er von mir abrückte.

»Ist was?« fragte ich und folgte ihm, als er aufstand, durchs Zimmer.

»Nichts«, beharrte er. Doch Daniels Gesicht war aschfahl. Ich konnte mir nicht vorstellen, was ihm Sorgen machte. Als ich ihn erneut fragte, sagte er: »Ich glaube, du setzt dich lieber hin.« Ich ließ mich gehorsam auf den Bettrand fallen. Daniel holte tief Luft.

»Ich habe gestern meinen Bruder Harry angerufen«, erklärte er. »Und habe ihm gesagt, daß ich dich verlasse.«

Mein Kinn muß vor Schreck nach unten gesunken sein. Ich war zuerst sprachlos. Tränen verschleierten meine Augen; ich hatte einen Kloß in der Kehle.

»Was?« fragte ich ungläubig.

»Ich verlasse dich«, sagte Daniel kalt.

Ich wußte zuerst nicht, was ich sagen sollte, und hörte dann von ferne, daß ich mich wie eine Närrin entschuldigte. »Tut mir leid, Daniel. Es tut mir so leid. Ich habe wohl etwas falsch gemacht. Wenn du mich verlassen willst, muß ich etwas getan haben. Was es auch war, es tut mir leid.«

Ich brabbelte wie eine Idiotin und erinnere mich nicht mal an die Hälfte meiner Worte. »Es tut mir leid«, murmelte ich. »Alles, was ich getan habe, tut mir leid.«

Er war noch immer ungerührt. »Nein«, sagte er.

Es war so erbärmlich. So traurig. »Bitte«, bettelte ich. »Verlaß mich nicht. Ich weiß nicht, was ich ohne dich tun soll.«

Aber Daniel wollte mich nicht mal in die Arme nehmen. Wurde ihm etwa übel, wenn er mich berührte?

»Nein«, sagte er. »Du verstehst nicht. So einfach ist es nicht. Ich muß dich verlassen. Das ist alles.«

»Ist eine andere Frau im Spiel, Daniel?«

»Das spielt keine Rolle«, sagte er und verließ das Schlafzimmer.

Halb blind vor Tränen rappelte ich mich auf und folgte ihm. Daniel saß grimmig auf dem Boden des Wohnzimmers. Ich setzte mich neben ihn.

»Wer ist es?« fragte ich zitternd. Und dann wurde mir alles klar. Ich beantwortete meine Frage selbst. »Es ist Doreen, nicht wahr?«

»Sie verläßt Daryl«, sagte Daniel gelassen. »Wir wollen zusammen leben.«

Ich war verwirrt. »Aber wie willst du uns denn beide ernähren?« fragte ich mich laut. Wie ein Kind.

»Gar nicht«, sagte Daniel einfach. »Schau mal, Alice – weißt du noch, wie oft du mir erzählt hast, daß du die alten Zeiten vermißt, in denen wir nicht genug voneinander kriegen konnten? Tja, und so ist es nun mit mir und Doreen. Wir können nicht genug voneinander kriegen.«

Mein Herz zersprang fast. Der Schmerz zwischen meinen Rippen war unerträglich. Ich kam mir vor, als erlebte ich den schlimmsten vorstellbaren Alptraum und könne nicht aus ihm erwachen. Irgendwo in weiter Ferne hörte ich wieder Daniels Stimme. »Du kannst die ganzen Möbel behalten. Ich hole meine Sachen so schnell wie möglich ab.« Meine Sachen. Seine Sachen. Wie sollte ich nur allein in unserem Bett schlafen?

Daniel war so irrsinnig, den Vorschlag zu machen, an diesem Abend wie geplant mit Robin und meinem Schwager auszugehen. Wir brauchten ihnen ja nichts zu sagen, jedenfalls jetzt noch nicht. Wir konnten eine Illusion schaffen, ihnen ein flottes kleines Drehbuch vorspielen.

Wieder einmal hatte Daniel einen großen Entschluß ohne

mich gefaßt. Ich wollte nur wissen, wie lange er schon mit Doreen zusammen war. Wie lange war ich so dumm gewesen? »Wir lieben uns erst seit zwei Wochen«, sagte Daniel. Ich weiß heute noch nicht, ob ich ihm das glauben soll. »Aber es ist Liebe, Alice. Wir sind uns ganz sicher.«

Ich krümme mich erneut, denke ich an diesen Morgen. Auch wenn Daniel und ich Probleme hatten und uns auseinanderlebten, ich *mochte* ihn doch noch. Er war mein bester Freund, manchmal mein Liebhaber, mein Vertrauter. Er kannte mich innerlich und äußerlich. Und ich fühlte mich betrogen.

Auch wenn all diese Emotionen in mir miteinander stritten, ich erkannte, daß ich starkes sexuelles Verlangen nach ihm empfand. Es war überwältigend. Plötzlich wünschte ich mir, daß er mich liebte. Ich mußte ihn in mir spüren.

»Bitte, schlaf mit mir, Daniel«, bettelte ich mit heiserer Stimme.

»Ich kann nicht«, sagte er. »Ich liebe Doreen.«

Ich weinte wieder. »Dann hau ab, verdammt noch mal!« schrie ich. »Es ist mir scheißegal, wohin du gehst! Hau bloß ab!«

Obwohl ich hysterisch heulte, schaffte ich es irgendwie zu Robins Hotelzimmer. Ich weiß nicht mehr, wie ich dorthin gefahren bin, ich weiß nur noch, daß ich in die Arme meiner Schwester sank, als sie die Tür aufmachte. Ich wußte nicht, was ich denken oder empfinden sollte. Meine Werte, mein Leben, alles brach rings um mich zusammen.

Bob fuhr mich zu unserer Wohnung, um sich mit Daniel zu unterhalten. Sie haben sich nicht gestritten. Daniel sprach ganz ruhig und packte dabei seine Sachen. Er hatte eine Entscheidung gefällt, und niemand konnte ihn davon abbringen. »Wenn wir Kinder gehabt hätten, wäre es vielleicht nie passiert«, sagte er. Wenn wir eine Familie gehabt hätten? Immer wenn ich gesagt hatte, daß ich mir ein Kind wünschte, wurde die Idee schnell wieder abgetan, weil er nie einer geregelten Arbeit nachging. Und dann war es die hochwichtige Komödiantenkarriere, die er einschlagen wollte. Sie war immer wichtiger gewesen.

Stunden vergingen. Ich fühlte mich wie unter Wasser, schaute zu, wie alles um mich herumwirbelte, und hörte meinem Schwager zu. »Mach dir keine Sorgen«, versprach Bob. »Daniel hat Doreen bestimmt bald satt. Am nächsten Ersten kommt er wieder angekrochen.«

Aber Daniel kam nicht mehr zurück. Um meine Gedanken zu betäuben, trank ich bis vier Uhr morgens Amaretto. Beim Abendessen versuchte Robin mich zu überreden, in irgend etwas hineinzubeißen, aber wie hätte ich etwas essen sollen? Ich wäre am liebsten gestorben. Wenn ich nicht sterben konnte, wollte ich wenigstens nichts spüren. Ich wollte trinken, bis mein Herz taub war. Als ich ausreichend erschöpft war, wollte natürlich mein Wagen nicht anspringen, und ich mußte auf ein Fahrzeug des Automobilclubs warten, das mich abschleppte. Die Heimkehr in meine leere Wohnung war mehr als eigenartig. Mir graute vor dem Alleinsein, also nahm ich als Entspannungshilfe Valium – vielleicht wachte ich am nächsten Morgen nicht wieder auf. Ich wachte wieder auf, aber die Tablette war mit einem Sprung von der Steilküste vergleichbar. Sie bildete den Anfang vieler Verrücktheiten. Und danach fing der echte Irrsinn an.

Ich fühlte mich verlassen. Ein Gespräch mit Daryl, Doreens sitzengebliebenem Freund, bot mir etwas Trost, aber er verstand nur einen Bruchteil meiner Empfindungen. Er beschrieb, wie Doreen ihre Sachen gepackt und sich vor unserem Haus mit Daniel getroffen hatte. Als Daryl von ihrer Affäre erfahren hatte, war er fast ebenso schockiert gewesen wie ich. Er und Doreen hatten heiraten und sich sogar ein Haus in Hollywood kaufen wollen. Manchmal ändern sich die Dinge schnell.

Ich hatte das Gefühl, nichts essen zu können. Das einzige, was in meinem Magen blieb, waren Johannisbrotchips. Ich kaufte sie sackweise im Reformhaus, mampfte sie schon nach dem Aufstehen und mampfte sie, wenn ich den ganzen Morgen telefonierte. Besonders gern redete ich mit Audrey; sie war ebenfalls Therapeutin und seit ein paar Jahren geschieden. Ihr Spezialgebiet waren mißhandelte Frauen. Wir saßen zusammen und ulkten darüber, daß es eine Art

»Hochzeitsalbum-Therapie« geben solle, da in den Frauen-
häusern oft mißhandelte Frauen auftauchten, die als einzigen Besitz ihre Hochzeitsfotoalben mitbrachten. Auch wenn
ihre Männer ihnen das Nasenbein oder die Rippen gebrochen hatten, es machte ihnen nichts aus. Sie schauten sich
gern die hübschen Fotos in den Alben an. Audrey und ich
lachten zwar, aber wir mußten zugeben, daß wir in der Stille
unserer Wohnungen oft das gleiche taten. Meine anderen
Freundinnen gaben sich zwar auch verständnisvoll, aber ich
brachte trotzdem kaum noch etwas richtig zustande. Die
einzige Aktivität, zu der ich mich aufraffte, war Gymnastik.
Ich machte morgens, mittags und abends Aerobic, manchmal drei- oder viermal täglich. So brauchte ich nicht nachzudenken. Ich hielt meinen Körper gnadenlos in Bewegung.

Aus irgendeinem Grund rief ich, noch bevor ich mit meinen eigenen sprach, Daniels Eltern an. Ich glaubte, offen
gesagt, nicht, daß meine Familie sich viel daraus machen
würde, und nahm an, daß meine Eltern nur sagten, sie hätten Daniel ohnehin nie leiden können. Daniels Eltern immerhin waren wütend auf ihn. Sie wußten nicht, was sie sagen
oder wie sie mich trösten sollten, und ich wußte, daß sie mir
fehlen würden. Was sie auch empfanden, Daniel war
schließlich ihr Sohn. Ich schreckte davor zurück, meine Eltern anzurufen, und bat schließlich Robin, ihnen alles zu erklären. Zu meiner Überraschung riefen sie mich sofort an
und zeigten großes Verständnis. Genau wie ich erwartet hatte, sprach Mama ausführlich darüber, daß sie Daniel nie hatte leiden können. »Sollen wir dich besuchen?« fragte meine
Mutter etwas halbherzig. Wenn es die beiden wirklich gekümmert hätte, hätten sie längst im Flugzeug gesessen. Sie
wußten doch, daß ich ganz allein war. Aber ich sagte, ich sei
in Ordnung.

Dabei war ich sehr durcheinander. Ich selbst hatte den
Mut, Daniel zu verlassen, nie gehabt, doch nun war ich frei.
Als ich einen Tag nach Daniels Weggang pflichtbewußt an
meinem Kurs teilnahm, sehnte ich mich danach, meinem
Lehrer Frank von meiner mißlichen Lage zu erzählen, und
als ich losweinte, legte er seinen Arm um mich. Wider Wil-

len fühlte ich mich erregt. Ein Teil meines Ichs wollte getröstet werden – ein anderer Teil wollte bis zum Vergessen sexuelle Befriedigung.

Am nächsten Tag nahm ich mir vor, Frank zu verführen, und machte ihm nach dem 9-Uhr-Kurs ein praktisch unverschleiertes Angebot. Frank war sehr lieb. Er küßte mich auf die Stirn.

»Ich finde dich zwar sehr anziehend, Alice«, erklärte er, »aber es ist noch zu früh. Ich möchte nicht das Mittel zur Rache an deinem Mann sein.« Frank ließ mich mitten auf dem Parkplatz stehen, und ich nehme an, er hatte recht. Wenn die Situation umgekehrt gewesen wäre, hätte ich mich auch nicht gefreut. Aber was, zum Teufel, sollte ich nun mit mir anfangen?

7
Preisgegeben

Ein paar Monate zuvor hatte ich einen dekadenten Kitzel entdeckt. Als Aufgabenteil eines Seminars über menschliche Sexualität hatte man uns in Antioch angewiesen, abweichendes Sexualverhalten zu erforschen – etwas, das wir zuvor noch nie getan hatten. Es konnte etwas Normales sein, wie der Besuch eines Pornofilms, oder etwas Unkonventionelles, wie der Besuch eines Transvestitenlokals. Ich hatte beschlossen, einen Blick in ein Stripteaselokal namens »Queen Mary« zu werfen. Obwohl man sich dort von Mittwoch bis Sonntag auf Transvestitenshows spezialisiert hatte, ging ich an einem Dienstag hin – als Männer strippten.

In dem von Lärm erfüllten Raum wimmelte es von Männern und Frauen. Die Atmosphäre war absolut locker. Ein Mann namens Ronnie kam als erster auf die Bühne. Er tanzte zu den Songs »Great Balls of Fire« und »Splish Splash« und stieg dabei auf der Bühne tatsächlich in eine Badewanne. Er hatte sandfarbenes Haar, freundliche, romantisch wirkende Augen und war feingliedrig-muskulös gebaut. Es machte mir wirklich großen Spaß, Ronnie herumwirbeln zu sehen, und nach ein paar Drinks war ich so mutig wie die anderen weiblichen Gäste und wedelte mit einem Dollarschein. Zu meiner Überraschung schlenderte Ronnie näher und schob mir seinen Unterleib entgegen. Als ich den Geldschein in sein enges Höschen stopfte, nahm er meinen Kopf in beide Hände und belohnte mich mit einem leidenschaftlichen Zungenkuß. Danach kam ich vom Queen Mary nicht mehr los. Das Phänomen, als Frau Männern in solchen Clubs beim Strippen zusehen zu können, brachte mich sogar soweit durcheinander, daß ich es zum Thema meiner Hausarbeit für den Sexualkundekurs machte. Natürlich drehte sich dabei alles um meine eigenen Sehnsüchte.

Sam war ein Tänzer, der mir besonders gefiel. Muskulös,

mit rotem Haar, bezeichnete er sich als »exotischen Psychotiker«. Als angehende Psychologin war ich mir sicher, daß ich seine Macken heilen konnte – und noch mehr. Sam kam mit einer Zwangsjacke bekleidet auf die Bühne, hängte sich an einen Haken und setzte dazu an, sich aus seiner Kluft zu schlängeln. Aber es war nicht seine Nummer, die mich so unheimlich anmachte – es war sein Körper. Sam war aufreizender als die anderen, außerdem legte er eine anmaßende Haltung an den Tag, von der ich mich angezogen fühlte.

Am Ende der Vorstellung tanzten die Tänzer alle auf einem Podest neben der Bar. Man ermutigte die Gäste, aufzustehen und ihnen ein letztes Trinkgeld zu geben. Ich sah Sam sehnsüchtig an, aber mehr wagte ich nicht. Plötzlich winkte er mich mit Hilfe des Zeigefingers schweigend zu sich – ein subtiler Akt von Dominanz, der mich faszinierte. Ich ging auf der Stelle zu ihm hin.

Wir haben nicht viel geredet. »Was machst du nach der Show?« fragte Sam offen heraus.

Ich erzählte ihm, daß mein Mann und ich uns gerade getrennt hätten. Sam hatte vor kurzem seine Freundin Marcy verlassen, also schien alles perfekt. »Möchtest du, daß ich mit zu dir nach Hause komme?« fragte er.

Als ich darauf wartete, daß Sam sich anzog, war ich in einem Zustand wundervoller Erwartung und kalter Angst. Er folgte meinem Wagen auf seinem Motorrad, und wir schlängelten uns durch die Straßen. Es war wie im Traum. An einer Stelle gab Sam mir einen Wink, ich solle das Fenster herunterdrehen. Dann schrie er durch den Wind: »Übrigens ... hast du es gern, wenn man deine Muschi leckt?« Der Schock dieser Worte ließ es zwischen meinen Beinen noch heißer werden. Ich liebte oralen Sex sehr – doch Daniel hatte nie etwas dafür übrig gehabt.

Wir hatten eine unglaubliche Sexnacht. Sam wußte wirklich, wie man eine Frau liebt. Er zählte zu den aggressivsten und doch sinnlichsten Liebhabern, die mir begegnet sind, aber er redete auch gern und ermutigte mich, ihm zu sagen, wie ich es am liebsten hätte. Nachdem ich sieben Jahre einen Mann geliebt hatte, der Phantasie für ein Fremdwort hielt, war Sex für mich zu einer mechanischen Übung geworden. Doch dies hier war wunderbar! Statt sich zu weigern, den Kopf zwischen meinen Schenkeln zu vergraben, schien Sam es zu genießen. Im Gegensatz zu Daniel war es mit ihm auch noch zwanzig Minuten noch nicht vorbei. Es dauerte zwei Stunden, in denen er mich in unglaublichen Höhen brachte, ehe ich mich allmählich abkühlte.

Mitten in der Nacht kam mir ein grauenhafter Gedanke. Was war, wenn alles zu schön war, um wahr zu sein? Was war, wenn Sam damit rechnete, daß ich ihn bezahlte? Irgendwie gelang es mir, mich zu überwinden und ihn danach zu fragen. Sam schaute mich nur an und lachte. »Also, wenn ich nicht von vornherein nach Geld frage, wäre ich doch eine ziemlich doofe Nutte, oder nicht?«

Die Nacht mit Sam gab meinem Selbstvertrauen einen großen Schub. Ich wußte zwar, daß wir nicht auf eine »Beziehung« aus waren, aber ich entdeckte dankbar, daß ich ganz und gar auf einen Mann reagieren konnte. Sam bemühte sich, Verständnis für das zu zeigen, was mir mit Daniel passiert war; er bekam auch mit, daß ich kaum noch etwas aß, also fütterte er mich sehr romantisch mit Obst und kümmerte sich eine Weile um mich.

Daniel und ich hatten keinen echten Kontakt mehr. Ich fuhr in die Stadt und ließ die Türschlösser auswechseln. Das ist wohl das erste, was man tut, wenn einer geht. Einmal, als er mich anrief, ging es um seine Sachen. Seine Baseballschläger. Er hatte sogar den Nerv gehabt, etwas von dem Fleisch mitzunehmen, das ich gekauft hatte. Ich wollte ihn aus meinem Leben streichen und hatte nicht vor, ihn jedesmal, wenn er kommen wollte, hereinzulassen. Daniel hatte auch nie ein freundliches Wort für mich, nicht einmal dann, wenn er anrief und meine Erlaubnis erbat, vorbeizukommen zu dürfen. Im Hintergrund hörte ich dann immer Doreens Stimme; sie gab ihm Anweisungen und flüsterte ihm zu, was er sagen sollte.

Obwohl ich meinen Abschluß nun gemacht hatte und fleißig nach einer Stelle suchte, hatte ein Teil meines Ichs keine Vorstellung von dem, was ich tat. An Daniel zu denken, mich nach Sams Zärtlichkeiten zu sehnen und Daniel im gleichen Atemzug zu hassen machte mich verrückt. Früher hatte ich gehofft, ich könnte mich auf Daniels Hilfe verlassen, wenn ich meine Praxis aufbaute, aber da er nun nicht mehr da war, sah ich keine Chance, meinen Doktor zu machen. Meine Eltern fingen an, mir Geld zu schicken. Ich wollte es nicht annehmen, aber ich hatte keine Wahl. Insgesamt gesehen war es gefühlsmäßig eine sehr verwirrende Zeit.

An meinem ersten Sonntag als Single fuhr ich mit Kerry und ihrer geschiedenen Mutter zum Jachthafen. Es war ein typischer Ort, an dem sich Alleinstehende trafen, und mir war fast so, als wäre ich aus einem Traum erwacht. Plötzlich wurde ich mir all der alleinstehenden Frauen bewußt, die mich umgaben. Wir schienen ein ganzer Stamm zu sein, der mit Kriegsbemalung in Form von Mascara und Lippenstift auf der Pirsch war und mit Hoffnung im Herzen das Restaurant bevölkerte. Würde ich für den Rest meines Lebens allein sein?

Von diesem Augenblick an wurde ich ein sorgenfreies Partygirl. Tagsüber kämpfte ich darum, mir eine eigene Praxis als Therapeutin aufzubauen, abends tat ich alles, was mir zusagte. Ich ging wenigstens zweimal am Tag in Jane Fondas Laden. Obwohl ich von den anderen Kursteilnehmerinnen alle nötige Unterstützung bekam, war ich angespannter als je zuvor. Doch – es kann zwar sein, daß ich innerlich zerriß, aber äußerlich sah ich toll aus! Es dauerte, wie üblich, nicht lange, bis ich wieder fit war. Nach keinem Trauma meines Lebens war ich je ganz am Boden gewesen. Vielleicht überlebe ich so. Entweder bin ich sehr dumm oder sehr stark. Ich weiß es selbst nicht genau.

Sam half mir dabei, aber die Geschichte dauerte nicht lange. Wenn wir miteinander schliefen, ging es zwar heiß her, aber sonst war nichts. Einmal planten wir sogar ein richtiges Samstagabend-Rendezvous, ich fegte in die Stadt, um mich für diese Gelegenheit neu einzukleiden. Wir hatten abgesprochen, uns in einem Café in der Nähe seiner Wohnung zu treffen; ich war schick in Schale und sah niedlich aus. Er war noch nicht da. Ich wartete. Und wartete. Ich rief ihn mehrmals zu Hause an, erreichte aber immer nur seinen Anrufbeantworter. Das ging eine ganze Stunde so. Dann mußte ich einen widerwärtigen Kerl abwimmeln, der mich unbedingt abschleppen wollte. Da ich allein war, dasaß und lauwarmen Kaffee trank, erklärte ich der Kellnerin schließlich meine miese Lage. Sie sah mich wissend an. »Willkommen im Single-Club von L. A.«, sagte sie.

Sam tauchte nicht mehr auf. Am nächsten Tag kam eine fadenscheinige Entschuldigung in Form einer irren Geschichte; verrücktes Geschwätz über einen Freund, der einem Raubüberfall zum Opfer gefallen war, bla, bla. Das war Sams Ende, aber ins Queen Mary ging ich noch immer. Es gab eine Menge anderer Tänzer, unter denen man wählen konnte. Und dies wurde meine persönliche Herausforderung. Abend für Abend ging ich in den Club, um zu sehen, wie viele Tänzer ich einsammeln konnte.

Steven war der nächste. Auf der Bühne nannte er sich »Heavin Steven«. Er kam wie ein Bauarbeiter kostümiert heraus, dann zog er ein Maßband aus der Hose, und wir schauten zu, wie es immer länger wurde, während wir uns fragten, ob sein Schwanz ebenso wäre. Vor der Affäre mit Sam hatte ich angenommen, daß Männer wie er im Bett wahrscheinlich nichts brachten; da sie möglicherweise den größten Teil ihrer sexuellen Energie auf der Bühne verbrauchten, war hinterher vielleicht nicht mehr viel übrig. Aber glücklicherweise zeigte sich, daß das nicht stimmte. Steven war ein ebenso guter Ficker wie Sam.

Mein Alkohol- und Drogenkonsum nahm gewaltig zu. Ich bin sicher, daß es das war, was es mir erlaubte, frei und ohne großes Nachsinnen mit meinem Körper umzugehen. Bei einem Burschen, mit dem mich eine Lehrerin aus Jane Fondas Laden zusammenbrachte, war es auch so. Ich fuhr zu seiner Wohnung und kippte ein paar Drinks. Dann weiß ich nur noch, daß wir es auf dem Boden trieben und daß ich mich fragte, wie ich dort hingekommen sei. Männer wie er waren nur auf Abenteuer für eine Nacht aus. Niemand nahm mich ernst. Keiner konnte sich vorstellen, daß ich ein verletztes kleines Mädchen war, das sich hinter der Maske der sorglosen Schlampe versteckte. Sie wollten mich nur haben – und ich gab ihnen, was sie haben wollten. Und immer habe ich dabei gedacht, es würde mir Spaß machen. Ich war zwar Therapeutin, aber ich brauchte dringend selbst eine. Mein Hirn war schwindlig. Und wider Willen liebte ich Daniel noch immer.

Aber ob ich ihn nun liebte oder nicht, ich wußte, daß ich mir einen Anwalt nehmen mußte. Eigentlich brauchte ich natürlich keinen, aber ich war so wütend auf Daniel, daß ich mich an ihm rächen wollte. Ich wollte ihm die Scheidung so schwierig wie möglich machen. Ich wollte ihm so wehtun, wie er mir wehgetan hatte. Bald darauf stritten sich dann unsere Anwälte. Ihr härtester Kampf ging um eine uralte Stereoanlage. Sie gehörte zwar eindeutig Daniel (ein Geschenk seines Vaters aus Teenagerzeiten), aber ich tat so, als wollte ich sie unbedingt haben. Mein ganzer Zorn, alle Gefühle des Betrogenseins konzentrierten sich auf die Schlacht um den blöden kleinen Plattenspieler. Daniel und ich haben uns nicht ein einziges Mal zusammen hingesetzt, um die Auflösung unserer Ehe zu besprechen. Das einzige Mal, daß wir einem solchen Gespräch nahekamen, fand statt, als wir gezwungen waren, unsere Einkommensteuererklärung für das Jahr zu erstellen. Als ich ihn traf, um die Formulare zu unterschreiben, sorgte ich dafür, daß ich so attraktiv wie möglich aussah. Daniel war kalt und tat so, als bemerke er es nicht, stimmte aber zögernd zu, eine Tasse Kaffee mit mir zu trinken. »Ich bin gegangen, weil du mich auf einen Sockel gestellt hast, Alice«, versuchte er zu erklären. »Du hast etwas aus mir gemacht, was ich nicht sein konnte. Ich war zu sehr ein Bestandteil deines Lebens.« Diese Dinge stimmten zwar eindeutig für den Anfang unserer Ehe, aber nicht für die Zeit, in der sie auseinandergebrochen war. Warum hatte er mir *vorher* nichts davon gesagt? Vielleicht hätte ich mich dann geändert. Vielleicht hätten wir daran arbeiten können. Ich glaube, das wahre Problem war, daß ich Daniel in den letzten Monaten unserer Beziehung *nicht* auf einen Sockel gestellt hatte. Das hatte ihm gefehlt. Und ich hatte mich verändert; er konnte mit meiner Unabhängigkeit nicht fertig werden.

Monate später kam er vorbei, um mir irgendwelche Papiere zu bringen. Ich hatte eine Freundin eingeladen, weil ich nicht allein mit ihm sein wollte. Mein Zorn auf ihn war nun nicht mehr so intensiv. Vielleicht war ich auch weicher geworden, denn schließlich gestand ich ihm die Stereoanlage zu. Daniel schaute mich sehr traurig an. »Ach, Mopsi ...«, sagte er. Dann versagte seine Stimme. Mopsi war einer seiner blödesten Kosenamen für mich gewesen; ich konnte es nicht ertragen, ihn wieder zu hören, und brach in Tränen aus. Daniel und ich hielten uns schweigend eine Weile in den Armen. Dann war er wieder weg.

Die schreckliche Traurigkeit der Situation war für mich die reinste Pest – die ungelösten Dinge, die ungesagten Worte. Ich verstehe nur sehr schwer, wie Daniel mich hat lieben können und doch so einfach aus meinem Leben gegangen ist. Noch immer wünsche ich mir, wir könnten Freunde sein. Es würde mir gefallen, mit ihm zu telefonieren und über unser Leben zu tratschen, bloß um zu wissen, was er macht. Vielleicht sollte ich wütender auf ihn sein als ich bin, aber ich habe mich nie gut dabei gefühlt, meinem Zorn Ausdruck zu verleihen.

Etwa eine Woche nach seinem Auszug versuchte ich, mich meinen Gefühlen in einer Selbsthilfegruppe zu stellen. Es war ein wunderbarer Samstagnachmittagskurs, den Lou Yablonsky leitete. Seine Technik wurde Psychodrama genannt, eine sehr intensive Therapieform, in der man wie auf der Bühne traumatische Erfahrungen seines Lebens nachspielt. Ein anderer tritt als *alter ego* auf und spricht die Dinge aus, die man vielleicht denkt, aber nicht zu sagen wagt. Andere übernehmen die Rolle des Bösewichts, und man stellt sich ihnen so, wie man es in der echten Situation nicht gewagt oder getan hat.

Lou fing damit an, indem er über Beziehungen im allgemeinen sprach. Ich hatte mich ganz hinten im Tagungsraum versteckt. Plötzlich hatte ich den Eindruck, daß sein Blick mich voll durchbohrte. »Wieso habe ich das Gefühl, daß ich direkt zu dir spreche?« fragte er. Ich holte tief Luft und erklärte, mein Mann hätte mich vor einer Woche verlassen. Damit war ich die perfekte Kandidatin, um das erste Psychodrama zu gestalten.

Zwei andere aus der Gruppe spielten Daniels Rolle. Ein Mann stellte den ursprünglichen Daniel dar, den aus unseren glücklichen Zeiten in New York, der andere spielte den späteren, den gefühllosen, stets abwesenden Menschen, mit dem ich in all den Jahren verheiratet gewesen war. Ein Mädchen spielte Doreen. Man ermutigte uns, ein »Bataka« einzusetzen – ein Schaumstoffkissen –, um unseren Zorn auszudrücken. In dieser kontrollierten Sitzung konnten wir wild um uns schlagen, uns treffen, wehtun und laut schreien, wenn wir wollten. Obwohl ich schluchzte, obwohl ich wütend war, hatte ich große Schwierigkeiten, echte Wut über den Doreen-Charakter zu artikulieren. Ich habe ein- oder zweimal halbherzig auf sie eingeschlagen, aber mehr nicht. Nicht einmal symbolisch konnte ich meinen Feinden Grausamkeit entgegenzubringen.

Nachdem Daniel und ich uns getrennt hatten, richtete ich den größten Teil meiner Energie darauf, eine Lizenz als Ehe-, Familien- und Kindererziehungsberaterin zu bekommen. Im Staat Kalifornien muß man, bevor man praktizieren darf, einen Magistertitel in klinischer Psychologie nachweisen, den ich gerade erworben hatte. Dann braucht man dreitausend Stunden klinischer Erfahrung und schließlich muß man eine mündliche und schriftliche Prüfung bestehen. Während meines Studiums in Antioch hatte ich an zwei Pflichtpraktikum-Lehrgängen teilgenommen, die zwar ein paar Stunden erbracht hatten, aber ich brauchte noch viel mehr.

Ich wurde nebenberufliche Beraterin im Southern California Counseling Center. Von ausgebildeten Profis überwacht, bekam ich eine regelmäßige Klientenzahl zugewiesen. Wie ich vermutet hatte, machte mir das Therpeutendasein Spaß. Ich entdeckte, daß ich eine Menge Mitleid mit den Menschen hatte und außerdem eine gute Zuhörerin war. Doch das knappe Gehalt erschwerte es mir, ein ordentliches Leben zu führen. Ich wußte, daß ich ein zusätzliches Einkommen brauchte, aber die Suche nach einem Zusatzjob erwies sich als fruchtlos. Die Krankenhäuser neigten dazu, Magister aus dem Sozialarbeitsbereich anzuheuern, statt solche aus der klinischen Psychologie. Die Folge war, daß ich mich mit zahllosen unbefriedigenden Teilzeitjobs herumschlug. Einer war an einer Schule für verhaltensgestörte Kinder, ein schauriger Arbeitsplatz, da die Kinder oft sehr wild waren. Da ich so klein bin, fiel es mir nicht leicht, die Schüler körperlich zur Räson zu bringen. Dann gab es ein Programm für Schizophrene. Man ging von der Vorstellung aus, sie in einer Heimumgebung zu halten, wo ein Team sie überwachte, das sie von morgens bis abends beobachtete. Da es unser Ziel war, sie in die Gesellschaft einzugliedern, mußten sie auch einen Arbeitsplatz haben. Ich sollte mich um zwei Patienten kümmern. Einen mußte ich täglich zu seinem Job als Wagenwäscher begleiten. Das einzige Problem, war daß *ich* schließlich den Wagen wusch, während er in meinem Auto saß und den fremden Stimmen lauschte, die fortwährend mit ihm sprachen. Ein anderer Bursche war zwar nicht schizophren, aber chronisch depressiv; kein Wunder, weil er ungeheuer fettleibig war. Sein Fluchtmechanismus bestand darin, sich durch Essen abzulenken. Er übte den Job eines Landschaftsgärtners in einem örtlichen Skakey's Pizza Parlor aus, und ich mußte den ganzen Tag dasitzen und zusehen, wie der riesige Mann sich bückte und den Rasen mähte. Verständlicherweise fand ich diese Arbeit ungeheuer deprimierend. Ich hatte zwar einen Magistertitel, aber ich plackte mich mit einem Sammelsurium von Jobs ab, die mir nur sieben oder acht Dollar pro Stunde einbrachten.

Eines Tages bekam ich ein vielversprechendes Angebot, das mir helfen konnte, eine Praxis zu gründen und zu lernen, wie man Workshops organisierte. Ein Mann namens Fred Schafter rief mich an. Er war erst neunundzwanzig, hatte sein Examen in Antioch gemacht und suchte nach einem »äußerst speziellen Praktikanten«, mit dem er seine

Praxis teilen wollte. Er lud Kerry und mich zu einem Informationsgespräch ein. Während unseres Treffens wurde mir bewußt, daß Fred nicht nur von meinen Referenzen beeindruckt war, sondern auch von mir als Frau. Kerry mochte ihn nicht und stufte ihn sofort als überheblichen und verschlagenen Burschen ein. Ich fand Fred zwar sehr ansehnlich, aber auch verwirrend. Außerdem beeindruckten mich seine gelassene Art und sein schickes Büro in Santa Monica. Fred rief mich noch am gleichen Abend an, bot mir den Job an und versprach, mir beim Aufbau einer Praxis zu helfen und mir einen Haufen seiner Klienten zu überweisen. Er selbst war schon sehr erfolgreich im Abhalten von Selbsthypnosekursen; als Prämie wollte er mir diese Kunst beibringen, damit auch ich an diesem Phänomen verdienen konnte. Es war das aufregendste Angebot, das ich seit langem bekommen hatte.

Die Zusammenarbeit mit Fred erwies sich dann aber als großer Fehler. Er redete zwar viel, rührte aber keine Hand für mich. Schon anfangs waren viele Dinge ungesagt geblieben, und ich merkte bald, daß ich für sein angebliches Talent und sein Wissen bezahlen mußte. Als Praktikantin war es unbedingt erforderlich, daß ich unter Aufsicht arbeitete. Fred erklärte sich zwar bereit, als meine Aufsicht zu fungieren, aber ich mußte ihm pro Woche vierzig Dollar für das Privileg zahlen, und außerdem wollte er Miete für den Büroraum haben, wenn ich mit Klienten zusammen war. Im Grunde war es gar keine Partnerschaft, und es gab auch keine Patientenüberweisungen an mich. Wie ein Gebrauchtwagenhändler in der Welt der Psychologie pries Fred sich nur pausenlos selbst an. Wo er auch hinging, überreichte er den Leuten seine Broschüre; er überredete mich sogar dazu, zu den örtlichen Großmärkten zu gehen und sie dort zu verteilen. Ich war eine verlorene Seele auf der Suche nach einem Mentor, und Fred füllte diese Lücke gern aus. Zwar schwelte der sexuelle Zündstoff zwischen uns weiterhin, aber ich wußte, daß Fred nicht zur Verfügung stand. Jeder wußte es. Fred lebte mit Sally zusammen, einer der intelligentesten Dozentinnnen in Antioch; sie war mindestens zwölf Jahre älter als er.

Doch Freds Beziehung zu Sally hielt uns auf Dauer nicht davon ab, etwas miteinander anzufangen. Wir starrten uns zwei Wochen lang sehnsuchtsvoll an, und unser gegenseitiges Verlangen kochte leise vor sich hin. Freds dunkelblaue Augen durchdrangen mich bis ins Innerste – und am Ende der zweiten Woche waren wir zusammen. »Was wollen wir gegen die irre Anziehungskraft zwischen uns unternehmen?« fragte er eines Tages offen heraus.

An diesem Abend machten wir es auf seinem Schreibtisch. Es war eine heiße, rein körperliche Beziehung. Wir blieben bis drei oder vier Uhr morgens im Büro. Ich hockte auf den Knien und nahm ihn in den Mund, während er hinter seinem unaufgeräumten Schreibtisch saß. Oder er zog mir den Rock über die Hüften und nahm mich auf dem Teppich ganz einfach von hinten. Hinterher gingen wir nach Hause, jeder in seine eigene Wohnung. Ich hatte anfangs nichts dagegen, Fred mit einer anderen zu teilen, besonders nicht nach dem Chaos mit Daniel. Fred war auf gewisse Weise eine sichere Beziehung für mich, da er ja mit Sally zusammen lebte. Ich brauchte keine Angst zu haben, daß er hinter einer anderen Frau her war, da *ich* die andere Frau war. Unter diesen Umständen gefiel mir meine Rolle besser.

Ich verliebte mich Hals über Kopf in Fred, auch wenn er mich für das Privileg zahlen ließ, daß er mein Mentor war. Natürlich bewunderte ich ihn auch, wollte so sein wie er und von ihm lernen. Doch auch Fred erwies sich wieder mal als Typ, der einem das Gefühl vermittelte, man könne ihm nichts recht machen. Wenn er mit einem Klienten telefonierte, zog er mich oft hinterher beiseite, um mir zu erzählen, wie ich mein Telefoniergeschick verbessern könne. Dann war er wieder ganz anders und sagte, welch großes Potential ich besäße; ständig sprudelte er verwirrende, chaotische Botschaften hervor. Freds Praxis wuchs und gedieh dabei. Sein Terminkalender war stets voll, aber im Gegensatz zu seinen Versprechungen überwies er mir nie Klienten.

Um die Sache noch komplizierter zu machen, erfuhr Sally von unserem Verhältnis. Ich nehme an, wir haben auch nicht viel getan, um es zu verheimlichen. Jeder in unserer

Umgebung wußte davon, und so war es nur eine Frage der Zeit, bis Sally informiert war. Zuerst hatte ich ein schlechtes Gewissen, weil ich wußte, wie man sich in ihrer Lage fühlte, doch Sally nahm alles sehr gelassen auf. Nachdem es einmal bekannt war, fand sie sich damit ab.

Im Dezember fuhr Sally ins Ausland, um Weihnachten in Indien zu verbringen, und als sie weg war, war ich mehr als glücklich, ihre Bettseite in Beschlag zu nehmen. Ich zog zeitweise zu Fred und mußte überrascht feststellen, daß er ein äußerst religiöser Jude war. Obwohl er nicht über den Gelüsten des Fleisches stand, heiligte er den Sabbat. Das bedeutete, daß er Freitag abends nicht ausging. Es machte mir Spaß, ihm bei der Zubereitung eines tollen Abendessens zu helfen und besonders beim Konsum großer Mengen Sabbatweins dabei zu sein. Es war die einzige Möglichkeit für Fred, mich Freitagabend im Haus zu halten. Das und die Aussicht auf leidenschaftliche Liebe.

Obwohl ich noch immer verletzlich war, hatte ich keinen Therapeuten, um mein Innenleben zu diskutieren. Nachdem Daniel und ich endgültig auseinander waren, zeigte mein alter Psychologe (der gleiche, der früher von meinen Prügelphantasien so peinlich berührt gewesen war) keine Art der Reaktion. Er schien kein Mitleid zu kennen. Ich stellte meine Besuche bei ihm bald ein und stieß zu meinem Glück auf einen Mann namens Walter Black. Es war ein erfreulicher Wechsel. Walter kümmerte sich nicht nur viel um mich, er war auch ein absolut aktiver Mensch. Mit seiner Hilfe erkannte ich allmählich, daß Fred eine narzißtische Persönlichkeit war und daß ich als gefühlsmäßige Masochistin genau das war, was er brauchte. Von Walter erfuhr ich, daß Narzißten Masochisten anziehen wie Flammen eine Motte. Narzißten schätzen sich besonders hoch ein und haben nur wenig Mitleid mit anderen. Als Masochistin hatte ich immer Männer aufgegabelt, die mich heruntergemacht hatten und nicht zu haben waren. Das hatte zu einem konstanten Schmerz- und Sehnsuchtsgefühl geführt, außerdem hatte ich viel von dem Leid und dem Verlustgefühl, das ich seit Daniels Auszug empfand, auf Fred übertragen. Fred wurde ein neuer Schmerz, den ich mit Alkohol fortspülte; ein neuer Grund, mich behaglich zu betäuben.

Ein Gutes hatte Fred jedoch bewirkt: er hatte mich überzeugt, daß ich Single-Gruppen etwas beibringen konnte. Dadurch erweiterte sich mein meist aus Frauen bestehender Klientenkreis um ein paar Männer, und einer davon war Al, ein ziemlich nervöser Bursche, der sich scheiden lassen wollte. Ich beriet auch seine Frau, und schließlich redete ich mit beiden zusammen. Lebhaft und vergnügt sah ich, daß sie aufblühte, als sie stärker wurde, und endlich beschlossen die beiden, getrennte Wege zu gehen. Das Wissen, ihr geholfen zu haben, füllte mich aus, aber ich war auch etwas neidisch, daß sie die Kraft hatte, das zu tun, was ich nie gekonnt hatte – aus einer gestorbenen Beziehung auszusteigen.

Normalerweise hätte ich etwa zwei Jahre gebraucht, um auf die dreitausend für meine Zulassung nötigen Stunden zu kommen, aber aufgrund meiner zahlreichen Aktivitäten erfüllte ich die Erfordernisse schnell. Ich traf noch immer Patienten in Freds Büro, besprach mit ihnen ihre Fälle und half anderen Menschen, aber ich selbst schien unfähig zu sein, mir aus meiner destruktiven Beziehung zu Fred herauszuhelfen. Und da ich selbst geistig gehemmt war, konnte ich kaum glauben, daß ich in der Lage wäre, anderen zu helfen. Doch die Beweise lagen vor. Manchen meiner Patienten ging es besser, und sie kamen nicht mehr wieder. Das freute mich, aber andererseits konnte ich nichts gegen das Gefühl unternehmen, selbst hilfsbedürftig zu sein.

Schließlich konnte ich nicht mehr bestreiten, wie schrecklich sich meine Beziehung zu Fred auf mich auswirkte. Ich machte Schluß mit ihm, bekam einen anderen Mentor und traf meine Klienten nun in meiner Wohnung. Allmählich kam ich mir sehr alleingelassen vor. Wieder einmal.

Nach Fred war ich gefühlsmäßig erneut ziemlich unten. Ich hatte keine echten Lebensziele, ich wollte nur überleben. Als ich mit Fred zusammengekommen war, hatte ich aufgehört, ins Queen Mary zu gehen; jetzt, da er weg war, eilte ich wild erregt in den Club zurück. Irgendwie haben mich die Eine-Nacht-Nummern nie gestört. Mir schien, daß die Tänzer für gar nichts anderes zu haben waren. Ich wollte nicht einmal, daß sie bis zum nächsten Morgen blieben – sie sollten es nur bringen und dann wieder gehen. Einmal sagte ein Mann in einer Single-Bar zu mir, ich sähe aus wie eine Verlorene. Bevor ich einen klaren Gedanken fassen konnte, war ich in seiner Wohnung. Das war vor AIDS, also habe ich mir nie irgendwelche Sorgen gemacht, außer vielleicht über Herpes. Es gab Kokain, doch ich habe es damals nur genommen, wenn es gratis zu haben war. Ich erinnere mich schwach daran, mit dem Burschen, dessen Name mir heute nicht mehr einfällt, jeden vorstellbaren ungehemmten Akt gemacht zu haben – Dinge, die man mit praktisch Fremden nicht tun sollte. Als ich am nächsten Morgen wach wurde und ihn mir genau ansah, war ich sofort abgestoßen. Wie war es nur dazu gekommen, daß ich es mit ihm getrieben hatte?

Das Leben der Tänzer erschien mir sehr anziehend, und ich wurde von der Vorstellung kommerziellen Sexes geradezu verlockt. Wenn ich zusah, wie sie sich vor dem jubelnden Publikum auszogen, fragte ich mich, ob ich dazu auch fähig wäre. Die Dollarscheine quollen nur so aus ihren Höschen hervor. Welch ein Spaß, auf diese Art sein Geld zu verdienen! Sich sexy und aufreizend aufführen – zum Teufel noch mal, ich verhielt mich doch ebenso sexy, aber ich wurde nicht dafür bezahlt. Konnte ich vor fremden, erwartungsvollen Männern meine Titten wippen lassen? Jetzt gab es doch nichts mehr, was mich davon abhalten konnte.

Ich beneidete die Tänzer um ihr Dasein. Wenn ich einen von ihnen mit nach Hause nahm, wurde ich zu einem Teil des Programms. Nachdem ich den ganzen Abend lang ihre knackigen Ärsche und ihre dicken, schlaffen Schwänze gesehen hatte, war ich ganz schön geil. Dann wollte ich einen von ihnen haben. Irgendeinen. Sam. Steven. Wen, war egal. Die Frauen standen Schlange, um mit ihnen zu reden. Auch andere Frauen wollten sie haben, und es erregte mich, wenn einer mich auswählte, um mit ihm ins Bett zu gehen. Es war, als hätte ich einen Preis oder sowas bekommen.

Als ich eines Tages im Queen Mary auf die Toilette ging, fiel mir eine Frauenrunde auf, die sich um eine Dame scharte, die den Club regelmäßig besuchte. Cathy hatte gerade gestanden, ein paar Nächte zuvor auf dem Parkplatz eines anderen Striplokals namens »Filthy McNasty's« vergewaltigt worden zu sein. Und ich war da – die Vergewaltigungsberaterin, die sie retten konnte. Wir unterhielten uns kurz und tauschten unsere Telefonnummern aus. Ich wollte Cathy nicht nur helfen, sondern war auch froh, eine Freundin gefunden zu haben, der die männlichen Stripper ebenso gefielen wie mir. Meine Kommilitoninnen hätte man in einem Laden wie dem Queen Mary nicht mal tot aufgefunden. Cathy hatte zwar ein sehr hübsches Gesicht, aber sie war extrem übergewichtig. Bald erfuhr ich, daß wir viel mehr gemeinsam hatten als nur eine Vergewaltigung. Cathy trank sich gern einen an und fickte ebenso oft wie ich. Auch sie ging gern mit den Strippern ins Bett, und so besuchten wir bald die Clubs gemeinsam. Cathy trieb sich schon länger in der Szene herum als ich, also konnte ich eine Menge von ihr lernen.

Eines Abends machte sie einen interessanten Vorschlag. Sie hatte zwei Freunde, die mich kennenlernen wollten. Ernie und Raul waren Geschäftsleute, denen in Burbank eine Firma für Filmzubehör gehörte. Als Ehemänner waren ihre Möglichkeiten, einen draufzumachen, auf besondere Anlässe beschränkt. Es war die Zeit, als Champagner und Kokain überall in Massen zu haben waren. Das übliche Szenario sah so aus, daß Cathy high wurde und mit den beiden fickte, aber Ernie bat sie fortwährend, eine Freundin mitzubringen, die an dem Spaß und den Spielchen teilnehmen sollte. Cathy versicherte mir, daß die beiden besser wären als sämtliche Tänzer, und eines Abends nahmen wir uns vor, sie beiläufig zu besuchen. Nur auf einen unverbindlichen Drink, dachte ich. Da Raul nicht abkömmlich war, erklärte sich Ernies Schwager Lon bereit, die Lücke zu füllen. Sie hatten ein Zimmer direkt neben Howard Johnson's gemietet, an der Ecke zum Hollywood Freeway. Schon der Gedanke an die Begegnung erregte mich; ich kam mir wirklich verdorben und wagemutig vor.

In ein schwarzes Trikot und ein ausgebeultes, gestreiftes Hemd gekleidet, sah ich wirklich wie eine frische Bordsteinschwalbe aus, fühlte mich jedoch eher wie eine Hure, die zu einem Hausbesuch unterwegs war. Als ich eintraf, hatten sie schon mit der Party angefangen. Die Burschen waren nicht das, was ich erwartet hatte; sie schienen Anfang Vierzig und eindeutig keine Typen wie die männlichen Stripper. Lon, eine häßliche, zerknitterte Version von Paul McCartney, reizte mich nicht im geringsten. Er griff mir fast auf der Stelle an den Arsch und an die Titten. Ernie und Cathy knutschten schon. Ernie war etwas jünger als Lon und gefiel mir ganz gut. In der Bude gab's Kokain, und ich schniefte ein paar Lagen, um aufzuholen. Bald darauf verspürte ich keine Hemmungen mehr, aber so high ich auch wurde, mit Lon wollte ich nichts machen. Ich flüsterte Cathy meine Unzufriedenheit zu, und wenige Minuten später war Lon verschwunden.

Dann waren nur noch Ernie, Cathy und ich da, in einem Hotelzimmer voller Koks, und mit Champagner abgefüllt. Ernie nahm mich in die Arme und küßte mich sehr leidenschaftlich. Das Gefühl seiner Zunge in meinem Mund gefiel mir, und ich gab mich hin und entkrampfte mich. Plötzlich spürte ich Feuchtigkeit an meiner Muschi – es war Cathy, die meinen Kitzler leckte und saugte. Jetzt verstand ich, warum sie bei Männern nicht besitzergreifend war – ihr gefielen auch Frauen. Wahrscheinlich machte es sie an, mir und ihrem Freund zuzuschauen. Vom Kokain bedröhnt, hatte ich mein erstes sexuelles Erlebnis mit einer Frau. Es war ein sehr eigenartiges Gefühl. Ich bemühte mich fortwährend, mir einzureden, daß es eigentlich keinen Unterschied machte. Warum auch nicht, solange es sich schön anfühlte? Die Drogen versetzten mich in die Lage, fast alles zu tolerieren, selbst etwas, das ich nicht so gut fand. Ich kann zwar nicht sagen, daß mir der Dreier nicht gefallen hat, aber Sex mit mehr als einem Menschen ist eben nicht so intim und innig, wie es eigentlich sein sollte.

Ernie verließ uns gegen ein Uhr morgens, um nach Hause zu seiner Frau zu gehen, und der Gedanke, mit Cathy allein zu bleiben, versetzte mich fast in einen Zustand der Panik.

Ich fürchtete mich davor, daß sie den Wunsch hatte, mit mir weiterzumachen, zum Glück war es aber nicht so. Statt dessen bestellten wir uns ein Frühstück und verbrachten die Nacht wie zwei kichernde Teenager auf einer Schlummerparty. Am nächsten Morgen ging ich. Cathy blieb noch eine Nacht, weil es ihr Spaß machte, Ernie eine saftige Rechnung zu hinterlassen und den Zimmerservice so oft anzurufen, wie es ihr in den Sinn kam.

Nach dieser Nacht beschloß Cathy, mit einigen Tänzern Dreier zu organisieren. Da es in dem Lokal voller williger Damen nur fünf Männer gab, dachten Cathy und ich, unser »Marktwert« würde steigen, wenn wir uns zusammentaten. Die meisten Männer hatten die Wunschvorstellung, es mit zwei Frauen zugleich zu treiben, und wir waren mehr als bereit, ihnen diesen Luxus zu schenken. Obwohl ich nicht auf Frauen stand, behagte mir doch die Vorstellung, mir einen Tänzerschwanz mit Cathy zu teilen. Steven und Sal waren in der Regel reif fürs Abschleppen, wenn wir sie in richtiger Laune antrafen. Steven gefiel mir besonders. Er war groß, wunderbar gebaut und hatte, um Cathy zu zitieren, »einen Pimmel, der nie aufgab«. Es gelang uns ein paarmal, Steven und Sal zusammen zu verführen, und der Sex und die Drogen ließen in diesen Nächten keine Pause zu. Meist fing alles mit einem sinnlichen Strip an, den wir Damen vollführten, und dann gab es nichts, was wir nicht taten; nichts, was wir auf unserer endlosen Suche nach Lust nicht ausprobierten. Einmal bat Cathy mich, bei einem Dreier mit einem Burschen mitzumachen, mit dem sie verabredet war. Das konnte ich nicht verstehen. Wie konnte sie es ertragen, einen Mann mit mir zu teilen, an dem ihr wirklich etwas lag? Mich würde so etwas in den Wahnsinn treiben. Cathy aber erregte es über alle Maßen, da es beide Seiten ihres bisexuellen Charakters ansprach.

Der Thanksgiving Day bestand in diesem Jahr für uns also nicht aus dem traditionellen Truthahnessen und Kleidervorzeigen. Cathy und ich zogen uns Champagner und Kokain ein, dann kreuzten wir über den Santa Monica Boulevard, um uns die sexy aussehenden Stricher anzusehen. Von unserem Verführungsgerede aufgeheizt, kamen wir schließlich ins Queen Mary. Da an diesem Abend keine männlichen Stripper auftraten, schauten wir uns die Transvestitenshow an. Alles, was sich mit Sex beschäftigte, war uns recht, und schließlich beschlossen wir, mal ein richtiges Abenteuer zu erleben. Auf dem Heimweg lasen wir einen Anhalter auf und stürzten uns auf dem Rücksitzes meines Wagens auf ihn. Er konnte sein Glück kaum fassen. Man hatte ihn nicht nur mitgenommen – er hatte nun auch zwei Frauen! Wir rissen ihm die Kleider vom Leib und zerrten an seinem Reißverschluß. Cathy grinste. Sie machte alles, wozu sie Lust hatte, und deswegen mochte ich sie. Sie traute sich, das zu tun, was ich immer hatte tun wollen, und nun tat ich es auch.

Irgendwie gelang es mir trotz all dieser Dinge, meine Praxis weiter zu betreiben. Mir war, als führte ich ein Doppelleben. Einerseits war ich die pflichtbewußte, besorgte Therapeutin, und nachts führte ich ein Leben wie eine Nutte.

In meiner normalen Tagesexistenz besprach ich mich pro Woche mit acht bis zehn regelmäßigen Klienten. Keiner von ihnen war allzu krank. Sie waren das, was ich gern »normale Neurotiker« nenne. Die meisten waren zufällig weiblich. Mit einer, Debbie, traf ich mich wirklich gern. Sie war Ende Zwanzig und als Sekretärin tätig. Debbie wollte eigentlich nur über die Männer in ihrem Leben und die vergangenen und anstehenden Beziehungen reden. Eines abends, nachdem sie ein paar Monate lang wöchentlich einmal zu mir gekommen war, versetzte sie mir einen echten Schock. Sie erzählte mir, daß sie die Phantasie hatte, verdroschen zu werden. Ich hätte am liebsten ekstatisch und erleichtert »Du auch?!« geschrien. Es war das erste Mal, daß jemand zugab, die gleichen Phantasien zu haben wie ich. Bevor ich Debbie kennengelernt hatte, war meine Phantasie so unwirklich gewesen wie das abseitige Zeug, das man in Zeitschriften liest. Bei den wenigen Gelegenheiten, wo ich es gewagt hatte, Daniel oder meinem alten Therapeuten gegenüber meine Wünsche zu erwähnen, waren die Reaktionen katastrophal ausgefallen, und ich war inzwischen überzeugt davon, daß noch nie jemand das gleiche Verlangen gehabt hatte wie ich. Da ich mir sicher war, die Vorstellung, durch Prügel scharf zu werden, müsse krank und abartig sein, war ich echt erschreckt, als Debbie diese Dinge ohne weiteres zur Sprache brachte.

Sie erzählte, sie hätte einen Israeli kennengelernt und ihm ihre verrückte Idee mitgeteilt. Er war zwar bereit gewesen, sie zu verhauen, aber später war es ihr peinlich gewesen, und sie hatte es sich anders überlegt. Monate später hatte sie eine in L. A. erscheinende Zeitung namens *Free Press* aufgegabelt; sie bot allerlei sexuelle Dienste an. Ich hatte gar nicht gewußt, daß es solche Zeitungen gab, und wußte, daß ich schon morgen eine Ausgabe der *Free Press* kaufen würde. Debbie hatte tatsächlich den Mut gefunden, einen der Kerle anzurufen, die dort Prügelinserate aufgaben, aber als er ans Telefon gekommen war, hatte der Mut sie verlassen, und sie hatte aufgelegt. Während ich ihren Enthüllungen zuhörte, hätte ich ihr am liebsten erzählt, daß ich sie wirklich verstand. Auch ich wollte mich einem Mann unterwerfen und verdroschen werden. Aber als Therapeut sollte man seine persönlichen Gefühle immer für sich behalten und stets ein objektiver Zuhörer sein. Immerhin merkte ich, daß ich errötete, als Debbie von ihren Phantasien berichtete. Es war mir unbehaglich und peinlich. Oder im Therapeutenjargon ausgedrückt: Wenn man zu sehr von dem Problem eines Klienten berührt wird, kommt es zu einer »Gegenübertragung«. Na schön, Debbie drückte eindeutig auf mein Sexknöpfchen.

Am nächsten Abend hatte ich keine Patienten und saß allein zu Hause. Ernie rief mich an. Da sein Freund Raul noch immer Lust hätte, mich kennenzulernen, wollten sie in meine Wohnung kommen. Ich sagte zwar zu, rief aber sofort Cathy an – wegen emotionaler und körperlicher Unterstützung. Obwohl sie nicht kommen und sich zu uns gesellen konnte, hatte sie einen Vorschlag. »Fick mit beiden«, sagte sie sachlich. »Ich tue es auch immer.« Um mich zu entspannen, nahm ich eine Quaalude, und Ernie und Raul tauchten bald mit ein paar billigen Flaschen Champagner auf. Zunächst hatte ich den Eindruck, daß uns eine wilde Nacht bevorstand, aber dann stellte sich heraus, daß es nur ein kurzer Zwischenhalt werden sollte. Sie waren auf dem Weg zu ihren Frauen. Bedröhnt, geil und der Möglichkeit ins Auge schauend, die Nacht allein verbringen zu müssen, pulsierte meine Klitoris. Ich *mußte* es mit ihnen treiben und zerrte Ernie ins Schlafzimmer. Raul lehnte freundlich ab, da er darauf bedacht war, zu seiner Frau zu gehen, die bei Spaghetti und Fleischklößchen auf ihn wartete. Nach knapp zwei Minuten spritzte Ernie auf meinen Bauch ab, und ich selbst hatte nicht die geringste Chance gehabt, zum Höhepunkt zu kommen. Draußen im Wohnzimmer winselte Raul, er müsse jetzt gehen. Ich bettelte Ernie an, zu bleiben und mich fertigzumachen. Aber er zuckte die Schulter und küßte mich auf die Stirn. Auch seine Frau wartete zu Hause.

Hoch immer high und geil, wußte ich nicht, was ich mit mir anfangen sollte. Dann fiel mir Debbies beiläufige Erwähnung der *Free Press* ein, und ich eilte hinunter und kaufte die neueste Ausgabe, sowie einen Beutel Maischips zum Knabbern. Als ich die ganzen S/M-Inserate in der Zeitung sah, war es mehr, als ich ertragen konnte. Ich zog mir das Höschen herunter, und brachte mich in Rekordzeit mitten auf dem Wohnzimmerboden zum Orgasmus. Während ich noch keuchte, bemerkte ich, wie früh es noch war und dachte, daß ein Abend daheim mit einem Beutel Maisschips nicht das war, wonach ich lechzte.

Ich wußte nicht, wen ich anrief und wußte nicht einmal, auf was ich mich einließ oder was ich suchte. Aber ich lernte es sehr schnell. Die meisten der großen und gestylten Anzeigen waren von Bondage-Salons aufgegeben worden, die ihr Angebot offerierten: eine Tracht Prügel, Dominas, Unterwürfige. Obwohl ich nicht genau wußte, was das meiste davon bedeutete, war mir doch eines klar: In diesen Läden waren wahrscheinlich Frauen tätig, und ich war nicht daran interessiert, von einer Frau verdroschen zu werden. Nur eine Anzeige bot die Dienste eines Mannes an, aber mein Glück war an diesem Abend nicht dienstbereit. Ob ich einen Termin ausmachen wolle? Nein, zum Teufel. Ich wollte es *jetzt!* Ich rief noch eine Nummer an. Das erste, wonach mich die Frau am anderen Ende fragte, war meine Kreditkartennummer. Ich hatte gar keine. Nach der Scheidung waren alle Kreditkarten Daniels vernichtet worden.

»Bist du dominant oder unterwürfig?« wollte sie wissen.

Das waren neue Worte für mich.

»Unterwürfig ... glaube ich«, sagte ich.

Als sie mich fragte, auf was ich aus sei, dankte ich ihr für ihre Zeit und sagte, ich würde am nächsten Tag wieder anrufen. Aber ich wußte, ich würde es nicht tun, und wollte schon aufgeben. Da las ich plötzlich eine Anzeige, die mich wirklich faszinierte. »Sir William befiehlt seiner Sklavin Aurora, unterwürfige Damen zu finden, die ihm dienen. Paare OK. Keine finanziellen Interessen.« Ich muß zugeben, das »keine finanziellen Interessen« interessierte mich, doch niemand ging ans Telefon. Erst als ich gerade auflegen wollte, kam jemand an den Apparat.

»Ja«, sagte eine recht autoritäre männliche Stimme. Nicht »Hallo«, sondern »Ja.«

Ich fragte ziemlich ängstlich: »Können Sie mir erklären, was Ihre Anzeige zu bedeuten hat?«

»Nun«, sagte er, »wenn du's nicht weißt, sollest du sie lieber wieder vergessen.« Und dann legte er tatsächlich einfach auf!

Die meisten Menschen hätten an dieser Stelle aufgegeben, aber ich schätze, die Masochistin in mir ließ nicht locker. Ich tätigte noch ein paar Anrufe, aber sie waren alle gleich – Bondage-Salons, die auf Kreditkartennummern scharf waren. Schließlich war ich so verzweifelt, daß ich beschloß, Sir William noch einmal anzurufen. Er muß meine Stimme wiedererkannt haben. »Was willst du?« fragte er müde. Ich stotterte und stammelte herum und versuchte ihm zu erklären, daß ich zwar Phantasien habe, mich aber fürchtete, sie auszusprechen. Plötzlich wurde seine Stimme sanfter. Da ich nicht wollte, daß er wieder auflegte, holte ich tief Luft und platzte heraus: »Ich wollte schon immer verdroschen werden.« Und außer Atem fügte ich hinzu: »Ich weiß, daß es verrückt ist.« Die Stimme am anderen Ende der Leitung lachte leise. »Ach, ist das alles? So verrückt ist das gar nicht.« Wußte er denn nicht, wie entsetzlich es für mich war, das Wort »verdreschen« vor einem anderen nur auszusprechen? Wußte er denn nicht, daß ich mich für pervers und abartig hielt? Wußte er denn nicht, daß die Gesellschaft mich schneiden würde, wenn sie davon erfuhr? Sir William fing an, mit mir zu reden. Seine Grob- und Barschheit war wie weggeblasen. Dies war ein Mann, der mir meine Phantasien nachfühlen konnte und sie verstand. Ich seufzte vor Erleichterung. Seine Reaktion beruhigte mich, als sei ich zu einem Arzt gegangen, um zu entdecken, daß ich statt Krebs nur einen Vierundzwanzigstundenvirus hatte.

Plötzlich erzählte Sir William mir, daß ich davon träumte, ein großer starker Mann werde mich wie ein kleines Mädchens übers Knie legen. Er müsse energisch, sinnlich und stattlich sein. Und ich wisse auch genau, daß er, nachdem er mich versohlt hatte, eine unglaubliche Nummer mit mir schieben würde.

»Möchtest du übers Telefon bedient werden?« fragte er.

»Nein«, sagte ich schnell. »Ich möchte …«

»Du willst verdroschen werden«, knurrte William sexy. Er beschrieb sich als hochgewachsenen, dunkelhaarigen, stattlichen Mann von neunundzwanzig Jahren, mein Traummann. Er war zudem ein *Herr*. Das war wieder ein neues Wort, aber ich war sicher, ich würde herausfinden, was es bedeutete.

William wohnte in Glendale, zwanzig Minuten von mir entfernt. Wir verabredeten uns in einem nahegelegenen Café, um uns erst einmal zu unterhalten. Und um mich weiter zu beruhigen, fügte er hinzu: »Wenn man sich so kennenlernt, ist es sicherer, als einen Fremden in einer Bar aufzugabeln.« Das verstand ich vollkommen. Meine Neugier war geweckt, ich war reif für ein Abenteuer, fuhr auf den leeren Parkplatz und war eher erregt als nervös. Das Café hatte geschlossen, aber William stand da und erwartete mich. Ich wußte sofort, daß er nicht mein Typ war. Von seiner Beschreibung her hatte ich einen männlichen, muskulösen Motorradfahrertyp in schwarzem Leder erwartet. William dagegen sah aus wie ein Angestellter mit einer dicken schwarzen Hornbrille und war gewiß eher vierzig als seine angeblichen neunundzwanzig Jahre alt. Ich wollte auf der Stelle umkehren, aber dann beschloß ich, es könne ja nichts schaden, mal mit ihm zu reden. Schließlich hatte ich schon einiges riskiert.

Mein Geisteszustand wechselte vom steifen Schwanz zum schlaffen. Enttäuscht folgte ich William in ein naheliegendes Café. Er erklärte mir sehr freundlich, daß er schon seit Jahren in der S/M-Szene aktiv sei. »So, du wolltest also schon immer verdroschen werden«, sagte er lächelnd. Woher wußte er das so genau? Sah man es mir etwa an? Dann kam eine Frage über meine Kindheit – ob meine Eltern mich als kleines Mädchen verhauen hätten. Das letzte, was ich diskutieren wollte, war meine schimpfende Mutter. »Laß uns doch über was Geiles reden«, dachte ich. William muß es mir am Gesicht angesehen haben. Er konzentrierte sich wieder auf das Thema Prügeln, und schon als ich das Wort hörte, schmolz ich dahin. Bis heute ist es nicht nur die körperliche Handlung, die mich in höchste Erregung versetzt. Wie ein Pawlowscher Hund macht es mich sofort geil, wenn ich nur das Wort höre. Als wir uns darüber unterhielten, fing ich am ganzen Leib an zu zittern, und während ich mit einem völlig Fremden über mein größtes Geheimnis sprach, schwankte meine Stimme wie eine bebende Untertasse. Zum ersten Mal im Leben sprach ich wirklich frei und ehrlich über mein Bedürfnis nach Dresche. Und es war auch das erste Mal, das ein Zuhörer genau verstand, wovon ich redete.

William ließ mich quasseln. Schließlich verstummte ich.

»Du bist eine echte Unterwürfige«, sagte er dann. Wieder dieses Wort. Ich wußte noch immer nicht genau, was er meinte, aber William erklärte es mir. »Du hast ein echtes Bedürfnis, daß man dir sagt, was du tun sollst. Du kannst es nicht ertragen, Entscheidungen zu fällen. Im Grunde weißt du nicht, was du mit dir anfangen sollst. Du bist am glücklichsten, wenn du einem Mann dienst. Dir gefällt das Gefühl, beherrscht zu werden und hilflos zu sein.«

Woher kannte William all meine Geheimnisse? Auch

wenn ich wußte, daß er nicht mein Traummann war, sein Gerede erregte mich über alle Maßen neu. Ich wünschte mir mehr als je zuvor, verdroschen zu werden. Bald fand ich dann heraus, daß William tief in die S/M-Lebensart verwickelt war. Wenn er als *Herr* mit einer Frau zusammen war, mußte sie seine unterwürfige Sklavin sein. Und er überzeugte mich auf der Stelle davon, daß ich wirklich eine echte Unterwürfige war. Je mehr er redete, desto überzeugender klang er.

»Du brauchst in deinem Leben einen Mann, der dir sagt, was du tun mußt, und der dir die Richtung zeigt«, beharrte er. Dies war zwar schwer mit meiner feministischen Überzeugung zu vereinbaren, ergab aber in vielerlei Hinsicht einen Sinn. Seit Daniel gegangen war, hatte ich mich verloren gefühlt. Ich wußte zwar, daß ich etwas brauchte, aber ich wußte nicht genau, was. Ich wünschte mir jemanden, der mich formte und gleichzeitig sexuell erregte.

Aus Williams Mund klang es positiv, unterwürfig zu sein. Er erzählte mir lächelnd, daß er noch nie jemanden mit meinem Potential kennengelernt habe. »Ich könnte dich mit nach Hause nehmen«, sagte er, »dich übers Knie legen und versohlen. Aber dir steht noch viel mehr bevor, Alice.« Nun, ich wollte mit ihm losziehen. Ich wollte verdroschen werden. Aber es gab noch viele Fragen. Würde er mich wieder zum Freeway bringen, wenn es vorbei war? Würde er Spuren auf meinem Körper hinterlassen? Würde er mir weh tun? Als wir zur Tür gingen, drehte ich mich plötzlich zu ihm um und fragte: »Aber ich war doch nicht böse, und ich habe auch nichts falsch gemacht. Warum werde ich dann verdroschen?« Williams Blick durchbohrte mich. »Ach so, du brauchst einen Grund.« Er dachte kurz nach. »Was, glaubst du, würden deine Freunde wohl denken, wenn sie wüßten, daß du auf ein Inserat in einem Schmuddelblatt geantwortet hast und mit einem Typen nach Hause gefahren bist, um dich von ihm verdreschen zu lassen? Glaubst du, sie würden sagen, daß du ein böses Mädchen bist?«

Ich wußte nicht, was ich sagen sollte.

»Ich bin sicher, auch sie wären der Meinung, daß du eine ordentliche Tracht verdient hast, Alice.«

Als wir zum Wagen gingen, zitterten meine Knie. Vielleicht sah ich sogar so ängstlich aus, wie mir zumute war.

»Keine Sorge«, versicherte William mir. »Ich werde mich deiner schon ordentlich annehmen.«

8

Sir William

Die Straßen schlängelten sich die Hügel hinauf, die Los Angeles einrahmen. Bei meinem schrecklichen Orientierungssinn war ich sicher, daß ich mich auf dem Rückweg zum Freeway verfahren würde. Aber zumindest würde mein Arsch dann angenehm von der Tracht Prügel prickeln, die Sir William mir verabreichen wollte. Schließlich kamen wir an. William wohnte in einer furchteinflößenden, sehr abgelegenen Ecke. Sein Zuhause war eigentlich nur eine Hütte mit Schlafzimmer. Er hätte mich ermorden und im Vorgärtchen vergraben können; niemand hätte es je erfahren. Die Hütte sah aus wie eine Sommerlaube von Charles Manson, und doch war ich hier und konnte es kaum erwarten, mit einem fremden Mann hineinzugehen, um mir meine irrsinnigen sexuellen Phantasien zu erfüllen.

Als wir das Haus betraten, klingelte das Telefon. William sagte, ich solle mich hinsetzen und warten, bis er fertig sei. Ich hörte, wie er mich dem Anrufer beschrieb. »Yeah«, sagte er mit einem leisen Lachen, »bei mir sitzt eine schnuckelige kleine Blondine, die nur darauf wartet, daß ich sie verhaue. Sie wartet ganz geduldig und hat einen hübschen rosa Hosenanzug an.« Mir fiel auf, daß er mit einer Frau sprach, da er nach ihrem Herrn fragte. Sie klangen wie Mitglieder einer Geheimorganisation. Später erfuhr ich, daß William sich mit Martin und Marlene unterhalten hatte, einem Paar, das ebenfalls sehr auf S/M stand. Marlene war eine hundertprozentige Sklavin und trug Ringe in den durchstochenen Brustwarzen. Alles klang so barbarisch, so absolut finster und böse. Laut William zwang Martin Marlene dazu, nackt herumzulaufen; sie durfte nur Schuhe mit extrem hohen Absätzen tragen. Mir fiel dazu nur ein, wie unbequem dies sein mußte. Es kam mir auch nicht sehr sexy vor; ich selbst lief in meiner Wohnung gern barfuß und in einem alten T-Shirt herum, und ich hielt es einfach für ein bißchen zu bizarr, nackt auf spitzen Absätzen umherzustapfen. Überhaupt nicht meine Wellenlänge. Ich wollte nicht in andere Dimensionen reisen, sondern nur wie ein kleines Mädchen den Hintern versohlt kriegen.

Eigenartigerweise rief Martins und Marlenes Beziehung in mir die gleichen Gefühle hervor wie die Lektüre der *Geschichte der O*. Dieser Roman ist eine Art Bibel für Menschen, die mit S/M zu tun haben. Er beschreibt die Geschichte der totalen Liebe einer Frau zu einem Mann. Die Frau namens O ist von dem Mann so besessen, daß sie zustimmt, an einen Ort namens Roissy gebracht zu werden, wo man sie als willige Gefangene festhält. Sie wird gezwungen, Kleider zu tragen, die ihre Vorder- und Kehrseite jedem Mann zugänglich machen, der sich bedienen möchte. O wird nachts angekettet und jeden Tag von einem Kammerdiener geschlagen. Später wird sie von ihrem Liebhaber an seinen Mentor verschenkt, einen älteren Mann. Obwohl O ihn anfangs nicht mag, gehorcht sie ihm, um ihrem Geliebten zu gefallen und um zu zeigen, daß sie eine gute Sklavin ist. Die Auspeitschungen hatten mich zwar fasziniert, aber der Rest stieß mich aufgrund meiner feministischen Einstellung ab und verwirrte mich. Als William sein Telefongespräch beendet hatte, durchwanderte mein Geist die Gedankenwelt der O.

Bevor wir anfingen, erwartete ich eigentlich ein liebenswürdiges Gespräch mit ihm. Doch plötzlich wurde sein Gesicht grimmig, und seine Augen blickten hart. »Zieh deine Kleider aus«, befahl er.

»Was?« keuchte ich mit ängstlicher Stimme.

»Du hast mich schon verstanden«, sagte William.

Etwas an seinem Tonfall sagte mir, daß es unklug wäre, nicht zu gehorchen. Ich knöpfte meinen Hosenanzug auf und ließ ihn langsam zu Boden sinken. William schubste mich gegen die Wand und sagte, ich solle die Beine spreizen und mich so hinstellen, als würde ein Polizist mich abtasten. Ich spreizte die Beine und hob die Hände über den Kopf. William ließ seine Hand langsam über meinen Körper gleiten. Er nahm keine sexuellen Handlungen an mir vor, da ich ihm im Café klargemacht hatte, daß ich es nicht mit ihm treiben, sondern nur verdroschen werden wollte.

Kurz darauf klatschte seine flache Hand auf meinen Arsch. Es tat überhaupt nicht weh. Nach zehn Hieben empfand ich noch immer keinen Schmerz. Eigentlich fühlte es sich eher angenehm an – aber es war nicht genau das, was ich ersehnte. Ich wollte, das William sich wie ein zorniger Papa oder Freund aufführte. Der Rollenspiel-Aspekt war mir wichtig. Heute erkenne ich meine Sehnsüchte als Vorwand für eine bestimmte »körperliche Bestrafung«, die sich vom üblichen S/M unterscheidet. Es geht weniger darum, daß man sich unterwürfig zeigen will, man will eher eine kleine Szene aufführen. Nun, dieses Verlangen war sehr speziell, und William befaßte sich mehr mit allgemeinem S/M.

Aber ich mußte gehorchen. Aus irgendwelchen Gründen wollte William, daß ich »Sir« zu ihm sagte. Zudem wies er mich an, nach jedem Schlag »Vielen Dank, Sir«, zu sagen. Obwohl ich mir wie eine Angehörige von König Arthurs Tafelrunde vorkam, gab ich nach. William ließ mich im Verlauf des Abends viele unterschiedliche Prügelstellungen einnehmen. Auf allen vieren. Kniend auf einem Stuhl. Flach auf dem Bauch. Über einer Ottomane ausgebreitet – seine Lieblingsstellung. Er wies mich an, ich solle mitzählen und ihm nach jedem Hieb danken. »Eins – vielen Dank, Sir … Zwei – vielen Dank Sir …« Ich kam mir vor wie eine Studentin, die einen S/M-Schein machen muß. Williams Spiel war eher psychologisch orientiert, und ich wurde des Zählens bald müde.

Fast kam ich mir wie eine Beobachterin vor, die sich die Szene ansah. Wieso kapierte William nicht, worum es mir wirklich ging? Warum bezeichnete er mich als Schlampe, Luder und Hure? Was sollte das ganze »Sir«-Gebrabbel? Wir spielten stundenlang Spielchen. Er ließ mich sogar seine Schuhe lecken. »Wessen Lustschlampe bist du?« verlangte er zu wissen.

»Die Ihre, Sir«, erwiderte ich demütig.

»Sag es!«

»Ja, Sir, ich bin die Ihre.«

»Und was bist du?«

»Ich bin Ihre Schlampe, Sir. Ich bin Ihre Sklavin, Sir.«

Anfangs hatte ich ein schlechtes Gewissen, da William ja versprochen hatte, mich zu verhauen. Aber es dauerte nicht lange, da merkte ich, daß wir *zwei* Lieblingsphantasien aufführten. Er tat mir gar keinen Gefallen. Ich trug unwissentlich zu seinem verbalen Erniedrigungs- und Schlampen-Trip bei, wollte aber doch nur eine einfache Tracht Prügel haben. Davon bekam ich nicht genug. Es war zwar nicht so, daß meine Erfahrung insgesamt unerfreulich war, aber sie entwickelte sich nicht so, wie ich es erhofft hatte. William hielt drei Stunden durch, und ich glaube wirklich, er hat gedacht, es würde mich anmachen, aber in Wirklichkeit hatte ich zwiespältige Gefühle. Schließlich saß William auf dem Sofa und schaute zu, wie ich durch den Raum kroch. »Und welche Position soll die Sklavin als nächste einnehmen?« fragte er.

»Ich möchte über Ihren Knien liegen«, sagte ich.

Er gewährte es mir: »Na schön, *Sklavin.*« (Ich fragte mich fortwährend, warum er mich so nannte.) »Dann kriech durchs Zimmer und drapiere dich über meine Knie.«

Kriechen ... drapieren. Schon die Worten erregten mich. Langsam kroch ich auf ihn zu. Sobald ich wußte, daß er meinen nackten, ihm gänzlich ausgelieferten Arsch sah, empfand ich eine unglaubliche Erregung. Es ist eine sehr geile Position, auf den Knien eines Mannes zu liegen, da der Schritt dann mit seinem Knie in direkte Berührung kommt. Die Empfindsamkeit der Vulva und der Klitoris wird von der Wucht der Hiebe gesteigert. Ich empfand absolute körperliche und geistige Erregung.

Also hob ich den Arsch an und erwartete gierig jeden von Williams Hieben. Jeden Schlag kostete ich aus und hatte das Gefühl, für immer so weitermachen zu können. Die Anmache lag für mich in der Schelte und der Bestrafung, aber auch in der Vorstellung, dazu gezwungen zu werden, sich auf seine Knie zu legen. Der Gedanke an den Schmerz erregte mich nicht so sehr. In dieser Hinsicht haben die meisten Menschen eine falsche Meinung. Es ist nicht der Schmerz selbst, der erregt, sondern die *Erwartung*, ihn gleich verabreicht zu kriegen. Wenn man hochgradig in Fahrt ist, verwandelt das Hirn den Schmerz dann in Lust. William machte keinen Versuch, mir zwischen die Beine zu fassen. Er versohlte mir nur den Hintern, und ich zuckte pausenlos. Schließlich hielt er inne und befahl mir aufzustehen.

Wir legten eine Atempause ein, rauchten sitzend eine Zigarette und besprachen das Erlebnis. Das war das Interessante an William: Wenn das Spiel zu Ende ging, war er, auch wenn er sich im Rollenspiel selbst verlor, ein sehr verständnisvoller Freund und guter Zuhörer. »Sag mir genau, wie du dich jetzt fühlst«, sagte er.

»Ich freue mich so, daß es endlich passiert ist«, gab ich zu. »Ich wollte, solange ich denken kann, immer verdroschen werden. Aber ich weiß nicht, wie ich mich morgen fühle. Ob ich mich dann vielleicht nicht mehr ausstehen kann?« Ich dachte schon an die Verabredung, die ich am nächsten Abend mit einem absolut normalen Ex-Geliebten aus dem College hatte. Und ob ich es wagen würde, meinem Seelenklempner von diesem Erlebnis zu berichten? Mir schien, als hätte ich die Grenze »gesellschaftlich akzeptablen« Verhaltens überschritten. Zwar hatte ich endlich den Mut aufgebracht, den tiefen, finsteren, geheimen Teil meines Ichs zu erforschen – aber wie sollte ich dieses masochistische Bedürfnis je mit den anderen »normalen« Teilen meines Lebens in Einklang bringen? Ein Teil meines Ichs fühlte sich erleichtert, doch der andere schämte sich. Wir unterhielten uns fast eine Stunde lang, und während der ganzen Zeit bemühte sich William, mich dazu zu bringen, Stolz zu empfinden, weil ich mich endlich »offenbart« hatte. Er sagte mir, wie gut ich sei und welch unglaubliche Prügel ich ertragen könne, und tat sein Bestes, um meine Negativgefühle in positive zu verwandeln. »Du bist die geborene Sklavin«, betonte er. Ich hatte mich zu nichts in meinem Leben je »geboren« gefühlt. Für alles, was ich errungen hatte, war ich gezwungen gewesen, verdammt hart zu arbeiten.

William räumte mir die Freiheit ein, ihn jederzeit zu besuchen, falls ich das Verlangen danach hatte. Kein Wunder, daß er so entzückt über das war, was ich getan hatte. Erst später erfuhr ich, daß er fest daran glaubte, daß eine dominant/unterwürfige Beziehung die beste aller Lebensarten sei. Auf der »Lifestyle«-Tagung in Las Vegas (1990), einem Fest, auf dem alternative Lebensformen zelebriert werden, hat er später einem Paar zugeschaut, das ein S/M-Spielchen miteinander machte. Der »Herr« hatte die Frau leicht mit seiner Peitsche bearbeitet, während sie sich mit anderen unterhielt. »Wenn sie *meine* Sklavin gewesen wäre«, sagte William päpstlicher als der Papst, »dürfte sie mit niemandem reden. Dann müßte sie stumm und mit gesenktem Blick in der Ecke stehen.« Wie absurd, dachte ich. Die beiden waren doch auf eine Party gegangen! Sie hatten sich vergnügen wollen. Trotzdem sollten sich Sklavinnen seiner Meinung nach so verhalten, und deswegen hat er auch versucht, mich entsprechend zu erziehen. Ich dagegen bin der Meinung, daß es gut ist, alle Sexspiele zu spielen, die man spielen möchte. Das ist das Schöne daran: Es braucht keine Regeln zu geben. S/M sollte nicht todernst genommen werden. Es gibt auf dieser Welt keine echten Sklaven und Herren. Wir sind alle gleich. Man kann sich zwar vornehmen, das Spiel so echt zu gestalten, wie man möchte, aber man muß auch in die Wirklichkeit zurückkehren können. Und Sadomasochismus ist nun einmal nicht die wirkliche Welt.

Sir William wollte mich ursprünglich auf einen ganz anderen Weg führen. Er ist der ernsthafteste »Herr«, dem ich in den acht Jahren, seit ich mit S/M zu tun habe, begegnet bin. Er wollte mich zur Unterwürfigen erziehen, da er meinte, ich sei reif dafür. Man brauchte sich nur anzusehen, wie gehorsam ich ihm an unserem ersten Abend in sein Haus gefolgt war. Wenn ich daran zurückdenke, ist es schade, daß meine erste Begegnung nicht mit jemandem zustande kam, der die Szene insgesamt leichter nimmt. Anfangs habe ich Williams Ansichten jedoch nicht in Zweifel gestellt. Ich hatte Angst vor ihm und wußte nicht genau, was er als nächstes tun würde. Und Furcht kann ein Aphrodisiakum sein. Allerdings hatte ich die Wahl – ich konnte mich zu seiner Leibsklavin ausbilden lassen, oder seine Bude gelegentlich als Lusthöhle verwenden.

Meine ehrliche Unterhaltung mit William trug dazu bei, daß ich mich viel besser fühlte. Es war erst ein Jahr her, seit Daniel und ich uns getrennt hatten, und ich erschien mir noch immer sehr verwundbar. Da ich hart arbeitete, mein Zulassungsexamen zu machen, war ich auch geistig erschöpft, und William hätte zu keiner besseren Zeit in mein Leben treten können. Ich hörte damit auf, ständig unterwegs zu sein und Kerle zu verführen, denn nun hatte ich ein anderes Spielfeld. Wirklich, William brachte mich dazu, daß ich mich als der Mensch, der ich war, besser fühlte. Ich erkannte plötzlich, daß viele anderen die gleichen Phantasien hatten. Aber da wir uns durch eine Sexanzeige kennengelernt hatten, konnte ich manchmal kaum glauben, daß er wirklich existierte.

In dieser ersten Nacht müssen wir uns bis vier oder fünf Uhr morgens unterhalten haben. William wollte mich, bevor ich ging, gern noch mal verdreschen, denn ich war noch immer sehr geil.

»Ich glaube, ich gehe lieber nach Hause und hol mir einen runter«, gestand ich ihm.

»Kein Problem«, sagte William. »Ich kann dich auch hier zum Höhepunkt bringen.«

Obwohl ich mich noch immer an unsere »Sex ist nicht«-Abmachung halten wollte, konnte ich sein Angebot nicht ablehnen, und William streichelte meine heiße Muschi dann auch so herrlich, daß ich den schnellsten und stärksten Höhepunkt meines Lebens hatte.

Er wirkte überrascht. »In dir steckt wirklich eine Menge unangezapfter Sexualität. Bist du dir eigentlich der Macht bewußt, die dir das verleiht?« Da William meine Phantasien erfüllt hatte, fühlte ihm mich ihm sexuell verpflichtet und nahm seinen Penis in den Mund. Zu meiner Erleichterung brauchte er nicht lange bis zum Höhepunkt. Bevor ich ging, legte er mich noch einmal übers Knie. Ich zählte die zwanzig klatschenden Hiebe laut mit. »Eins«, sagte ich glücklich. »Vielen Dank, Sir. Zwei, vielen Dank Sir.«

Schließlich schickte er mich mit heißglühendem Hintern wieder nach Hause.

Nachdem er mich zur Freeway-Auffahrt begleitet hatte, mußte ich ihm versprechen, ihn anzurufen, denn er wollte wissen, ob ich sicher zu Hause angekommen sei. Ich mußte fortwährend daran denken, wie lieb er gewesen war. Kein anderer Mensch hätte sich solche Sorgen um mich gemacht. Mein Therapeut mußte später darüber lachen. »Dann habe sie wohl den liebevollsten Sadisten der Welt kennengelernt. Er scheint ja viel netter zu sein als die Burschen, von denen sie mir bislang erzählt haben!«

In den nächsten Tagen fummelte ich fortwährend an mir herum und erlebte die Szene im Kopf ständig neu. Ich mußte immer daran denken, wie ich über Williams Schoß gelegen und meinen Kitzler an seinem Knie gerieben hatte. Als ich für die Zulassungsprüfung paukte, legte ich hin und wieder eine Pause ein, um mich zu streicheln. Mein Therapeut gratulierte mir, weil ich das, was ich mir so lange ersehnt hatte, endlich getan hatte. Es war zwar ein Risiko gewesen, mit einem Fremden mitzugehen, aber zum Glück war die Sache positiv ausgegangen. Damals dachte ich wirklich, nun sei es aus damit. Der Abend bei William sollte nur noch eine schöne Erinnerung sein; ich wollte mich nie wieder verdreschen lassen.

Mein Arsch war grün und blau (was normal bei denen ist, die sich zum ersten Mal eine Tracht verabreichen lassen). Da war nicht Williams Schuld, denn ich hatte nicht genug bekommen können. Jedesmal, wenn er mich geschlagen hatte, war ich ihm mit dem Arsch noch entgegengekommen.

Mein Rendezvous mit Peter, dem völlig normalen College-Kollegen verlief ereignislos. Er nahm mich zu einem Amway-Kongreß mit. Welch ein Unterschied! Am ersten Abend hatte ich in einer speziell eingerichteten Lasterhöhle S/M-Spielchen gespielt, und am nächsten befand ich mich auf einer Verkaufsmesse. Meine größte Angst war, daß Peter mit mir ins Bett gehen wollte. Ich konnte ihm doch nicht die Striemen auf meinem Po zeigen.

Ich sah William die ganze Woche nicht. Wenn ich zu meinen Erinnerungen masturbierte, genügte mir das voll. Aber bald holte ich die alte Zeitung wieder hervor und durchblätterte sie nach seiner Nummer. »Nur um Hallo zu sagen«, dachte ich, als ich ihn anrief. William lobte mich; ich sei eine brave Unterwürfige, sagte er, und ich sehnte mich danach, zu hören, daß ich in irgendeiner Sache kompetent war und daß mich jemand wirklich schätzte. William nannte meine Gefühle beim Namen und gab mir die Möglichkeit, sie zu artikulieren. Ich war nicht nur eine »Unterwürfige«, ich war auch eine *ausgezeichnete* Unterwürfige! Dies erklärte wahrscheinlich, warum ich nie aggressiv gewesen war und mich nie durchgesetzt hatte. Ich brauchte einen starken Mann, der mich führte. Unterwürfige erwählen sich dies zwar ohnehin, aber der Dominante verleiht ihnen die Kraft und gibt ihnen den Grund, so zu sein, wie sie sind. Als schüchterne Exhibitionistin wurde ich »gezwungen«, bestimmte Dinge zu tun, die ich eigentlich gern selbst tun wollte. Ich hatte mir in meiner Phantasie immer vorgestellt, jemanden kennenzulernen, der mich dazu brachte. Es war eine neue Version des alten Traumes vom Ritter in der strahlenden Rüstung. Wenn ich schlecht gelaunt oder nörgelig war, würde mich mein Traum-Beherrscher übers Knie legen und mir eine Abreibung verpassen; er würde keinesfalls einfach aus dem Haus gehen und mich ignorieren, wie Daniel es getan hatte. Dieser Mann würde mich wahrhaftig lieben. William war zwar nicht mein Traummann, aber er half mir, zu erkennen, daß ich keine Angst mehr zu haben brauchte. Solange ich jemanden hatte, der mich führte und vor dem Rest der Welt beschützte, konnte ich auf eigenen Beinen stehen.

Es war mir zu peinlich, meinen College-Freundinnen zu berichten, daß ich meine Phantasien nun ausgelebt hatte. Schließlich erzählte ich Laura aber von Marlene und ihren durchstochenen Brustwarzen. Für sie war es Verstümmelung eines Frauenkörpers. Der einzige Mensch, von dem ich irgendwelche Ermutigung bekam, war Cathy. Und dies geschah beinahe zufällig. Es war etwa zwei Wochen nach meiner Begegnung mit William, und Cathy war in meiner Wohnung. Als sie sich vor meinen Augen umzog, sah ich plötzlich, daß ein paar rote Stellen ihren Arsch zierten.

»Cathy, was ist passiert?« fragte ich ungläubig.

Sie suchte verlegen nach einer Antwort. »Ach, ich bin die Treppe runtergefallen«, sagte sie dann.

Ich wußte zwar, daß Cathy log, aber sie wollte nicht zugeben, woher die Striemen wirklich stammten. Dies war eine Chance, mich einer anderen Frau zu offenbaren. Ich konnte es nicht für mich behalten – ich mußte von meinem Erlebnis mit William berichten. Nachdem Cathy versprochen hatte, es keiner Seele zu erzählen, beschrieb ich ihr den Abend bei Sir William in allen köstlichen Einzelheiten. Cathy machte vor Interesse große Augen. Sie lachte nicht, wie ich befürchtet hatte. »Oh, Alice«, sagte sie verträumt, »ich muß ihn einfach kennenlernen.« Wie sich dann herausstellte, stammten die Striemen auf ihrem Hintern von Sexspielen mit ihrem Vetter. Er verhaute sie manchmal mit einem Gürtel, und sie war ganz wild darauf. Ich glaubte meinen Ohren nicht zu trauen, als sie über ihr Herumgekasperle auspackte.

»Manchmal fesselt er mich und hängt mich nackt an einen Dackbalken. Und wenn ich dann hilflos baumele, versohlt er mir den Arsch.« Ich wollte ihren Vetter kennenlernen, aber Cathy bat mich, zuerst Sir William anzurufen, damit sie ihn zu einem S/M-Abenteuer besuchen konnte. Ich gab schließlich nach und rief ihn an. Zum Glück war er zu Hause. Er schien immer da zu sein – eine geheimnisvolle Stimme am anderen Ende der Leitung, die ständig auf etwas wartete.

William schien die Aussicht, daß zwei Sklavinnen seiner Gnade ausgeliefert waren, zu faszinieren. Er gab mir deutliche Anweisungen. Wir sollten beide sexy aussehende Hot Pants und knappe Oberteile anziehn und sollten uns die Fingernägel knallig und nuttig rot lackieren. »Ihr seid Punkt 20 Uhr hier, sonst setzt es was«, sagte er und deutete an, daß uns schlimme Dinge passieren würden, wenn wir zu spät kämen. Cathy war sehr erregt; ich hatte großen Bammel und fragte mich, warum ich wieder zu ihm ging.

Auf dem Weg zum Treffpunkt verfuhr ich mich, wie üblich. Und deswegen kamen wir etwas zu spät. Sir William kochte, ich war mir sicher, er würde uns für die Bummelei bestrafen. Er befahl mir, daß ich mich neben ihn setzen sollte. Cathy steuerte meinen Wagen und folgte uns dich auf.

Als ich mit William allein war, fragte er mich über sie aus. Ich erzählte ihm alles, was ich wußte, auch daß wir uns im Queen Mary kennengelernt hatten. Und das Cathy immer geil war.

Als wir vor seinem baufälligen Häuschen ausstiegen, wurde William zu unserem Herrn. Seine Stimme war streng, sein Blick war kalt. Er führte Cathy hinein und befahl mir, im abgeschlossenen Wagen zu warten und den Kopf zwischen die Schenkel zu schieben. Dies war die Strafe für mein Zuspätkommen. Ich blieb fügsam sitzen, fragte mich, wie er Cathy wohl bestrafte, und tat genau das, was er mir befohlen hatte. Ich wartete und wartete. Es schien Stunden zu dauern. Ich nahm an, es war ein Teil der Anmache. Die Aura des Geheimnisvollen. Die Aura der Erwartung. Cathy und ich hatten schon eine Menge Spaß dabei gehabt, uns für dieses Abenteuer anzuziehen und herauszuputzen. Wir hatten uns peinlich genau geschminkt und uns gegenseitig die Nägel lackiert. Als wir fertig waren, kamen wir uns wie zwei geile Schlampen vor – und das war ein guter Grund für eine Bestrafung. Zu den wichtigsten Aspekten einer sadomasochistischen Beziehung gehört es, absolutes Vertrauen zu seinem Herrn zu haben. Obwohl ich William nicht sehr gut kannte, wußte ich doch genau, daß er nicht irre war und mir nie ernstlich wehtun würde.

Schließlich kam er heraus und führte mich ins Haus. Ich konnte kaum glauben, was ich zu sehen bekam. Cathy hockte splitternackt auf allen vieren da und trug ein Halsband und eine Hundeleine. Ihre Augen waren verbunden, sie hatte einen Knebel im Mund und ihre Brüste baumelten. Sie sah wie eine Perverse aus, wie irgendein groteskes, wildes Tier. »Wie gefällt dir deine Freundin jetzt?« fragte William, deutlich stolz auf seine persönliche Schöpfung.

Ich setzte zu einem langen, wortreichen Protest an. »Das kannst du doch nicht machen!« schrie ich ihn an. »Das ist schrecklich! Du hast ja keine Ahnung. Das Mädchen ist erst vor kurzem vergewaltigt worden. Du wirst sie völlig verkorksen ...«

William lachte über meine Naivität. Er nahm den Knebel

aus Cathys Mund. »Also los, Cathy, erzähl's ihr. Erzähl Alice, wie du dich fühlst.«

»Oh, Alice, es ist himmlisch«, stöhnte Cathy voller Lust.

Okay, dachte ich. Na schön. Allmählich verstand ich. Ich befand mich in der Welt des Sadomasochismus. Jetzt gab es kein Zurück mehr. William ließ Cathy mit in die Luft ragendem Arsch allein, packte mich, riß meinen Rock hoch, zog mir das Höschen herunter und legte mich übers Knie. Ich erhielt eine Tracht Prügel, und diesmal schrie ich, da er mir wirklich weh tat. Ich war weder high noch betrunken, und auch nicht sehr erregt. William schien Spaß daran zu haben, seine Aufmerksamkeit zwischen Cathy und mir zu teilen. Er peitschte Cathy aus, dann verdrosch er mich und schrie uns wegen unseres Ungehorsams an. Er war eindeutig auf seinem Trip, nicht auf unserem. Er zwang mich in die Grundstellung einer Sklavin – auf die Knie, mit gespreizten Beinen und als ich nackt vor ihm herumkroch, mußte ich seine Schuhe küssen.

Cathy und ich spielten die kleine Vorstellung immer wieder. Wir taten alles, was William sagte. Mir fiel auf, daß er mit Cathy viel grober umging als mit mir und sie körperlich härter herannahm. Cathy war seine Fessel-Queen, seine Weltmeisterin in Sachen Brustwarzenbehandlung. Bei mir befleißigte er sich mehr der verbalen Erniedrigung. Zwischen seinen strengen Befehlen setzte es viel Dresche. Ständig warf er einen Schuh auf den Boden und ließ ihn mich mit den Zähnen aufheben und zurückbringen.

Schließlich schaute ich ihn kichernd an und sagte: »Das ist ja wie bei einer Hundedressur.«

Auch William lachte. »Genau. Du bist meine Hündin.« Obwohl William ein ernsthafter Herr war, hatte er auch Sinn für Humor. Im Gegensatz zu anderen Herren und Herrinnen »gestattete« er auch Gelächter, wenn eine Situation komisch oder absurd wurde.

Nach dieser Episode kam ich immer öfter mit William zusammen. Er wollte, daß ich ihn jeden Abend um 23 Uhr anrief, und mir gefiel die Vorstellung, jemanden zu haben, bei dem ich mich melden mußte. Bevor die Zeit da war, fühlte ich mich oft sehr einsam, und bald lebten wir unsere Phantasien am Telefon aus. William wollte, daß ich ihm Geschichten über Erniedrigung erzählte. Er war erstaunt, daß jemand wie ich, der keine Ahnung von der S/M-Szene hatte, immer direkt aufs Ziel zusteuerte.

»Ich bin in einem Zimmer«, erzählte ich ihm dann, »völlig nackt, von Männern umgeben. Sie wollen mich alle haben. Sie sind schrecklich geil. Sie stehen im Kreis um mich herum, und ich liege auf dem Rücken und habe die Beine weit gespreizt.«

»Wie fühlst du dich?« fragte William.

»Wie ein verdorbenes kleines Mädchen. Ich bin die einzige Frau in diesem Raum. Die Männer reiben ihre Schwänze, bis sie anschwellen und steif werden, und ich schaue ihnen gern dabei zu. Dann spreize ich meine Muschi, damit sie sehen können, wie rosig ich innen bin.«

»Bist du aufgeregt?« ächzte William.

»Und wie«, erwiderte ich. »Ich möchte, daß sie mich fikken, alle Mann. Aber sie tun es nicht. Ich habe etwas Böses getan, deswegen quälen sie mich mit ihren Schwänzen. Keiner will mich anrühren, also mache ich es mir selbst.«

Ich wußte genau, daß William seinen Schwanz rieb, wenn er mit mir redete, und später lobte er mich mit lüstern belegter Stimme, das ich ihn als meinen Herrn mit Worten zu einem explosiven Orgasmus gebracht hatte. Er bat mich oft, ihm Geschichten über mich und eine andere Sklavin zu erzählen, und wenn ich die Augen schloß, kamen die Ereignisse zu mir, als wären sie wirklich passiert. Die Sklavin und ich kamen sehr gut miteinander aus, da wir beide darauf aus waren, unseren Herren Lust zu schenken. Manchmal peitschten wir uns gegenseitig, damit sie uns zuschauen und sich daran aufgeilen konnten. Wie Scheherazade erfand ich für meinen Herrn Geschichten. William bildete mich zum Gehorsam aus, und ich wollte ihn auf jede erdenkliche Weise beglücken. Ich war das liebe kleine Mädchen, und er war mein Papa, der mir ein Gefühl von Schutz und Wärme gab. Ich brauchte sein Lob; es ließ mich aufblühen.

Als ich feststellte, daß William mich sexuell anzog, war ich überrascht. Ein paar Wochen nach unserem ersten Dreier suchten Cathy und ich ihn erneut auf.

»Ist es erlaubt, seinen Herrn zu lieben?« fragte ich William, als wir allein waren.

»Ja, das kommt oft vor«, sagte er ziemlich milde. Nach seiner Ansicht waren wir nicht zwei Menschen, sondern spielten nur zwei Rollen.

In dieser Nacht war ich wild darauf, etwas Zeit mit ihm allein zu verbringen. Er brachte Cathy und mich in getrennte Räume und eilte von einer zur anderen. Da Cathy größere Aufmerksamkeit auf sich ziehen wollte, spielte sie das eigensinnige Kind, schüttelte ihre Sklavenrolle hin und wieder ab und schrie William an. Nachdem er sie ausreichend getadelt hatte, kam er in mein Zimmer und amüsierte sich mit mir.

»Was bist du?« fragte William.

»Ich bin eine Sklavin, Sir.«

»Was bist du noch?«

»Ich bin eine Schlampe. Ein geiles Tier. Eine Hure. Abschaum. Rotz. Müll, Sir.« Und das sagte ich nur, damit er mich verhaute!

Einmal zog William seine Schuhe aus. Ich hatte die Pflicht, seine Füße zu lecken, was mir ganz und gar nicht gefiel. Ich sagte es meinem Herrn, aber es machte ihm große Lust, mich dazu zu bringen, diese Pflicht zu erfüllen und damit meinen unterwürfigen Charakter zu bestätigen. Ich wollte nicht, daß William wütend wurde, weil er dann echt schlimm werden und sich Strafen ausdenken konnte, die ich aus dem High-School-Karzer kannte. Etwa indem er mich mehrere hundertmal »Ich muß eine gehorsame Sklavin sein« schreiben ließ, bis ich glaubte, mir fiele die Hand ab.

Als William mich allein ließ, um sich um Cathy zu kümmern, hätte ich zwar liebend gern gehört, was sie sprachen, aber ich brachte es nicht, sondern war sehr glücklich, als Cathy schließlich erschöpft in seinem Bett einschlief. Aus irgendeinem Grund malte ich mir aus, daß unsere sexuelle Begegnung romantisch und intim ausfallen würde, aber die

Realität hält oft der Phantasie nicht stand. William war ungefähr so sinnlich wie ein Mann, der in einer Peepshow wichst. Er ging immer direkt auf sein Ziel los und fickte schnell und ohne Sanftheit, doch in diesem Augenblick verlangte es mich so sehr nach ihm, daß ich mich gut fühlte. Ich hätte nur etwas mehr gebraucht, etwa seine Zunge an meiner Muschi, damit ich zum Höhepunkt gekommen wäre. Aber es war auch so in Ordnung. Es war besser, als allein zu sein.

Als es vorbei war, fühlte ich mich entspannt und zum Spielen aufgelegt. Normalerweise reichte es mir nach einer dominanten Szene, daß wir wieder zu Alice und William wurden und uns freundschaftlich unterhielten. Es war warm und gemütlich bei ihm auf der Couch, und meine Wünsche waren jetzt nicht darauf ausgerichtet, Sklavin oder Schlampe zu sein. Ich war eine Frau, die mit einem Mann schmuste, an dem ihr etwas lag. »Was würdest du tun, wenn ich dich mal verhauen oder beherrschen wollte?« fragte ich William unschuldig. Meine versteckte dominante Natur kam an die Oberfläche.

Der friedliche Augenblick wurde zerschmettert wie Glas; Williams Blick wurde kalt und durchdringend. Er knurrte plötzlich wie ein Hund, der sich gegen seinen Herrn wendet. »Sag *das* bloß nicht noch mal«, warnte er mich. »Sowas solltest du nicht mal denken. Wenn du es noch mal sagst, zwinge ich dich, das hier in der Öffentlichkeit zu tragen – um dich zu demütigen.« Er hob, um seinen Worten Nachdruck zu verleihen, eine Schweinemaske aus Gummi hoch und verdeutlichte mir damit, daß ich nie vergessen sollte, wer hier der Herr und wer die Sklavin war. Doch obwohl ich das Thema nicht mehr ansprach, war die neue Saat gelegt.

Nach dieser Nacht beschloß Cathy, der Stripper-Szene Adieu zu sagen, und das beeinträchtigte unsere Freundschaft, da ich nun noch mehr mit William zusammen war. Ich erbat für alles mögliche die Erlaubnis meines Herrn. Zwar ließ er meine Zügel locker, aber er instruierte mich, wie gesagt, jeden Abend um 23 Uhr zu Hause zu sein, um ihn anzurufen. Einmal noch waren Cathy und ich im Queen Mary gewesen. Es war eine Glücksnacht, da wir Steven und Sal abgeschleppt hatten. Ich eilte in meine Wohnung, um William anzurufen, während Cathy versprach, mit den Strippern später nachzukommen. Sie kamen gerade herein, als William mir befahl, den Hörer zwischen die Beine zu klemmen und mich für ihn ins Zeug zu legen.

Nach dem ersten Mal fickte William mich nur noch selten. Der Zwang, ihn zu besuchen, hatte ja auch nicht diesen sexuellen Grund, sondern resultierte aus einer köstlichen Mischung aus Furcht und Erregung. Ich genoß unsere Spiele besonders, wenn er mir den Hintern versohlte. Gute Herren werden niemals wütend, sie rächen sich nur! Wenn es schön ausfällt, ist die Strafe so kreativ, daß beide etwas davon haben. Ließ ich meinen Herrn zu lange am Telefon warten, sollte meine Strafe aus einer Tracht Prügel mit einem flachen Schläger, einer Art Paddel bestehen. Aber da William keinen hatte, machten wir einen kleinen Ausflug zur »Lustkiste«.

Die Lustkiste war ein Geschäft mit einer ausgedehnten S/M-Abteilung. Außer Lederbekleidung, sexy Glückwunschkarten, Cremes und Dildos konnte man dort unter einer Menge Sexhilfsmitteln auswählen. William hatte mich nicht nur angewiesen, einen Stock zu besorgen, mit dem er mich bestrafen konnte, sondern ich sollte den Verkäufer auch bitten, verschiedene an meinem Hintern auszuprobieren. Mein Herr informierte mich auch, wie er mich gekleidet sehen wollte: in einem engen Minirock, unter dem ich ein weißes Spitzenhöschen tragen mußte. Ich war erregt, als ich daran dachte, das Geschäft aufzusuchen. William erlaubte mir also, mich wie eine Schlampe zu benehmen – das war etwas, nach dem ich mich immer gesehnt, wozu ich mich aber nie getraut hatte. So ist es bei vielen Unterwürfigen: ihre Herren gestatten ihnen Dinge, die sie sonst vor allen geheimhalten.

Als ich in der Lustkiste war, sah ich William nicht sofort. Und als ich ihn sah, war es mir nicht erlaubt, ihn zu begrüßen. Die S/M-Abteilung war im Obergeschoß und die Schläger lagen in einer Glasvitrine, die auch viele andere Dinge enthielt, die ich noch nie gesehen hatte. Trotzdem fühlte ich mich wie zu Hause. Der Laden war der Beweis, daß außer William und mir noch viele andere Menschen S/M-Spiele machten. Es gab mindestens fünfzig verschiedene Schwanzringe und fünfundzwanzig unterschiedliche Brustwarzenklammern. Als ich Williams Blick auf mir spürte, denn er beobachtete mich, nahm ich die Suche schnell in Angriff. Man konnte unter vielen Schlägerarten auswählen. Um ehrlich zu sein, mein Hauptauswahlkriterium bestand darin, einen zu finden, der am wenigsten weh tat. Es hat zwar etwas für sich, wenn einem der Hintern mit der Hand versohlt wird, aber mit einem Gegenstand geschlagen zu werden, ist etwas ganz anderes.

Ich bat den Verkäufer um Unterstützung, und das erschien mir so normal wie beim Kauf einer Armbanduhr. Zuerst fragte er mich, was ich ausgeben wollte. Und brauchte ich einen Schläger aus Holz oder mit Leder umwickelt, einen weichen oder einen harten, einen mit oder ohne Ziernägelbeschlag? Ich errötete. »Einen, der nicht so wehtut.«

Der Verkäufer lächelte. Dies begrenzte meine Auswahl auf zwei Lederschläger, die innen mit Metallstäben verstärkt waren. »Metall?« keuchte ich.

»Die sind viel besser als die schlappen, Schätzchen«, sagte der Verkäufer. »Die weichen hinterlassen oft Spuren.

Die Schläger waren im Grunde alle gleich, außer in der Form. Einer war größer, so groß, um beide Hinterbacken auf einmal zu treffen, während der andere eher rund war und wirklich wie ein Pingpongschläger aussah. Ich wußte nicht, welchen ich nehmen sollte und erklärte meine prekäre Lage. »Mein Herr hat mir befohlen, sie auszuprobieren, bevor ich einen kaufe«, beichtete ich.

»Tut mir leid«, sagte der Verkäufer, »aber das ist gegen die Vorschriften.«

»Aber er schaut mir zu. Ich werde bestraft, wenn Sie mich nicht hauen«, erklärte ich in verzweifeltem Tonfall.

»Ich würde es ja gern machen, aber ...«

William hatte mich im Bitten und Betteln bestens geschult.

Ich setzte mein geilstes Kleinmädchengewinsel ein. »Bitte ...«

Schließlich gab der Verkäufer nach und versetzte mir ein paar sanfte Schläge auf den Hintern. Die Leute im Laden schauten zu, und der sehr bemühte Bursche wirkte leicht verlegen. Aber natürlich war der Kunde König. Ich entschied mich für den kleineren Schläger und dankte ihm für sein Entgegenkommen.

Als ich an der Theke stand und meine Erwerbung bezahlen wollte, tauchte William wie durch Zauberei auf. Auf seinem Gesicht lag ein breites Grinsen, also war ich sicher, daß ich ihn erfreut hatte. Ich war erleichtert, weil ich ja immer ein braves Mädchen sein wollte. William lehrte mich, auf eine Weise »brav« zu sein, die die Gesellschaft traditionell für »verdorben« hielt. Er zahlte schnell für den Schläger, und das war meine Belohnung. Komisch. Ich wurde, da ich ein braves Mädchen gewesen war, mit Schmerz belohnt.

Nach dem Besuch in dem Sexladen nahm William mich auf eine ausgedehnte Tour durch die schäbigeren Viertel von Los Angeles mit. Die Lustkiste lag am Santa Monica Boulevard in Hollywood, an einer Ecke, an der alle männlichen Nutten herumhingen. Wir besprachen die Möglichkeit, einen süßen Hengst zu mieten und ihn zusehen zu lassen, wie ich zum ersten Mal eine Tracht mit dem Schläger bezog.

»Vielleicht lasse ich dich sogar von einem von ihnen verhauen«, räumte William ein. Aber er wollte mich natürlich nur geil machen. Wir fuhren weiter. An der Ecke Santa Monica/Western Street begleitete er mich in Stans Buchladen, der damit prahlte, die größte Auswahl an S/M-Literatur und Filmen in der Stadt zu haben. Ich war zum ersten Mal in einem solchen Geschäft, und es gefiel mir sofort. Die verderbte, schäbige Seite des Lebens übte echten Reiz auf mich aus. Wieder war ich erstaunt, daß so viele Veröffentlichungen zu diesem Thema vorrätig war. Allem Anschein nach gab es unheimlich viele Menschen, die danach lechzten, daß man ihnen den Popo versohlte. Überall um mich herum lagen die Beweise. Jahrelang hatte sich mein Kitzel auf die zufällige Entdeckung gelegentlicher Masobriefe in allgemeinen Zeitschriften wie *Penthouse* konzentriert, und ich hatte keine Ahnung davon gehabt, daß es Bücher und Zeitschriften gab, die sich auf dieses Thema spezialisierten.

Nachdem wir bei Stan gewesen waren, fuhren wir wieder über den Santa Monica Boulevard nach Westen. Der Junge, den William in Erwägung gezogen hatte, um mich zu verdreschen, war nicht mehr da, also setzten wir die Fahrt fort. Ein paar Häuserblocks weiter fuhren wir über die San Vincente und kamen durch eine Wohngegend. »Schau mal da«, sagte William und deutete auf ein bescheiden wirkendes zweistöckige Haus. »Das ist das Chalet.«

Das Chalet! Ich hatte schon so viel davon gehört. In meiner Naivität hatte ich mir ein schickes Neonschild an einem tollen, schloßartigen Gebäude vorgestellt. Jemand hatte mir mal vom Chalet erzählt und beiläufig erwähnt, daß ein Bekannter es regelmäßig besuchte, um sich dort auspeitschen zu lassen. Damals bemühte ich mich, meinen Schreck zu verbergen. Ob die Menschen wirklich solche Dinge taten?

Ich war leicht enttäuscht, weil das Chalet nicht bombastischer aussah – etwa wie Draculas Schloß, das in den alten Schwarzweißfilmen auf einem Steilfelsen steht. Doch die Vorstellung, was sich dort wohl abspielte, versetzte mich in Erregung.

»Ich werde dich irgendwann mit hineinnehmen«, versprach William. »Dann mieten wir uns einen Kerker.«

»Können wir es nicht jetzt tun?« Ich wollte es kennenlernen.

»Heute abend nicht. Da habe ich andere Dinge vor.«

Wir hielten schließlich vor dem Star Strip auf der La Cienga an, einem Laden, in dem mein Herr gern die Abende verbrachte. Als Kennerin in Sachen Männerstrip hielt ich mich nun in unbekanntem Territorium auf und hatte Angst, die Tänzerinnen könnten mir böse Blicke zuwerfen, weil sie mich als Konkurrenz empfanden, aber die Atmosphäre war ganz anders. Es schien ihnen echt zu gefallen, eine Frau im Publikum zu entdecken. Der Club veranstaltete gerade etwas, das man »Tischtanz« nannte. In dem Laden gab es etwa sechs große, runde Tische, und auf jedem stand eine Frau und trippelte darauf herum. William gab mir Geld, um allen ein Trinkgeld zu reichen. Die Frau flirteten mit mir, und ich flirtete sofort zurück. Frauen zogen mich zwar nicht an, doch William hatte mir erlaubt, mich verdorben aufzuführen. Und mit Frauen zu flirten war eindeutig verdorben.

William hatte die Vorstellung, daß insgeheim alle Frauen auf S/M standen, und an diesem Abend enthüllte eine Tänzerin grüne und blaue Flecken auf ihrem Hinterteil. William und ich spekulierten darüber, wie sie wohl dazu gekommen war, dann befahl er mir, ein paar Gästen zu erzählen, daß ich Sklavin und er mein Herr sei. Die Gäste lächelten mild und waren nicht im geringsten überrascht. Alle schienen zu wissen, wovon ich redete. Und ich fühlte mich wohl. Ich gehörte dazu.

Unsere Rundreise durch den Untergrund von L. A. endete damit, daß wir zu Williams Haus fuhren. Ich trug unter meinem engen Rock ein sexy Höschen, einen Strapsgürtel und Strümpfe; William hatte mich speziell angewiesen, sie für diesen Abend zu kaufen. Ich hatte noch nie Kleidung dieser Art getragen, und da ich in den befreiten sechziger und siebziger Jahren aufgewachsen war, glaubte ich an das feministische Ideal, daß Dessous Frauen herabwürdigten. Innerlich jedoch hatte ich das Empfinden, daß sie ausdrucksvolle Zeichen unserer Weiblichkeit sind. Ich war glücklich, daß mein Herr mir »befohlen« hatte, etwas anzuziehen, was ich schon seit Jahren unbedingt tragen wollte.

Von den Stripperinnen inspiriert, führte ich William eine Privatshow vor. Ich kam mir unheimlich sinnlich vor, als ich meine Kleider stückweise ablegte und sah, wie aufmerksam er mir dabei zusah. Ein Teil seiner Lust kam möglicherweise aus dem Wissen, daß er mir half, meine aufgestaute Sexualität zu befreien, von der er behauptete, daß ich mit ihr kämpfte. Dafür war ich sehr dankbar. William zeigte mir eine Seite der menschlichen Sexualität, von der ich nur gelesen und geträumt hatte. Ich war fasziniert.

Der Schläger war weniger schrecklich, als ich erwartet hatte. Obwohl mir die Berührung durch eine menschliche Hand lieber war als die Kühle des Leders an meiner Haut, machten die intensiver empfundene Angst und die Materialstruktur den Schläger zu einer netten Abwechslung.

Ein Großteil des Sexes, den William und ich betrieben, bestand immer aus verbaler Stimulation. Ich erzählte ihm geile Geschichten, wobei er sich einen runterholte, dann erzählte er mir eine Verhaugeschichte, die meine Masturbastion begleitete. Hin und wieder verbrachte ich die Nacht in seinem Haus. In einer von Williams verbalen Lieblingsphantasien ging es darum, daß wir beide mit einem anderen Herrn/Sklavin-Paar zusammen waren. Der Mann war sehr attraktiv, und seine Sklavin hübsch, doch keine Bedrohung für mich. Sie lebten in einer bombastischen Villa in Beverly Hills. Nachdem William und ich dort angekommen waren, sollten ich und die andere Sklavin in ein separates Zimmer gehen, während unsere Herren ihr Vorgehen planten. Nach etwa einer Stunde würden sie sich dann um uns kümmern. Mit verbundenen Augen, die Hände mit Handschellen auf den Rücken gefesselt, führten sie uns nach unten in den Kerker. Ich sollte neben der anderen Sklavin angebunden werden und dann gab es eine Art Wettstreit, um zu sehen, welche Frau die meisten Schmerzen ertragen konnte. Anschließend mußte jede Sklavin den Schwanz des fremden Herrn lutschen. Das Mädchen, das den anderen Herrn als ersten zufriedenstellte, wurde zur Belohnung von der anderen Sklavin geleckt, bis sie einen gewaltigen Orgasmus hatte. Wenn ich zum Schluß der Geschichte kam, war Williams Rute stets dick und spritzbereit. In dieser Geschichte war übrigens immer ich diejenige, die die Peitsche am längsten aushielt. Und obwohl ich selbst keine lesbischen Phantasien hatte, erregten sie meinen Herrn sehr deutlich. Ich war überglücklich, ihm dienlich zu sein. Schließlich war ich eine Modellsklavin.

Dann wies William mich – möglicherweise, um seinen Traum in Realität umzusetzen – eines Abends an, einen anderen Mann anzurufen: Martin. Er klang sehr sexy und männlich am Telefon, und ich hoffte, daß er seine Sklavin Marlene instruieren würde, ihn bald mit mir zu teilen. »Eins möchte ich wissen«, fragte Martin mich. »Liebst du Sir William, oder bist du in S/M verliebt?« Die Wahrheit bestand darin, daß ich in die Szene verliebt war, nicht in meinen Herrn. Ich war verliebt in die Freiheit, meine Sexualität in Form von S/M-Spielen ausleben zu können. Doch als gehorsame Sklavin erzählte ich Martin, was er hören wollte.

Wir trafen uns aber nie mit Martin und Marlene, und ich war deswegen enttäuscht, da ich mich nach einer Begegnung mit einer anderen Sklavin sehnte. Es gab niemanden, dem ich von meinen unterwürfigen Gefühlen erzählen konnte, und ich hatte mir erhofft, daß sich zwischen Marlene und mir sofort eine Kameradschaft entwickeln würde. Marlene war Sekretärin; sie hatte ebenfalls niemanden, mit dem sie »von Sklavin zu Sklavin« reden konnte, und nach dem, was ich von Martin erfuhr, suchte sie auch eine Freundschaft dieser Art. Doch aufgrund der Arroganz meines Herrn trafen wir sie nie. Eines Tages rief Marlene an. William befahl ihr, um die übliche Zeit noch einmal anzurufen. Aus irgendwelchen Gründen hat sie es nicht getan. »Ich rufe doch keine Sklavin zurück«, erklärte William. Wenn sie schon am Telefon nicht unterwürfig ist, dachte er wohl, ist es auch reine Zeitverschwendung, sich mit ihr abzugeben.

Einmal kam ich nach Hause und fand auf meinem Anrufbeantworter eine Nachricht meines Herrn vor. Das überraschte mich, da wir sonst nur abends miteinander redeten; ich hatte nicht einmal Williams Büronummer. Als ich Williams strenge Stimme hörte, die mir befahl, einen »Herrn« namens Alex anzurufen, sobald ich zur Tür hereingekommen wäre, setzte mein Herz einen Schlag aus. Alex und Terry waren ein Arbeiterehepaar, das im Valley lebte; sie waren seit fünfzehn Jahren verheiratet und hatten sogar mehrere Kinder. Die Bandaufzeichnung wies mich an, mich nackt auszuziehen und auf dem Boden zu knien, wenn ich Herrn Alex anriefe. Ich sollte all seinen Befehlen so gehorchen, als kämen sie von William persönlich.

Alex' erste Frage war, ob ich einen Fußreif trüge. Um ihre Unterwerfung symbolisch darzustellen, tragen Sklavinnen oft Fußreife am rechten Bein. Da ich kein solches Schmuckstück hatte, hieß er mich einen Strick um meinen Knöchel binden. Er gab noch weitere blöde Aufträge – etwa das Telefon aufzuheben und mich mit dem Hörer selbst zu schlagen, wobei ich jeden Hieb zählen mußte. Dann sagte Alex, ich solle auf allen vieren ins Bad kriechen. Nachdem ich an der Kloschlüssel geleckt hatte, kroch ich zum Telefon zurück und mußte wieder und wieder »Ich bin eine kloschlüssel-leckende Schlampe!« schreien. Kaum vorstellbar, daß ich all das getan habe, doch da ich wußte, daß Alex William alles melden würde, wollte ich die Sklavin sein, auf die mein Herr stolz sein konnte. Schließlich sind gute Sklavinnen ein Beweis für die ausbilderischen Fähigkeiten ihres Herrn.

Später am Abend erzählte ich William die Einzelheiten der Telefonaktion. Vielleicht war ich für eine Sklavin etwas zu mürrisch und selbstgefällig, als ich Alex' bescheuerte Art kritisierte, aber William hatte mir nur eine Lehre erteilen wollte. »Ich wollte nur«, sagte er, »daß du mal den Unterschied zwischen einem guten und einem schlechten Herrn siehst.«

Wir trafen Alex und Terry schließlich in einem Schnellimbiß im Valley, und ich bin noch sehr freundlich, wenn ich sage, daß sie nicht gerade ein attraktives Paar waren. Terry war auf groteske Weise dürr, hatte sehr kurzes Haar und ihr sackartiges Kleid trug wenig dazu bei, ihr Äußeres zu verschönern. Außerdem hatte sie die schlechtesten Zähne, die ich je gesehen habe. Ein paar fehlten sogar. Alex erinnerte mich an einen großen, dämlichen Muskelprotz aus einem Comic-Heft; er war einfach viehisch und verhielt sich auch nicht sehr freundlich zu seiner Frau. Als wir zusammen aßen, hatte ich den Eindruck, daß er Terry zu allem zwang. Sie versuchten zwar, ihre auf Gewalt basierende Ehe hinter der Maske von S/M-Spielen zu verstecken, aber in Wirklichkeit betrieben sie gar kein Spiel. Er war grausam zu ihr, und das störte mich. Echte Gewalt ist mir schon immer gegen den Strich gegangen. So etwas hat nichts mit den Spielen zu tun, die Zustimmung erfordern, denen man sich innerhalb der Grenzen einer Bondage- und Disziplin-Beziehung hingibt. Sklavinnen vertrauen darauf, daß ihr Herr ihnen nie wirklich weh tut. Sklavinnen geben ihrem Herrn die Erlaubnis, sie auszupeitschen oder per Hand oder Schläger zu versohlen. Doch bei Alex und Terry sah ich nichts davon. Sie hatte echte Angst vor ihrem Gatten. Hatte er ihr etwa die Zähne ausgeschlagen? Ich konnte es nicht erwarten, wieder zu verschwinden.

Zu meiner Überraschung bot William auf dem Parkplatz Alex meine Dienste an. Ich bin sicher, daß er von meinem Abscheu wußte, denn ich hatte ihm pausenlos bedeutungsvolle Blicke zugeworfen. Doch draußen auf dem leeren Parkplatz ließ er mich hinknien und Alex die Füße küssen. Dann machte er auch noch den Vorschlag, ich solle ihm auf dem Rücksitz seines Lieferwagens einen blasen. Ich bin fast ohnmächtig geworden. Wie konnte William mir das nur antun? Zum Glück lehnte Alex das großzügige Angebot meines Herrn ab und stammelte: »Wir müssen nach Hause, zu den Rotznasen.«

William kicherte auf der ganzen Heimfahrt vor sich hin. Er konnte es nicht fassen, daß Alex eine Behandlung durch seine wunderschöne Sklavin abgelehnt hatte.

Ich hingegen schäumte. »Wie konntest du mich einem Menschen anbieten, den ich eindeutig nicht ausstehen kann?«

Und wieder lachte mein Herr über meine Torheit. »Das gehört zum Sklavendasein. Man kriegt halt nicht immer das, was man haben will. Außerdem wäre ich doch dagewesen, um dich zu beschützen. Es war nur ein Test, Aileen.« (Aileen war mein »Sklavenname«.) »Ich wollte nur mal sehen, ob du bereit bist, mir zu gehorchen.«

Als wir wieder in meiner Wohnung waren, verfielen wir sofort in eine verbale »Sitzung«. William redete; ich spielte mit meiner Muschi. Dann befahl er mir, hinzuknien und seinen Schwanz mit dem Mund zu verwöhnen. William brauchte lange, um zum Höhepunkt zu kommen; er zögerte es hinaus und hielt sich zurück, um mir die Aufgabe noch zu erschweren. Später mußte ich mich nackt auf dem Boden legen und durfte mich nicht waschen. Ich sollte, wenn er gegangen war, noch eine halbe Stunde liegenbleiben. Vielleicht war ich eine schlechte Sklavin, denn ich blieb nur fünf Minuten auf dem Rücken liegen, dann stand ich auf, lachte über meine eigene Torheit und sprang unter die Dusche.

Als der warme Dampf meine Sinne belebte, mußte ich zugeben, daß William mich allmählich immer mehr langweilte. Vielleicht lag es daran, daß es in unserer Beziehung keinen richtigen Sex gab. Es war zwar nicht unangenehm, in seinem Haus bizarre Phantasien auszuleben, aber ich wollte mehr. William und ich lebten auf zwei verschiedenen Ebenen. Er nahm die Szene viel zu ernst – und ich wollte einen Liebhaber und Gefährten, mit dem ich ausgehen konnte. Ich hatte zwar einen Mann gefunden, der mich verdrosch, aber er konnte nicht so mit mir schlafen oder mich so in Leidenschaft versetzen, wie ich es ersehnte.

Einen Teil der Masoszene fand ich sehr anziehend. Da es mir schwerfiel, zu jemandem »Nein« zu sagen, war es aber sehr günstig, daß ich statt dessen sagen konnte: »Ich muß meinen Herrn erst um Erlaubnis bitten.« Es war ein Ausweg, eine Entschuldigung. Doch William mischte sich immer mehr in Dinge ein, von denen ich meinte, sie gingen ihn nichts an. So durften Cathy und ich in seiner Gegenwart nicht fluchen. Wir durften nie »Yeah« sagen, sondern nur »Yes, Sir«. Als Cathy eine der Regeln brach, zwang William sie dazu, in ein Stück Seife zu beißen. Sie beklagte sich endlos über den fiesen Geschmack, doch auf der Seife waren ihre Zahnabdrücke – eine ständige Erinnerung an ihre Bestrafung. William brachte sie dazu, das Seifenstück ständig in der Handtasche mit sich herumzuschleppen.

Cathy tauchte immer wieder mal in unserem Leben auf. Die Lage wechselte. Manchmal war sie intensiver mit William zugange als ich, dann war wieder ich seine Starsklavin. Nach einer langen Abwesenheit kreuzte Cathy urplötzlich an Williams Haustür auf. Sie trug ein fließendes weißes Baumwollkleid und brachte einen großen Blumenstrauß mit. Ich war begeistert, sie zu sehen. Gutgelaunt, denn sie hatte etwas Kokain mitgebracht, war Cathy nicht zu schlagen. William erteilte uns die Erlaubnis, einen Schnief zu nehmen.

Kokain war eine Droge, die mich noch unterwürfiger machte. Wenn das Pulver in meiner Nase kitzelte, fühlte ich mich freier und ungehemmter, und an diesem speziellen Tag war es fast so, als wäre ein Vorhang zwischen mir und der Wirklichkeit. Eine Illusion von Liebe. Ich stellte mir Cathy, William und mich als große, glückliche Familie vor. Na ja, vielleicht waren wir auch die »The Munsters« auf dem Ledertrip.

Der nächste Befehl unseres Herrn lautete, wir sollten uns splitternackt ausziehen und nebeneinander mit ausgestreckten Händen an die Wand stellen. William führte damals die Peitsche ein und wollte, daß Cathy sie zuerst schwang. Sie weigerte sich. »Ich kann sie nicht schlagen«, erklärte sie, als die Peitsche in ihrer Hand baumelte, worauf William und sie sich leicht in die Wolle kriegten. Ich stand mit gespreizten Beinen da, und meine Arme, die ich über Kopf ausgestreckt hatte, wurden lahm. Ich muß etwa vierzig Minuten dagestanden haben, während sie redeten. Mein Körper fing an zu zittern, meine Muskeln gaben nach. Schließlich stieß ich hervor: »Nun mach doch schon!« Ich bettelte tatsächlich darum. Meine kleine Vorstellung erregte unseren Herrn über alle Maßen. Als ich dann an der Reihe war, Cathy auszupeitschen, hatte ich überhaupt keine Schwierigkeiten, da sie mich wütend gemacht und so lange auf meine Tracht Prügel hatte warten lassen. Wir peitschten uns natürlich nur leicht; es war mehr Show und Stimulation statt Erzeugung echter Schmerzen. William zeigte sich sehr befriedigt, und zu meiner Überraschung merkte ich, daß es mir auch Vergnügen bereitete, dominant zu sein. Ich wagte aber nicht, meinem Herrn davon zu erzählen, sondern nahm mir das für ein späteres Rendezvous vor.

Nach der Auspeitschung zwang William mich zu etwas, das ich noch nie getan hatte. »Leck Cathys Muschi«, kommandierte er mit glitzernden Augen. Da er wußte, daß ich auf sexuelle Kontakte mit Frauen nicht aus war, wollte er gerade das haben. Obwohl Cathy und ich schon einen Dreier miteinander gemacht hatten, hatte ich so etwas noch nie mit ihr getan. Ich zögerte. Cathy bat William, mich nicht zu etwas zu zwingen, was ich nicht tun wollte, doch William wußte genau, was er dazu sagen mußte. »Möchtest du nicht mal eine Jungfrau als Freundin, Cathy?« lockte er sie.

Als Cathy die Beine breitmachte, suchte ich nach Ausflüchten. »Ich weiß nicht, wie es geht«, sagte ich leise.

Cathy strich mir das Haar aus dem besorgten Gesicht. »Tu nur das, was du auch selbst am liebsten hast«, sagte sie.

Ich habe es getan. Ich habe es versucht. In dem Moment, als meine Zunge Cathys Kitzler traf, stöhnte sie vor Lust, und ich freute mich, daß ich meiner Freundin Wonnen verschaffte.

»Ich bin eine gute Sklavin«, redete ich mir ein. »Ich tue alles, was mein Herr mir sagt.«

Auf den Halloween-Abend freuten wir uns. Cathy und ich zogen unsere nuttigsten Klamotten an und erwarteten, daß William uns an jeden abseitigen Ort Hollywoods mitnehmen würde. Zwar hatten wir ihm gesagt, er solle sich ebenfalls kostümieren, aber er sah, wie Cathy es gern ausdrückte, trotzdem aus wie ein »beschissener Angestellter«. Als wir über den Hollywood Boulevard fuhren, kriegte William beinahe einen Anfall, als sie sich ohne seine Erlaubnis einen Joint ansteckte, und brach den Abend mit den Schmuddelbarbesuchen ab. Auf der Stelle wendete er und fegte zu seinem Haus zurück; wir sollten für unsere Respektlosigkeit eine ernste Lektion erhalten. Cathy und ich waren zwar wütend, aber anfangs sagten wir nichts. Hatten wir uns nicht alle für einen Abend in der Stadt angezogen? William kannte einfach seine Grenzen nicht. Er hörte nie auf, den Herrn zu spielen; er übertrat ständig die schmale Linie zwischen Phantasie und Realität. Als er Cathy an diesem Abend fesselte, fing sie an, sich zu beklagen. Sie war nicht in Stimmung, aber er wollte das nicht verstehen.

Cathys anfänglicher Enthusiasmus hielt mich in meinem Verlangen zurück, Sklavin Nr. 1 meines Herrn zu sein. Ich war eifersüchtig darauf, daß sie Williams Halsband trug. Es bestand aus dickem braunem Leder und sah fast aus wie ein Hundehalsband. Er hatte ihr befohlen, es zu Hause, im Bett und an allen Orten, an denen es nicht zu sehr auffiel, um den Hals zu tragen – beispielsweise im Supermarkt, aber nicht auf Familienfesten. Cathy hatte William ihren Verstand und ihren Körper schnell überlassen. Ich bemühte mich zwar auch darum, aber es war schwierig, da ich die gesamte Situation doch pausenlos analysierte. Vielleicht lag es daran, daß meine dominante Neigung immer mehr ans Licht drängte.

Nach der Erfahrung des Halloween-Abends verschwand Cathy erneut aus unserem Leben, und dies gab mir eine neue Chance, Williams Lieblingsschülerin zu werden. Als wir immer häufiger zusammen waren, sagte er, ich sei bald bereit dafür, den Sklaveneid abzulegen, der meine Ergebenheit zu ihm symbolisieren sollte. Dann hatte ich die Ehre, sein Halsband zu tragen. Vielleicht verängstigte mich diese Verpflichtung. Es war fast so, als sei man verlobt und gebe ein Eheversprechen für eine normale Beziehung ab. Verwirrt stellte ich den Kontakt zu meinem Herrn ein und rief ihn wochenlang nicht zur vorgeschriebenen Zeit an. Obwohl ich mich gern verdreschen ließ, ging mir der Rest seines Unterwürfigkeitsgequassels auf den Keks. Ich mochte Männer, aber die Vorstellung, auf die Knie zu sinken und ihnen zu huldigen, kam mir blöd vor. Warum konnten nicht sie auf die Knie gehen und mir hin und wieder huldigen? Ich glaube intellektuell fest daran, daß beide Geschlechter gleich sind und kein Mensch besser ist als der andere. Also hielt ich mich wochenlang von der Szene fern.

Das war nicht schwierig, da ich für meine Zulassungsprüfung paukte. Es war nicht nur eine schriftliche Prüfung, in der zweiten Hälfte stand ich vor einem Ausschuß und analysierte einen Fall. Die mündliche Prüfung versetzte mich in Schrecken, und Cathy war so lieb, mich zu begleiten und zu warten, bis ich sie hinter mir hatte. Nachdem die zermürbende Tortur zu Ende war, stand Cathy und mir der Sinn nach Erregung. Obwohl wir bei William stets willkommen waren, wäre uns eine Nacht bei ihm aber zu gewöhnlich und zu langweilig erschienen. Wir votierten für einen Dreier mit Sal, dem Tänzer aus dem Queen Mary, aber die Sache fiel nicht sonderlich aufregend aus. Nachdem Sal gegangen war, lechzten wir nach mehr. Betrunken und von Drogen bedröhnt fing Cathy damit an, Inserenten der *Free Press* anzurufen.

Ein Gentleman, der Dresche und »Griechisch« anbot, klang sehr interessant. Er entpuppte sich als riesiger Gewichtheber und wohnte in West Los Angeles. Obwohl es zwei Uhr morgens war, lud er uns in sein Haus ein. Sobald wir dort ankamen, packte er mich und legte mich übers Knie, weil wir so spät angerufen hatten. Es gefiel mir echt gut, als er meinen Rock hochzog und seine starke, feste Hand auf meinen Arsch klatschte. Bald wälzten wir uns zu dritt in seinem Schlafzimmer herum. Er legte hin und wieder Pausen ein, dann zerrte er eine von uns ins Wohnzimmer, wo er sie über dem Klavierhocker ordentlich verdrosch. Es war erregend und fühlte sich toll an. Dabei redete er nicht sehr viel. Wir kannten nicht mal seinen echten Namen. Schließlich, nach ein paar Stunden, zogen Cathy und ich mit prickelnden roten Hinterteilen ab. Wir haben später noch oft über diesen Abend gelacht, aber nie das geringste Wort über unsere Begegnung mit »Baby Huey«, wie er sich nannte, Sir William gegenüber geäußert.

Kurz danach tauchte Cathy wieder unter, und da ich nichts Besseres hatte, rief ich William an. Er war stets bereit, mich wieder aufzunehmen, und er war auch noch immer der einzige, der meine Prügelphantasien erfüllen konnte; trotzdem wurde unsere Beziehung wieder monoton. Wenn man nur Popoklatschen, Kriecherei und gegenseitige Masturbation betreibt, kann es schnell langweilig werden.

Am Weihnachtsabend besuchte ich William zum letzten Mal. Es war ein gemütlicher Abend voll inniger Gefühle. Er schenkte mir einen wunderschönen Goldreif mit dem eingravierten Wort »Sklavin«, und ich fühlte mich daraufhin sehr sexy und verderbt. Es war meine Lizenz, die Sinnlichkeit offenbart zu haben, die ich in meinem Leben größtenteils unterdrückt hatte. Außerdem hatte ich mir ein dünnes schwarzes Sklavenhalsband aus Leder verdient, das ich mit viel Vergnügen bei Unterrichtskonferenzen und im Supermarkt trug. Ich fragte mich, ob jemand wußte, welche Bedeutung es hatte. Äußerlichkeiten dieser Art führten dazu, daß ich mir wie eine Angehörige einer sexuellen Geheimorganisation vorkam – und das war ich natürlich auch. Außerdem gab William mir eine Kette und eine Hundemarke. Ich ließ die goldene Marke unverfroren in einem Laden in der Stadt gravieren. »Sklavin Aileen, Eigentum von Sir William« stand darauf. Auf der Rückseite sollte ich laut Williams Anweisung »Nutte« eingravieren lassen. Auch dies war ein Beweis, daß ich mich »offenbart« hatte.

In diesem Winter genehmigte ich mir im mexikanischen Club Mediterranée in Playa Blanca einen Urlaub. Ich nahm an, er würde das Trauma eines nochmaligen allein verbrachten Weihnachtsfestes mildern. Damals war es noch üblich, das Zimmer mit jemandem zu teilen, und die Urlauber suchten sich ihre Zimmergenossen in der Regel auf dem Hinflug aus. Ein älterer Mann versuchte mich zu überreden, daß ich mich mit seiner Tochter zusammentun sollte, aber ich lehnte höflich ab. Dann richtete sich meine Aufmerksamkeit auf einen hochgewachsenen ansehnlichen blonden Psychologen aus San Diego. Wir feierten unsere Bekanntschaft, indem ich ihm auf der Flugzeugtoilette einen blies. Als wir wieder auf unseren Sitzen saßen, teilte er mir mit, er habe nicht vor, seine Aktivitäten im Club auf mich zu beschränken. Das war mir nur recht.

Der Club Mediterranée erinnerte mich sehr an die TV-Serie »Fantasy Island«. Das aus attraktiven Männern und Frauen bestehende Personal begrüßte uns mit kühlen tropischen Drinks. Es gehörte auch zu ihren Pflichten, sich um das andere Geschlecht zu »kümmern«, und ich sah in den Burschen sofort sehr geile Liebesspielzeuge; sie waren fast so wie die männlichen Stripper zu Hause.

Nachts war ich mit meinem neuen Freund aus San Diego zusammen. Ich schlug einen Dreier mit seiner Zimmergenossin vor und erklärte ihm, ich sei als Sexsklavin auf Lust programmiert. Diese Botschaft muß sich rasend schnell in der ganzen Anlage verbreitet haben, denn kurz darauf fickte und lutschte ich unermüdlich eine ganze Woche lang und kam wir wie eine perfekte erotische Dienerin vor. Es erschien mir sehr natürlich, meine Reize jedem Mann zuteil werden zu lassen, der sie sich ersehnte, doch obwohl die Club-Med-Anlagen für ihre Zügellosigkeit bekannt sind, muß ich zugeben, daß mein Verhalten viele andere Urlauber schockierte.

Nach drei Tagen war ich die Szene leid. Mr. San Diego zog mich zwar an, aber er ignorierte mich ständig. Ein paar Tage später nahm ich mit einer Horde anderer an einem Tropenpicknick teil; als wir aus dem Bus stiegen, wurde uns der Alkohol auch schon in die Kehle geschüttet. Auf einer abgelegenen Wiese machten wir Staffellauf und alle möglichen anderen blöden Spiele, hüpften herum und schütteten uns mit Rum zu. Es dauerte nicht lange, dann waren alle blau und ausgelassen. Nach dem Essen lechzten wir nach einem Bad im Pazifik. Plötzlich streifte eine Frau ihr Bikinioberteil ab und schrie uns zu: »He, schaut euch mal meine durchstochenen Nippel an!« S/M, mitten im Club Mediterranée! Obwohl mir schon viel über solche Dinge zu Ohren gekommen waren, hatte ich noch nie im Leben jemanden seine goldenen Nippelringe vorführen sehen. Noch schockierter war ich, als ich sah, daß sie Liza gehörten – ausgerechnet dem jungen Mädchen, dessen Vater mich bei ihr hatte einquartieren wollen. Da sie mir wie eine Spießerin vorgekommen war, hatte ich sein Angebot abgelehnt und mich mit einer faden Bibliothekarin aus Arizona zusammenlegen lassen. Auf der Busfahrt zum Club gelang es mir, mich neben das Mädchen zu setzen, und nach ein paar Minuten der Konversation fragte Liza mich: »Bist du auch 'ne Sklavenschlampe?« Liza, die ganz tief in der S/M-Szene drinsteckte, war sehr offen, und so freundeten wir uns schnell an. Im Gegensatz zu mir hatte sie einen Herrn, der sie sexuell anzog *und* den sie liebte. Manche Sklavinnen haben einfach alles! Danach richteten wir, wohin wir auch gingen, nur noch Chaos an. Wir taten uns mit einundzwanzigjährigen Zwillingen aus Long Island und ihrem süßen Brüderchen zusammen und mimten die Hölle auf Rädern. Da Liza bi war, veranstalteten wir oft

Dreier und sogar Orgien. Die halbe Zeit war ich dermaßen in Arme und Beine verwickelt, daß ich nicht wußte, wer gerade was mit mir anstellte. Zwei der Burschen waren eineiige Zwillinge, was die Lage noch mehr komplizierte.

Es war wunderschön, eine Frau zu kennen, mit der man über die S/M-Szene sprechen konnte. Liza eröffnete mir eine völlig neue Philosophie – S/M als Vergnügen! Sie war eine intellektuelle Oberschicht-Version von Cathy und machte mich mit einer Serie von Fantasy-Romanen bekannt, die auf einem Planeten namens Gor spielten. In einem der Bücher sind die Frauen dominante Herrinnen, in einem anderen sind sie alle unterwürfige Sklavinnen. Liza und ihr Herr waren auf dem Trip, die gesamte Gor-Geschichte nachzuspielen. Sie zog sich gern sexy an und servierte ihm dann das Essen. Ihr Herr war ihr Freund; sie hatte absolut keine Angst vor ihm. Als wir wieder in L. A. waren, versprach sie, uns miteinander bekanntzumachen. Es gab auch ein Lokal, von dem sie meinte, das es mir gefallen würde – das »Peanuts«, eine Lesbenbar, in der auch Transvestiten auftraten.

Wieder zu Hause, vermied ich es, William anzurufen. Was sollte es auch? Ich sehnte mich nach einem Herrn, der gleichzeitig mein leidenschaftlicher Geliebter war, und das konnte er nun mal nicht sein. Aber die Zeit und die Einsamkeit siegten, wie üblich, ich gab klein bei und rief William an. Und er freute sich, auch wie üblich, von mir zu hören. Besonders interessierte ihn mein Bündnis mit Liza und bald trafen wir Vorbereitungen, uns mit Liza, und ihrem Herrn Paul zu treffen. Da Liza und Paul sieben Jahre jünger waren als ich, klaffte zwischen ihnen und William, der schon über vierzig war, eine große Lücke. Doch trotz dieser Unterschiede brachten wir eine erfreuliche Begegnung zustande. Statt mit William zu spielen, wurde ich Pauls Sklavin, und William unterzog Liza seinem Schlampentrip. Ich fand Paul entzückend und sehr geil. Bevor er sich daranmachte, meine Muschi zu lecken, verdrosch er mich ein bißchen, was mir ungeheuer gut gefiel. Es war lange her, seit ich eine köstliche, neugierige Zunge gespürt hatte, die meine Muschi erforschte, und Paul schien jeden Zungenschlag zu genießen.

Natürlich mußte William ihn hinterher als »unechten« Herrn heruntermachen. Warum? Weil er Spaß an der Sache hatte und liebevoll war? Die Kluft zwischen William und mir wurde größer, je mehr ich erkannte, was es anderswo gab.

Obwohl wir danach keinen Vierer mehr absolvierten, machte Liza mich mit einem anderen sinnlichen Vergnügen bekannt; sie nahm mich zu meiner ersten Janus-Versammlung mit. Die Janus Society besteht aus Leuten, die sich mit ganzem Herzen der hedonistischen Lebensweise verschrieben haben. Sie beschäftigen sich mit allen möglichen Genüssen, von S/M bis zum Transvestitentum und allem anderen. Ich war zwar begierig darauf, die freie »Alles ist erlaubt«-Atmosphäre kennenzulernen, doch meine Erwartungen wurden schon erschüttert, als ich den Raum betrat. Das Durchschnittsalter der Gäste schien um die fünfundfünfzig zu liegen, und alle sahen ziemlich zerknittert aus. Die wenigen in meinem Alter kamen mir schmuddelig und heruntergekommen vor. Nicht einer kam dem Standardmaß meiner »süßen Stripper« auch nur nahe.

Andererseits gab es dort aber mehr, als ich mir je erträumt hatte. Eine schwarze Frau wurde an ein Fesselgerät geschnallt. Ich hatte so etwas noch nie gesehen, und es brachte mich leicht durcheinander, weil es mich an eine Szene aus dem Film *Mandingo* erinnerte. Die Tagesordnung beschäftigte sich auch mit Lizas Lieblingsthema. Nippelringe, Körperschmuck, Tätowierungen und Stechspiele waren für Liza das, was eine Tracht Prügel für mich war. Heute hat sie zehn Löcher in den Ohren, eine durchstochene Schamlippe, eine durchstochene Klitoris und neuerdings eine durchstochene Zunge. Auch Tätowierungen faszinierten sie. Ihre Arme und ihr ganzer Rücken sind mit komplizierten, schwingenartigen Mustern bedeckt. Obwohl unsere Fetische sich deutlich voneinander unterscheiden, sind Liza und ich noch immer eng befreundet.

Auf der Janus-Versammlung wurde Wein serviert, und so war ich, wie üblich, bald abgefüllt. Als man eine Freiwillige für eine Nippelstechdemonstration brauchte, überredete mich Liza, das Versuchskaninchen zu spielen, doch selbst in meinem besoffenen Zustand setzte sich plötzlich mein gesunder Menschenverstand durch. Nach dem Ende der Vorstellung wurde ich zwar von einer Horde Leute gepackt und fand mich auf dem Fesseltisch wieder, aber der Besitzer des Hauses trieb uns auseinander. Er hatte uns keine »Erlaubnis« erteilt, seine Geräte zu benutzen. Trotzdem lag ich dann irgendwie wieder über mehrere Schöße ausgestreckt und wurde von einigen Männern und Frauen verdroschen. Es machte mir zwar durchweg Spaß, aber trotz meines berauschten Zustandes fragte ich mich, wie ich überhaupt hier hereingeraten war.

Die Woche, die ich im Club Med gewesen war, hatte meinen Sinn fürs Ausgehen und Feiern wieder belebt. Ich wurde immer zuversichtlicher, daß ich eine Möglichkeit finden würde, mein Leben in einer angenehmeren Umgebung zu finanzieren, und dabei schloß ich den Sex nicht aus. Meinen Beruf hatte ich satt und war frustriert. Ich war zwar amtlich zugelassene Psychologin, aber der Kampf ums Dasein hatte sich nicht verändert. Immer wieder mußte ich Sackgassenjobs annehmen, um etwas zu verdienen.

Dann bekam ich urplötzlich meine Chance. Ich traf Sam wieder, den ersten Mann, mit dem ich nach der Trennung von Daniel geschlafen hatte. Sam hatte nun eine Freundin namens Connie. Ich war noch immer so geil auf ihn, daß ich mit den beiden einen Dreier machte. Eigentlich hatte ich nur mit ihm zusammen sein wollen, aber während der halben Zeit war mein Kopf zwischen Connies Beinen oder umgekehrt. Damals hatte ich fast alles gemacht, wenn ich mit einem bestimmten Kerl ins Bett wollte; wenn ich mit Quaaludes oder Wein angetörnt war, spielte es keine Rolle mehr. Ist das Gehirn ausgeschaltet, tut man überraschend viel.

Nach diesem Erlebnis freundeten Connie und ich uns an, und als sie vorhatte, im Chalet einen Bekannten zu treffen, bat sie mich, sie zu begleiten. Ich hatte ihr gestanden, daß ich neugierig auf den Laden wäre, und sie wollte ohnehin nicht allein hingehen. Hinterher sollten wir Sam im Queen

Mary treffen. William redete zwar oft über das Chalet, aber trotz seines Versprechens war er dort nie mit mir hingegangen.

Ich hatte gerade einen widerwärtigen Job in einer Frauenklinik angenommen und machte Abtreibungsberatung. Das schlimmste an dem Posten war nicht, daß er mit Abtreibung zu tun hatte, sondern daß ich gar nicht echt beriet. Wenn die Frauen kamen, erklärte ich ihnen die Prozedur, und anschließend hielt ich bis zum Ende ihr Hand. Ich hatte eine Stegreifrede auswendig gelernt und rasselte sie herunter wie ein gelangweilter Fremdenführer in Disneyland. Es war keine echte Beratung, ich hatte nicht das Gefühl, zu irgend etwas beizutragen oder irgend etwas zu beeinflussen. Zu allem Übel hatte mein Chef eine sehr herablassende Art, und ich verdiente nicht mehr als vor der Erteilung meiner Lizenz. An Samstagen mußte ich von 7 bis 15 Uhr arbeiten; das vertrug sich nicht mit meiner mitternächtlichen Freizeitgestaltung. Doch dann öffnete sich mir die Tür in ein neues Leben.

9
Das Chalet

Der Eingang zum Chalet war sehr finster, und es roch muffig und verqualmt. Als wir drin waren, öffnete sich eine Tür. Ein junger Mann saß hinter einem Schreibtisch. Er hieß Vinnie, und hinter ihm an der Wand befand sich ein Neonschild mit der Aufschrift »Chalet«. Alle notwendigen S/M-Utensilien lagen herum – Peitschen, Schläger, Reitgerten. Wir gingen nach oben in den Aufenthaltsraum, wo Connies Freund saß. Der Aufenthaltsraum sah fast so aus wie ein typisches Wohnzimmer, es gab sogar eine Kochnische, in der Kaffee vor sich hinbrodelte. Vor einem riesigen Bildschirm, auf dem ein Bondage-Video lief, hatten sich etwa zehn Personen versammelt. Ein sehr hagerer, älterer Gentleman gehörte auch dazu; ich erfuhr, daß das Frank Campbell sei, ein berühmter Autor von Ledersex-Romanen. Im Vergleich zu den restlichen Anwesenden wirkte er ziemlich »normal«.

Die anderen Gäste sahen wie für einen bizarren Kostümball gekleidet aus. Vielleicht waren sie es sogar. Val fiel auf durch ihre lange, in Spitzen zulaufende Punkrock-Frisur, ihre dicke Make-up-Schicht und die langen Fingernagelklauen. Sie war an diesem Abend die Top-Domina vom Dienst. Tammy wirkte wie Mitte Vierzig; sie trug das blaue Seidenhemdchen einer Sklavin. Mariko war eine hellhäutige Schwarze, die als Orientalin hätte durchgehen können. Sie hatte schwarzes, fließendes Haar und trug einen eng anliegenden Vampirdreß. Die große, vollbusige Sheila war als Haremsmädchen aufgemacht. Nina dagegen schien überhaupt nicht hier reinzupassen. Sie sah aus wie eine als Prostituierte aufgemachte Barbiepuppe und trug ein schwarzes Negligé. Dann entdeckte Connie ihren Freund. Sie war für ihn auf dem Strich gewesen und wollte etwas Geld von ihm haben. Er wiederum hielt sich hier auf, weil er gern Frauen fesselte.

Alle wirkten sehr freundlich, und Nina erbot sich sogar, uns auf eine Führung mitzunehmen. In ihrer warmherzigen Art hatte sie etwas an sich, das mir gefiel. Als wir durch den Korridor gingen, enthüllte Nina, sie sei vorher Kindergärtnerin gewesen. Das Geld, das man im Chalet verdienen konnte, hatte sie gereizt, deswegen hatte sie ihren Erzieherinnenberuf aufgegeben. Die Frauen verdienten hier fünfzig Dollar pro Stunde, je nachdem, wie die Wünsche der Kundschaft ausfielen. Trinkgelder noch nicht eingerechnet. In der letzten Nacht hatte Nina in ein paar Stunden vierhundert Dollar eingesackt – und sie war sicher, ich könnte das gleiche verdienen. Ich stimmte ihr im stillen zu, denn ich wußte, daß ich »echter« war als sie. Wenn ich es tat, dann nicht nur des Geldes wegen. William hatte mich als Sklavin gut ausgebildet, und ich war sicher, daß ich anderen Wonnen schenken konnte. Ich hatte sozusagen »etwas anzubieten« und wußte, daß ich, falls nötig, auch harte Prügel einstecken konnte. Die meisten Mädchen im Chalet hatten in Wahrheit nichts mit S/M zu tun, sie taten nur des Geldes wegen so. Im Gegensatz zu ihnen führte ich die Existenz einer Unterwürfigen, ohne daran zu verdienen.

Jeder Raum im Chalet hatte seine eigenen Reize. Der Queen's Room war in hübschem Aquamarin gestrichen und von der *Geschichte der O* inspiriert. Hier gab es zwei Auspeitschpfähle, an die man Sklavinnen binden und züchtigen konnte. Der Raum war sogar mit einem Katharinenrad versehen, das nach einer gefolterten Heiligen benannt ist; das Opfer wurde an ein kreuzartiges Gebilde gebunden und herumgewirbelt. Es war Ninas Lieblingsgerät. Sie beschrieb mit strahlendem Blick, wie herrlich es wäre, wenn man hilflos an das Ding festgebunden wurde. Unten befand sich der Spanish Room. Er war sehr groß, und seine Wände und Böden waren gefliest. In ihm gab es eine Art Teppichstange, die es ermöglichte, jemanden an den Armen aufzuhängen. Auch ein Pranger und ein Käfig waren vorhanden. Der Black-and-White-Room trug seinen Namen zu Ehren eines berühmten Bondagefotografen; außer Fotos war darin nicht viel zu sehen. Oben war der Hank Lipton Room. Als ich im

Chalet arbeitete, wurde er schnell mein Lieblingsraum, da er kleiner war und atmosphärisch mehr hergab als der Spanish Room. Neben der üblichen Teppichstange gab es dort einen weichen, mit Kissen versehenen Fesseltisch. Im Ganzen ein fast gemütliches Zimmer, falls man einen »Kerker« überhaupt so nennen kann.

Nach der Führung nahm Nina mich mit zu einem Gespräch mit dem Hausherrn, Sir Kevin. Sein Privatbüro wurde »Hauptquartier« genannt. Ich trat ein wenig verwirrt in eine Phantasiewelt ein. Als ich darauf wartete, daß Sir Kevin auf mein schwaches Türklopfen reagierte, fragte ich mich, ob ich auf die Knie fallen und in sein Heiligstes kriechen sollte; dann lachte ich mich aus und trat ängstlich ein. Sir Kevin war Ende Fünfzig und von beeindruckender Statur. Seine hochgewachsene, schlanke Gestalt, sein bärtiges Gesicht schüchterten mich sofort ein. Doch trotz seines gefährlich wirkenden Äußeren konnte man überraschend locker mit ihm reden, und er verbreitete eine freundliche Aura um sich. Ich erklärte ihm, ich sei eine echte Sklavin.

»Ärger mit deinem Herrn?« fragte er wissend.

»Nicht ganz«, begann ich und erklärte, daß William und ich uns auseinandergelebt hätten.

Wie Sie inzwischen bestimmt gefolgert haben, ist *Die Geschichte der O* eine Art Kriterium, an dem man viele S/M-Aspekte mißt. Um besser zu verstehen, worauf ich aus war, fragte mich Sir Kevin, ob ich mehr von René, dem jüngeren Herrn des Romans, oder von Sir Stephen, dem älteren, angezogen würde. Ich flötete, ohne einen Moment zu zögern: »Von René.« Da Sir Kevin selbst ein älterer Herr war, sah ich zwar seine milde Enttäuschung, aber er schlug vor, ich solle mir zuerst Vinnie, den stattlichen Gentleman am Empfangstisch, näher anschauen. Er hatte gerade eine Herrenausbildung absolviert und suchte eine gehorsame, attraktive Sklavin. Irgendwie brachte ich den Mut auf, Sir Kevin nach einem Job im Chalet zu fragen. »Ich bin sicher, daß wir einen Platz für dich finden«, sagte er spontan. Ich hatte angenommen, es sei schwieriger, eine solche Stelle zu bekommen, und hatte gedacht, ich müsse ihm vielleicht etwas vorspielen oder mich zur Probe bearbeiten lassen. Aber nein, Sir Kevin schien davon überzeugt zu sein, daß ich gut in seinem Unternehmen arbeiten könnte. Das schmeichelte mir, denn ich hatte mich nie für übermäßig attraktiv gehalten. Es war das erste Mal, daß man mich nur wegen meines Aussehens einstellte. Aber ich hatte auch Angst. Konnte ich wirklich solche Dinge tun? Würden die Männer wirklich gern für das Privileg bezahlen, mich zu beherrschen? Ich informierte Sir Kevin, daß ich noch einen anderen Beruf habe, der geheim bleiben müsse.

»Arbeitest du für den CIA?« fragte er halb im Scherz.

»Als Therapeutin«, beichtete ich.

Kevin war sicher, daß meine Ausbildung mir bei der Arbeit im Chalet nur helfen konnte. Neben dem kommerziellen Geschäft, genannt Phantasieerfüllung, das man im Chalet betrieb, gab es auch noch eine dem S/M-Leben frönende »Kirche«. Kevin lud mich ein, der nächsten Zusammenkunft des »Poseur-Ordens« beizuwohnen; er war aus steuerlichen Gründen als Kirche gesetzlich anerkannt, und man traf sich Sonntags; allen Sklaven war befohlen worden, nackt an der Messe teilzunehmen. Er war sicher, daß ich mich bei den anderen männlichen und weiblichen Unterwürfigen gleich zu Hause fühlen würde.

Obwohl die Aussicht, im Chalet zu arbeiten, sehr erregend für mich war und Kevin mich als »Echte« erkannte, meinte er, ich solle noch einmal wiederkommen, um Kira kennenzulernen, seine Partnerin in diesem Unternehmen. Da ich mich seinem starken männlichen Charakter gegenüber schon unterwürfig fühlte, gehorchte ich. Freitag war mein freier Tag. Ich holte tief Luft, marschierte wieder hinaus und erschauerte, als ich Vinnie am Empfangstisch sitzen sah. Nina war auch da und freute sich, mich wiederzusehen. Ich fühlte mich zwar tatsächlich sofort wie zu Hause, merkte aber bald, daß 17 Uhr nicht eben die beste Zeit war, um einen typischen Tag im Chalet mitzuerleben. Also nutzte ich die Flaute und unterhielt mich mit Vinnie. Er hatte vieles, was William fehlte, und sah dazu noch gut aus. Ich malte mir aus, daß seine starken Hände mich in Entzücken versetzten, daß sie mir wehtaten und mich gleichzeitig beschützten. Das einzige Hindernis war, daß er schon jemanden hatte; komischerweise eine Frau, die nichts von der S/M-Szene hielt.

Da ich einen privaten Therapieklienten aufzusuchen hatte, mußte ich wieder gehen, aber ich sorgte dafür, daß ich um 20 Uhr wieder da war, um Kira kennenzulernen. Sie sollte um diese Zeit aus Las Vegas zurückkommen. Obwohl ich nicht genau wußte, wieso es so wichtig war, sie kennenzulernen, befolgte ich doch Sir Kevins Anweisungen. Im Befolgen von Anweisungen war ich eben sehr gut. Am Abend arbeitete im Chalet eine andere Mannschaft. Hinter dem Schreibtisch saß ein Mann namens Billy, ein Ex-Trucker, dem die Vorderzähne fehlten. Er war wirklich ein komischer Kauz und nannte alle Frauen »Schwesterchen«. Billy machte zwar viel Getue, als er mich kennenlernte, aber er war Kiras Sklave. Das brachte mich durcheinander, weil ich wußte, daß Kira doch Kevins Sklavin war. Ich hatte nicht geglaubt, daß Sklaven Sklaven haben konnten, aber in dieser Hinsicht mußte ich wohl noch viel lernen.

Kira kam mit Verspätung und schneite wie eine Bö herein, was typisch für sie war. Sie trug einen Pelzmantel und schleifte an mehreren Leinen ein paar japsende Pekinesen hinter sich her. Eigentlich sah sie eher wie eine Königin aus als wie eine Sklavin; sie war etwa einssechzig groß, hatte langes schwarzes Haar und volle Brüste. An ihr war irgend etwas, das mir auf der Stelle Unbehagen einflößte. Sie wirkte sehr kalt und zurückhaltend. Nachdem Kira angekommen war, wurde ich wieder zu einer Diskussion hinter verschlossenen Türen ins Hauptquartier eingeladen. Ich hatte anscheinend großen Eindruck auf Kevin gemacht, aber es war klar, daß ich noch die Billigung der Königin brauchte, bevor man mich einstellen würde. Kevin bewertete die Tatsache, daß ich eine »echte Unterwürfige« war, hoch, denn so etwas wie mich, das wußte ich von William, gab es nur sehr selten. Plötzlich wurden alle meine schlechten Eigenschaften und Schwächen zu Stärken – daß ich nicht gern Entscheidungen traf und nicht gern Macht ausüben wollte, waren die Kennzeichen der perfekten Sklavin. Vielleicht hat das Kira abgeschreckt. Als sie erfuhr, daß ich Therapeutin war, schwafelte sie lange und ausführlich darüber, wie sehr sie den Mädchen psychologisch helfen würde. Ein Großteil ihrer Sklavinnenausbildung konzentrierte sich darauf, die Mädchen von den Drogen herunterzubringen. Kira wies auch mit Nachdruck darauf hin, daß die Leute im Chalet keine Drogen nahmen. Hielt sie mich etwa für eine Angehörige der Drogenpolizei? Erst später erfuhr ich, daß sie eine Menge Kokain schnupfte. Aus irgendeinem Grund schien sie aber unheimlich beeindruckt von mir zu sein.

Ich erzählte Kevin und Kira, daß ich zwar unterwürfig sei, daß es aber etwas gab, was mich störte: Wie konnte ich gleichzeitig Sklavin *und* Feministin sein? War das kein Widerspruch? Kevin setzte mich in Kenntnis, daß auch Kira eine Feministin sei und daß er ihr sogar »erlaubte« (noch ein Widerspruch), an Treffen von Feministinnen teilzunehmen. Kira sah nichts Falsches daran, für die Rechte der Frauen in der Gesellschaft einzutreten und gleichzeitig zuzulassen, daß man sie stundenlang ankettete, wenn sie nackt auf dem Boden die Heimkehr ihres Herrn abwarten mußte.

Obwohl ich spürte, daß Kira mich nicht mochte, gestand sie mir zu, ich könne als Unterwürfige gut bei ihnen arbeiten. Sie drückte sogar ihr Interesse daran aus, mich als Leibsklavin zu benutzen, doch die Idee gefiel mir nicht im geringsten. Ich war schon auf Vinnie fixiert. Warum wollten mich bloß immer die falschen Leute als Sklavin haben?

Kira versicherte mir, daß die Geschäfte im Chalet großartig gingen. Es gäbe absolut keinen Sex zwischen den Mädchen und der Kundschaft. Das wäre illegal. Um einen Vorgeschmack vom dem zu erhalten, was hinter den geschlossenen Türen stattfand, schlug sie vor, ich solle noch einmal wiederkommen und an einem Nachmittag einer »Sitzung« beiwohnen.

Die Sitzung fand im Spanish Room statt. Er war meist von Kerzenlicht erhellt, das wunderbare Schatten auf die Fliesen warf. Die Sitzung entpuppte sich als viel ernsthafter als die, die normalerweise in den Räumen des Chalets stattfanden.

Velvet war die Domina und zelebrierte die Show. Sie war ein zähes altes Biest und erinnerte mich an die sadistischen Wärterinnen, die immer in billigen Frauenknastfilmen auftauchen, wo sie großes Vergnügen daran haben, junge Frauen zu foltern. Tatsächlich war Velvet eine hundertprozentige Lesbierin und, wenn sie mit Männern zugange war, sehr sadistisch. Sie behauptete, früher in Oklahoma eine Ranch mit einem Rudel männlicher Sklaven gehabt zu haben, aber später kam ich dahinter, daß die Geschichten, die meine Kolleginnen erzählten, nie stimmten. Wenn man dafür bezahlt wird, anderer Menschen Phantasien Wirklichkeit werden zu lassen, hat man wohl auch selbst Phantasie.

Velvet machten flüchtige Fesseleien, das Antörnen der Kunden oder sinnliche Spiele keinen Spaß. Ich nahm an einer Doppelsitzung teil. Herrin Allie, eine niedliche Schwarze, kümmerte sich um das Vorspiel, also die »leichten Sachen«: verbale Erniedrigung und sanftes Auspeitschen. Der Kunde war zwar nur auf einfache Spiele aus, aber er bat auch darum, daß Velvet seinen Schwanz durchstach. Das ist ziemlich weit weg von der Norm. Nur wenige Kunden verlangen dergleichen.

Ich schaute der Aktion aus einer Ecke zu, wo ich nackt auf den Knien hockte und bemühte mich, mit dem Hintergrund der bizarren Szene zu verschmelzen. Ich muß sagen, daß Ganze gefiel mir nicht besonders.

Trotzdem erklärte ich mich bereit, schon am nächsten Tag im Chalet anzufangen. Ich war für die Tagesschicht von 16 Uhr bis Mitternacht eingeteilt worden, und die Vorstellung, am Samstagabend etwas Bestimmtes vorzuhaben, erschien mir sehr verlockend. Ich kaufte mir sogar ein knappes schwarzes Hemdhöschen, um es bei dieser Gelegenheit zu tragen. Gegen ein Uhr klingelte mein Telefon. Es war Vinnie. »Schätzchen«, erklärte er, »eines der Mädchen ist nicht gekommen. Könntest du etwas früher hier sein? Wir brauchen dich.«

Wir brauchen dich. Seine Worte waren Musik in meinen Ohren. Es war so lange her, seit ich das Gefühl gehabt hatte, wirklich für etwas gebraucht zu werden. Ich hatte zwar andere Pläne, aber ich änderte sie und machte mich schnell fertig. »Aber dalli«, ordnete Vinnie an. Er informierte mich, daß er mir für jede Minute, die ich zu spät kommen würde, einen Hieb mit der Reitpeitsche auf den Arsch versetzen würde. War das ein Versprechen oder eine Drohung?

Ich kam zehn Minuten später, als Vinnie verlangt hatte, und genoß jeden Hieb der Strafe, der er mich aussetzte. Als ich mich über seine Knie legte, war ich stolz. Ich arbeitete und lebte nebenher ja meine Phantasien aus; mein Leben hatte wieder einen Sinn. Ich hatte Freunde im Chalet. Wir waren eine kleine Familie, und ich war mir sicher, daß es für mich eher ein bezahlter Urlaub werden würde als ein Job. Zuerst redete ich mir ein, ich würde nur ein paar Wochen lang Freitag und Samstag abends arbeiten; doch bald wurde ich süchtig nach Beachtung und Geld. Es wurde mir fast unmöglich, weiter meine schrecklichen Tagesjob beizubehalten, und so gab ich sie bald darauf auf.

Nun wird es sehr schwierig, über mein Leben zu reden. In Zeiten wie diesen wünsche ich mir jetzt, enge Freunde zu haben – einen Menschen, der neben mir sitzt und sich mit mir über meine widerstreitenden Gefühle unterhält. Statt dessen sitze ich allein vor einem Tonbandgerät. Es ist schmerzlich, daran zu denken, wie emotional verletzlich ich war, als ich anfing, im Chalet zu arbeiten. Fast ist es mir peinlich. Ich war sehr einsam und hatte das Gefühl, alle hätte mich aufgegeben. Und plötzlich wurde ich gebraucht. Obwohl ich zuvor ein völlig überflüssiger Gegenstand gewesen war, interessierte man sich jetzt für mich. Das Chalet gab meinem Leben eine Struktur, einen Zweck; ich hatte nun einen Weg.

Ich beschloß, mir einen neuen Namen zuzulegen. Aileen, Williams Sklavin, war ich nicht mehr. Alice war ich schon gar nicht mehr. Also taufte ich mich »Jacqueline«, teilweise nach einer Figur aus der *Geschichte der O*, und teilweise, weil mir der Name gefiel. Jacqueline ist ein hübscher Name. Ganz anders als Alice. Alice war unelegant. Alice hatte Angst. Alice war häßlich. Sie erinnerte mich zu sehr an die

Vergangenheit. Ich wollte nie wieder Alice sein. Von diesem Moment an wurde ich Jacqueline. Trotzdem kam Jacqueline sich etwas zweifelhaft vor, wenn sie in der eigenartigen Menagerie des Chalets herumsaß und auf Kunden wartete. Was tat ich hier? Doch kaum war ich angekommen, wurde ich auch schon zu einer vielbeschäftigten kleinen Sklavin. Vielleicht hatten die Männer, die hereinkamen, schnell erkannt, daß ich ein wirklich echter Bestandteil der Szene war.

Frank band mich im Queen's Room an, wo ich für alle Kunden ausgestellt wurde, die vorbeikamen um sich umzusehen. Ein Kunde nach dem anderen kam, um mich zu bewundern, und bald tauchte auch ein stattlicher junger Mann auf und forderte mich für eine Sitzung an; nichts zu Kompliziertes, nur ein bißchen Hinternversohlen und etwas harmlose Fesselei. Doch ich war so erregt, daß ich ihm anschließend sogar einen blies, obwohl mir völlig klar war, daß das gegen die Chalet-Vorschriften verstieß. Obwohl manche Mädchen das Haus heimlich auch für richtigen Sex benutzten, hatte ich diese Absicht nicht. Doch hielt ich diesen Burschen wirklich für nett und habe es vielleicht getan, um seine Beachtung zu erringen, oder wegen der Illusion der Liebe. Als ich hinterher mit ihm im Aufenthaltsraum saß, kam ich mir vor wie bei einem echten Rendezvous.

Vor der nächsten Schicht rief Kira mich ins Hauptquartier. »Jacqueline«, fauchte sie, »ich habe gehört, daß du dich mit einem Kunden angefreundet hast.« Ich fragte mich sofort, welche meiner eifersüchtigen Kolleginnen mich in die Pfanne gehauen hatte. Kira war zwar eindeutig sauer, aber sie wußte, daß ich keine Nutte war; dafür war ich viel zu unerfahren. Ich erhielt jedoch eine ernste Warnung. »Wenn ich dich noch mal erwische, zwingen wir dich, einen Keuschheitsgürtel zu tragen. Und *ich* bewahre den Schlüssel auf.« Natürlich habe ich Kira jedes Wort geglaubt. Schließlich macht hundertprozentige Vertrauenswürdigkeit eine brave Sklavin aus. Es war dann auch das einzige Mal, daß ich die Regeln des Clubs brach.

Mir wurde bald deutlich, daß die anderen Mädchen auf meinen Erfolg neidisch waren. Ich hatte eben so viel Energie, daß ich mir einen Kunden nach dem anderen vornehmen konnte, und zudem war ich sehr gefragt. Jeden Freitag ging ich jetzt zur Bank und zahlte einen dicken Packen Bargeld ein. Mein Konto fing an zu wachsen, und ich kam mir zu Recht wie der lebende Beweis der Redensart vor, »Kohle nur so zu scheffeln.« Ich scheffelte sie wirklich und hatte zudem noch meinen Spaß dabei.

So nahm ich also an unzähligen »Sitzungen« teil und erlebte eine Prozession von Gesichtern. Meine Tage waren fest ausgebucht. Jacqueline war ständig beschäftigt, während die anderen Mädchen mürrisch im Aufenthaltsraum herumsaßen, Kaffee tranken und sich im Fernsehen die Nachmittagsserien anschauten. Sie verstanden einfach nicht, daß ich meinen Spaß an der Lebensart einer Sklavin im Gegensatz zu ihnen nicht simulierte. Ich ging völlig in meiner Arbeit auf und gab mein Bestes, um »Miss Perfekt« zu werden; aber oft kam ich mir im Chalet auch wie ein Kind vor. Die Herrinnen waren Müttergestalten für mich, Kevin und Kira das schäbige Zerrbild eines Elternpaars. Es war bizarr.

Ich erinnere mich an viele Eigenarten meiner ersten Kunden. Einer besuchte mich ständig und schaute zu, wie ich vor dem Spiegel masturbierte. Es machte mich völlig verrückt, doch gab ich ihm alles, wofür er zahlte, und redete dabei so, wie William es mich gelehrt hatte. Ein anderer Kunde kam mit einem Haufen alter Kleider, die er in Billigläden gekauft hatte. Die Mädchen mußten sie anziehen, dann führten wir eine Prügelszene auf. Eine seiner Lieblingsphantasien sah mich in der Rolle einer verdorbenen Sekretärin. Nachdem ich schlechte Arbeit geleistet hatte, blieb mir die Wahl, entweder zu fliehen oder mich versohlen zu lassen. Natürlich bat ich darum, daß er mir den Popo verhaute. Ich trug einen ausgebeulten Pullover und einen langen Rock, und er zog ihn hoch und klatschte mir auf den Hintern, wenn ich auf seinen Knien lag.

Meine erste Doppelsitzung fand mit Herrin Val statt. Sie spielte die Lehrerin eines schlechten Schülers und bemerkte in dieser Geschichte, daß der Kunde während des Unterrichts an meinem Geschlechtsteil spielte. Zu seiner großen

Freude wurden er und ich dann ordentlich bestraft. Ein anderer Kunde wollte, daß ich mich »Fotze« nannte; er brachte ein Höschen mit und riß es mir dann vom Leib. Dazu fesselte er mich gern in allen möglichen eigenartigen Stellungen. Ich war damals wirklich sehr geduldig und machte Dinge mit, die ich heute nicht mehr in Erwägung ziehen würde; doch hinter allem lag mein Bedürfnis nach Anerkennung. Man wollte mich haben. Ich übte Dienste aus, deren man bedurfte.

Zwei oder drei Jahre lang buchte mich Jim Smith pünktlich jeden Freitagabend. Er wollte immer dasselbe tun. Wir gingen in den Queen's Room, und er stellte in zwei gegenüberliegenden Ecken des Raums Stühle auf. Zudem brachte er ein paar Zeitschriften aus dem Aufenthaltsraum mit. Wir saßen ungefähr eine halbe Stunde lang da und lasen, ohne uns nur anzusehen.

Plötzlich sagte er: »Entschuldige, wo ist die Toilette?«

»Durch den Korridor, dann links«, gab ich zurück.

Ich brauchte eine Weile, ehe mir endlich klar wurde, was Jim machte. Während der Toilettenpausen schnupfte er Kokain. Als er zurückkehrte, nahmen wir die Leserei wieder auf. Jim wollte nur, daß ich ihn auf unterschwellige Weise scharf machte. Beim ersten Mal spreizte ich unverfroren weit die Beine. »Nein, nein!« rief er. Das wollte er also nicht, ich durfte sie jeweils nur um Zentimeter spreizen – langsam, sehr langsam, über den Zeitraum einer ganzen Stunde. Außerdem mußte ich bei jedem Treffen das gleiche schwarze Kleid tragen. »Entschuldige, wie spät ist es?« fragte er dann. Vielleicht auch: »Könntest du auf meine Sachen achten, wenn ich auf der Toilette bin?« An dieser Stelle war seine Zeit meist um. Manchmal blieb er noch eine halbe Stunde und unterhielt sich über blöde Dinge. Bei anderen Gelegenheiten stellten Jim und ich Studenten dar, wie sie sich zum ersten Mal in der Universitätsbibliothek begegneten. Er nahm es, was die Fakten anging, sehr genau. Ich war im letzten und er im ersten Semester. Wir hatten den gleichen Psychologiedozenten und unterhielten uns über seine Vorlesungen und die vor uns liegenden Prüfungen. Dann sagte er

sein übliches »Entschuldige, ich muß mal auf die Toilette.«
Wenn er zurückkam, unterhielten wir uns weiter. Manchmal
taten wir so, als seien wir zum Lernen in mein Zimmer gegangen. Dann mußte ich ihn wirklich verführen und langsam, ganz leicht und unmerklich die Beine spreizen. Manchmal zitterte Jim unkontrolliert von dem vielen Kokain, das
in seiner Blutbahn kreiste. Wir taten auch so, als klingelte
das Telefon. Ich ging dann ran und sprach mit einer imagi-
nären Freundin. »Yeah, Suzie«, redete ich vor mich hin, »Jim
ist hier. Er ist echt nett. Oh, klar, sicher schlafe ich mit ihm.
Bestimmt. Ich rufe dich später an und erzähle dir alles.« An
dieser Stelle tat Jim dann unausweichlich etwas, wofür ich
ihn schelten mußte. Ich befahl ihm zur Strafe, die Kleider abzulegen (er trug immer ein rosafarbenes Höschen), dann
mußte ich ihn leicht fesseln, ein bißchen verdreschen und
ihn endlos wegen seines Höschens aufziehen. Wenn der
Summer ertönte und anzeigte, daß die Sitzung beendet war,
rief er »War's das?« und ging. Er ist nie zum Höhepunkt gekommen.

Interessanterweise traf ich Jim vor ein paar Jahren in einem Drogenrehabilitationszentrum. Ich freute mich sehr,
ihn drogenfrei zu sehen, aber komisch war, daß er sich
kaum an meinen Namen oder an die Dinge erinnern konnte,
die wir miteinander gemacht hatten. Erst als ich ihn daran
erinnerte, lachte er und gab zu, ich sei ein wichtiger Bestandteil seiner »Vierten Stufe« gewesen. Das ist ein Grup-
penbegriff für die Zeit, in der man seine Geheimnisse einge-
steht und jemandem mitteilt. Jim und ich haben uns ein
paarmal bei diesen Meetings getroffen, aber als wir den Versuch machten, ohne Drogen eine Sitzung hinzukriegen, hat
es nicht geklappt.

Ein anderer Kunde, den ich nicht vergessen kann, war ein
großer Mann namens Nick. Er besuchte uns sehr oft und traf
sich meist für drei bis vier Stunden mit mir und Herrin Kim.
Nick bat darum, ich solle mit Fesseln an den Beinen herum-
stolzieren.

»Wer bist du?« brüllte er dann.

»Nummer 05748930«, erwiderte ich.

Nick schwang oft mit wildem Blick ein Messer. Er konnte ziemlich verrückt werden und die Beherrschung verlieren, deswegen war Kim da, um ihn in Schach zu halten. Gegen Ende einer Sitzung sprach Nick das Kadisch, ein frommes jüdisches Totengebet. Ich habe nie verstanden, warum er das getan hat. Aber der Mann hatte etwas Liebes an sich. Nick schenkte mir manchmal auch ein Buch und nannte mich gern sein »scheenes Mädel«.

Tag für Tag kam ich mir wie eine Schauspielerin vor, die man in einem Avantgarde-Theater mit ungewöhnlichen Rollen bedacht hatte. Ich stellte in jeder Nacht die unterschiedlichsten Charaktere dar. Jerry versohlte mich gern, und so kamen wir prima miteinander aus. Ich war seine verdorbene Nichte, die dringend einer Tracht Prügel bedurfte, um wieder normal zu werden. Jerry kannte sich auch in den verbalen Aspekten des Hinternversohlens gut aus. Irgendwann kam ich mir vor wie die Heldin aus einer Fortsetzungsgeschichte, die pro Woche drei- bis viermal lief. Jerry rekapitulierte stets die vorherigen Folgen, und ich war bemüht, mich jeweils an die komplizierten Einzelheiten unseres Spiels zu erinnern.

Dann gab es noch einen Mann, der seine eigene Ausstattung mitbrachte. Er war ein harmloser Typ, der ebenfalls gern Mädchen fesselte, und wir waren alle sehr traurig, als wir erfuhren, daß er sich ein paar Jahre nach seinen Besuchen im Chalet das Leben genommen hatte. Vielleicht konnte er ohne Ventil nicht mit seinen aufgestauten Phantasien fertig werden.

Noch ein anderer Ex-Kunde beging Selbstmord: Tony. Aber ich glaube nicht, daß es irgendeine Beziehung zwischen Besuchen von S/M-Salons und Selbstmorden gibt. Meist ist der Besuch in Häusern wie dem Chalet ein Befreiungsmechanimus, der es Menschen erlaubt, ihre Phantasien auszuleben, damit sie anschließend wieder ein normales Leben führen können. Tony wollte immer gern wissen, wie die Phantasien anderer aussahen; wie ein Gefühlschamäleon paßte er sich an alles an, was einen anmachte. Da ich gern zuschaute, rieb er, als er über eine ihm bekannte Kellnerin sprach, seinen Schwanz. »Annie hat einen riesigen, dicken Arsch«, sagte er. »Viv, der Geschäftsführer des Restaurants, hat mich gefragt, was ich tun wollte, um sie zur Ordnung zu rufen, denn sie war in letzter Zeit frech geworden. Also habe ich sie über den Tisch gelegt und von hinten gefickt.« Tonys Geschichte war endlos. Normalerweise half ich ihm, sie auszuschmücken oder stachelte ihn an, täuschte Interesse vor und stellte Fragen. »Und was hast du dann getan, Tony?« Es war eigentlich eine Redesitzung, bei der Tony sich harmlos bis zum Höhepunkt masturbierte. Jahre später hat er sich in den Kopf geschossen.

Die Kunden, die ich in der Anfangszeit im Chalet kennenlernte, unterschieden sich sehr von meinen heutigen. Heute ist alles ziemlich standardisiert. Ich bin die Herrin, die jeden beherrscht. Doch damals habe ich alles gemacht, was von mir verlangt wurde. Meist wollte man mich verdreschen, und das ließ ich stundenlang mit mir machen. Mit Schlägern. Mit Peitschen. Die Männer fesselten mich auf vielfältige Weise. Oft spielte ich in einer Szene mit anderen Herrinnen zusammen, die mich beschützten, wenn ein Kunde die Sache zu hart anging. Bei einem furchterregenden Zwischenfall wollten mich eine Herrin und ihr Kunde gleichzeitig quälen. Sie ließen heißes Kerzenwachs auf meine Haut tropfen, hielten die Kerze aber nicht hoch genug, so daß das Wachs mich verbrannte.

Obwohl wir nur selten in der gleichen Schicht arbeiteten, kamen Nina und ich uns sehr nahe. Wir waren beide sehr klein und hatte beide langes blondes Haar; ich nehme an, Kevin wollte den Kunden größere Auswahl bieten. Einmal wählte ein Kunde Nina und mich als Team aus. Als beinharte Unterwürfige wußte ich nicht so recht, was ich tat, schnallte meine Freundin an die Teppichstange und zog sie, ohne hinzusehen, hoch. Plötzlich baumelte sie über dem Boden und ächzte: »Jacqueline, laß mich schnell runter!« Unser Kunde fragte laut, ob er etwa eine Sitzung mit Anfängern gebucht hätte.

Ein alter Kerl namens Irwin war ebenfalls Stammkunde bei uns. Heute existieren nur noch zwei Clubs dieser Art in

Los Angeles, aber damals gab es ungefähr sieben. Irwin fuhr von einem Club zum anderen und suchte stets nach neuen Mädchen, um sie auszuprobieren. Er rief jeden Tag an und fragte, ob man neue Mädchen eingestellt hatte. Auch einige andere Kunden waren daran interessiert, junge Unterwürfige »gefügig zu machen«, aber das ließ mich kalt. Ich war »Supersklavin« und wollte Vinnie mit dem Strafmaß, das ich ertragen konnte, beeindrucken.

Als wir einmal allein im Raum waren, sagte Irwin: »Ich rede wenig. Du redest noch weniger.« Er nahm seine Rolle sehr ernst, aber das konnte ich nicht, denn er hatte einen komischen jiddischen Akzent, und ich mußte einfach lachen. Schließlich bat ich ihn, Nina dazu zu holen, doch als sie mich an Hand- und Fußgelenken gefesselt und der Gnade des blöden Zwerges ausgeliefert sah, brach auch sie in Lachen aus. Irwin war so wütend, daß er mich mit einer Peitsche durch den Raum jagte. Obwohl er ziemlich langsam war, konnte ich ihm nicht entkommen, da ich noch gefesselt war, und er verhaute mich mit solcher Wucht, daß er Striemen auf meinem Körper hinterließ. Wir brachen die Sitzung auf der Stelle ab.

Als ich noch Anfängerin im Chalet war, lernte ich Dale kennen. Er zückte sofort seine Mitgliedskarte, um mich zu überzeugen, daß er Gründungsmitglied des Clubs sei. Offenbar sollte das bedeuten, daß ich mehr mit ihm machen durfte als mit anderen. Dale wollte mit einer einfachen Sitzung anfangen; ihr sollte dann etwas folgen, das er »Extra-Sonderbehandlung« nannte. Die einfache Sitzung bestand darin, ihm die Füße zu küssen. Die »Extra-Sonderbehandlung« sollte ein dickes Trinkgeld einbringen und schloß mit einer Blasnummer. Sobald eine Neue anfing, wetteten die Mädchen im Chalet, ob sie zu denen gehörte, die Dale blasen würden. Ich gehörte nicht dazu.

Andere, noch exotischere Kunden waren Fessler-Tom und Vibrator-Rick. Ricks Interessen waren wirklich seltsam. Er orderte im allgemeinen eine Domina, aber manchmal nahm er auch eine Sklavin. Er stand gewaltig auf Bäuche und schaute sich gern weibliche Nabel an. Wenn er mit einer Unterwürfigen wie mir zusammen war, fesselte er sie und drückte einen Vibrator an ihren Kitzler. Daran war nichts sexy oder erotisch, denn die Intensität war fast schmerzhaft; aber Rick schaute eben gern zu, wie die Bauchmuskeln seines Opfers zuckten, wenn es ihm gewaltig kam. Rick hatte ein ausgezeichnetes Instrument – einen Hitachi-Zauberstab, eindeutig der beste Vibrator auf dem Markt, doch war Ricks Technik eben sehr grob. Wenn er an der Reihe war, den Sklaven zu spielen, wollte er gefesselt werden und von zwei Herrinnen bearbeitet werden. Während die eine ihm in den Bauch boxte, rieb die andere den gewaltigen Vibrator an seinem Pimmel. Wir tauften ihn »Vibrator-Rick«, weil er alle möglichen komischen Geräte mitbrachte. Eines davon pumpte tatsächlich seinen Bauch auf, und dann mußten wir die Luft aus ihm herausboxen. Wir nahmen an, daß Rick insgeheim eine Schwangerschaftsphantasie hatte und sich bemühte, diesen Zustand zu simulieren. Er war ein sehr gebildeter Mann mit einem naturwissenschaftlichen Doktortitel und versicherte uns, er habe einen Arzt konsultiert, der gesagt hatte, sein »Bauchverfahren« sei ungefährlich. Doch trotz seiner Intelligenz war Vibrator-Rick ein trauriger Fall. Er erzählte oft, normaler Sex manche ihn nicht mehr an. Auch er fegte von einem S/M-Club zum anderen, um seinen Phantasien nachzujagen.

Ein weiterer eigenartiger Kunde war ein Mann, der uns nicht auf den Hintern, sondern zwischen die Backen schlug. Das Abscheuliche daran war, daß auch er an dieser Stelle geschlagen werden wollte, daß er aber so schreckliche Hämorrhoiden hatte, daß sie fast bluteten, wenn die Prügelei vorbei war. Damals wußte ich noch nicht, wo man seine Grenze zieht. Ich dachte, ich sollte alles machen, was der Kunde sich ausgedacht hatte. Einmal verhaute mich ein Mann mit einem breiten Südstaatenakzent, bis ich fast anfing zu weinen. Eine Woche später walkte er Nina durch, und sie war wütend auf mich, daß ich ihr nicht gesagt hatte, wie brutal er gewesen war. Doch ich dachte, ich hätte nur das getan, was ich tun sollte.

In der Anfangszeit im Chalet war ich darauf aus, Vinnie

zu beeindrucken. Wir arbeiteten zwar nur Dienstag abends zusammen, aber es freute mich, ihn hinter dem Schreibtisch zu wissen. Da wir voll computerisiert waren, gehörte es zu seinen Aufgaben, die Sitzungen der Mädchen einzugeben. Es wurde mir sehr wichtig, daß er meine Beliebtheit registrierte; irgendwie nahm ich an, es müsse ihn freuen. Im Computer konnte er Schwarz auf Weiß sehen, welche tolle und gesuchte Sklavin ich war. Jedesmal, wenn ich an einer Sitzung teilnahm, dachte ich an Vinnie und hoffte, ich könnte diese Dinge bald alle mit ihm tun. Die Sache war nicht nur einseitig: Er fragte sich oft, warum er statt mit mir mit seiner Freundin Lila zusammenlebte und wollte auch genau wissen, wie ich ihn in bestimmten Situationen behandeln würde. Kurz gesagt, er leitete mich an, und ich war verrückt nach ihm.

Eines Abends führte Vinnie mich aus. Da sich Lila in ihrer gemeinsamen Wohnung aufhielt, fuhren wir zum Haus seiner Eltern, und als wir in das Bett krochen, in dem er als kleiner Junge geschlafen hatte, war mir wunderbar zumute. Wir haben uns nicht geliebt oder so, wir haben uns nur in den Armen gehalten. Ich kam mir sehr beschützt vor, wie ich so neben ihm lag. Vinnie erklärte mir mit leiser Stimme, er bräuchte ungefähr einen Monat, um mit Lila Schluß zu machen. Er wollte sie nicht von einem auf den anderen Tag vor vollendete Tatsachen stellen. Das fand ich nett von ihm. Sobald er endlich frei von ihr sei, sollte unsere Gemeinsamkeit beginnen. Das war ein Versprechen. Da mir ein Monat als vernünftige Zeitspanne erschien, wartete ich geduldig auf Vinnie, und während ich wartete, arbeitete ich an dem Ziel, eine Star-Sklavin zu werden, was er hoffentlich bemerkte.

Einmal im Monat führte das Chalet eine Sondershow auf. Ich glaube, Kevin knöpfte den Gästen fünfzig Dollar für die Teilnahme ab. Er hatte oft die Frechheit, ihnen für diesen hohen Preis nur Brathähnchen vorzusetzen, doch das Essen war nicht die Hauptattraktion der Chalet-Darbietungen. Die erste, an der ich teilnahm, war ein Valentinstag-Festzug. Jedes Mädchen diente an diesem Abend einem anderen Zweck. Eines war über und über mit Schokoladenkuchen-

Zuckerguß bedeckt. Nina stellte ein pausbäckiges Engels-püppchen dar. Ich ging nackt hinaus und trug nur eßbare Körperfarben; so schlenderte ich durch den Raum und drängte alle Anwesenden, mich abzuschlecken. Als Exhibitionistin geriet ich dabei in Ekstase. Weder schämte ich mich, noch war ich verlegen. Ich war einfach stolz darauf, unterwürfig zu sein.

An diesem Abend fand die tollste Szene im Parterre statt, und ich hatte etwas Angst, als ich in den Spanish Room kam. Da war Billy – fest angebunden –, und Kira verdrosch ihn mit einem Stock. Nichts Verspieltes. Es erinnerte mich daran, wie man die Sklaven in den Südstaaten gefoltert hatte und es verursachte mir Ekel, Billy dabei zuzusehen, wie er sich krümmte und zuckte. Das Komische daran war allerdings, daß er hinterher lächelte und jedem erzählte, wie toll es ihm gefallen hatte.

Als ich Kira wegen dieser extremen Sache ansprach, erklärte sie, Billy müsse manchmal solche Szenen erleben. Wenn sie es sagte, klang es fast so, als ginge es um eine Therapie. Sie erklärte, sie peitsche ihn oft aus, um ihn see-lisch zu »entlüften«, und wie sich zeigte, war Billy ganz wild auf diese gräßlichen Prügeleien. Verstrich eine be-stimmte Zeit, ohne daß sie ihm das Fell gerbte, lief er fast in Tränen aufgelöst umher, und schluchzte: »Ich brauche die Peitsche! Die Herrin peitscht mich nicht mehr!« Gab Ki-ra dann nach, regte er sich ab und grinste tagelang wie ein Honigkuchenpferd.

Auch ich habe diese Art von Euphorie nach sehr intensi-ven Szenen erlebt. Wenn man es hinter sich hat, empfindet man ein Gefühl von Gelassenheit und Erleichterung. Kon-zentriert man sich ganz auf die eigenen Gefühle und schreit, hat man keine andere Wahl, als jede Unze Spannung aus dem Körper zu entlassen. Heute jedoch meine ich, daß diese harten Sachen zu schlimm sind, egal wie ruhig man sich da-nach auch fühlt.

Nach der Party zog ich Kevin auf und sagte sarkastisch, es sei ein ziemlich lahmer Abend gewesen. Ich meinte, er solle den Leuten bei der nächsten Gelegenheit etwas Authentischeres bieten. Im Hinterkopf hoffte ich darauf, öffentlich eine dramatische Szene mit Vinnie aufführen zu können, um ihm endlich zu beweisen, welch ausgezeichnete Sklavin ich war. Kevin schaute nur seltsam und sagte: »Mal sehen.«

Bei einer meiner ersten Sitzungen wollte ein sehr attraktiver Kunde meine Füße huldigen. Es fiel mir nicht allzu schwer, auf seinem Brustkorb zu sitzen und ihn meine Füße küssen und meine Zehen lecken zu lassen. Naiv wie ich damals noch war, konnte ich einfach nicht glauben, daß ein Mann wie er nur deshalb ins Chalet kam, um etwas so Einfaches zu machen. Ich nahm an, Männer wie er könnten dergleichen – im Gegensatz zu Prügel mit ihrem S/M-Bezug – leicht von ihren Frauen oder Geliebten kriegen. Und da hätten sie es umsonst haben können. Zu Kevin sagte ich, der Kunde könne etwas wie mich wahrscheinlich in jeder Bar finden. »Nein, kann er nicht«, informierte mich Kevin. »Du bist nicht in einer Bar. Du bist hier.«

Im nächsten Monat fand im Chalet eine weitere Extremparty statt. Der März brachte uns die Show des St. Patrick-Tages, und aus der örtlichen erotischen Bäckerei wurde uns ein riesiges Heinzelmännchen mit einem Steifen geschickt. Meine Aufgabe bestand darin, mich nackt an das Backwerk heranzurobben und an seinem glasierten Pimmel zu nukkeln, um die Menge zu unterhalten. Es machte mich echt geil, so etwas vor einer Horde von Lustmolchen zu tun.

Trotz meiner vielfältigen wilden Darbietungen konnte ich Vinnie noch immer nicht verführen. Manchmal versprach er, mich an einem freien Abend anzurufen, aber getan hat er es nie. Gefühlsmäßig zog er mich sehr an und ich dachte mir stets Geschichten aus, in denen Vinnie mit mir zusammen in einer wilden Szene agierte. Ich fragte mich auch, ob Kevin ihn angewiesen hatte, mich bei Laune zu halten – nur deswegen, weil er keine gute Einnahmequelle verlieren wollte. Mich. Was ich auch bei einer Sitzung verdiente, ich teilte es mit Kevin. Mein Nettolohn betrug wöchentlich immer zwischen sieben- und achthundert Dollar, und Kevin verdiente ebenso viel an mir, also bin ich sicher, daß er das, was ich für ihn verdiente, nicht verlieren wollte. Und Vinnie zu bitten, Jacqueline bei Laune zu halten, kostete nicht viel.

Tab Parks (dies ist nicht sein wirklicher Name) war ein großer Hollywoodproduzent, der viele Filme gemacht hat. Er zahlte zwar eine Menge Geld für seine Sitzungen, gab den Mädchen aber nie Trinkgeld. Kevin und Kira war es egal, Hauptsache die Kunden bezahlten das Unternehmen. Wenn Tab zu Besuch kam, behandelten sie ihn immer sehr nett, aber die Mädchen waren nicht gern mit ihm zusammen. Wir Unterwürfigen hatten eine Wildlederpeitsche, mit der wir uns bevorzugt von unseren Kunden behandeln ließen – sie hatte zwar einen schönen Klang, aber kaum Biß. Obwohl Tab stets eine Wildlederpeitsche und einen Schläger mit ins Zimmer brachte, war er aber hauptsächlich daran interessiert, sich zu unterhalten. Ich mußte mich vor ihn hinknien, und er beschrieb mir sein herrliches Landhaus.

»Ich werde dir auserlesene Kleider kaufen, Liebling«, sagte er. »Dann ziehe ich dich nackt aus und zerre dich nach draußen. Dort werde ich jeden Quadratzentimeter deines Körpers peitschen. Und wenn du sehr gut bist, Liebling, darfst du mit meinen Hunden spielen. Das würde dir doch gefallen, was? Es würde dir doch gefallen, von einem Hund beleckt zu werden?«

»Ja, Herr«, keuchte ich dann. »Ich würde gern mit deinen Hunden spielen.« Ich murmelte stets begeistert alles nach, was er gern hören wollte.

Manchmal erzählte Tab, er würde mich in eine Zelle voller ungewaschener Gefangener stecken.

»Ich möchte sehen, wie du ihre großen, dicken, ungewaschenen Schwänze ablutscht, Liebling.«

»Oh, ja«, stöhnte ich dann. »Bitte, gib mir große, dicke, ungewaschene Schwänze. Oh, ja …«

»Es würde dir gut tun«, sagte er. »Ich weiß doch, daß du ungewaschene Schwänze liebst, Liebling.«

Sehr oft, meist schon nach wenigen Minuten, behauptete Tab, die Sache langweile ihn, dann marschierte er einfach mitten in der Sitzung hinaus. Ein anderes Mal brachte er Vinnie mit, um ihm zuzusehen, wie er mich auspeitschte. Es war das erste Mal, daß mein Traumherr mich verdrosch, und ich war im Siebenten Himmel. Noch nie hatte sich eine Peitsche so gut angefühlt. Vinnie spielte alle meine Herr/Sklavin-Phantasien aus, er besaß mich, und ich wollte in der Lage sein, für ihn jede Art von Schmerz zu ertragen.

Doch außerhalb des Chalets hatte Vinnie stets eine Entschuldigung, warum er nicht bei mir sein konnte. Entweder war es Lilas Verletzlichkeit wegen ihres Alkoholproblems, oder eine andere lahme Ausrede. Die Monate vergingen; ich hatte noch immer keinen Vinnie. Und ich war so scharf auf ihn.

Das Chalet war mein ganzes Leben. Ich arbeitete pausenlos, fünf Abende in der Woche. Obwohl manche Mädchen mit Kevin und Kira Sklavenverträge abgeschlossen hatte, war ihre Hingabe nur selten von Dauer. Velvet brachte ihre Sklavin Esther mit auf die Party. Esther stand kurz vor der Sklavenausbildung und hatte große Angst davor. Obwohl sie beim Militär gewesen war und dort die Grundausbildung durchlaufen hatte, konnte sie sich nichts Schlimmeres vorstellen. Velvet überstellte Esther also zur Ausbildung an Kevin und Kira. Später hörte ich, daß ihre »Sklavenausbildung« darin bestand, in ihr Haus nach Las Vegas zu fahren und sich um Kiras Sohn Sean zu kümmern, der die reinste Pest sein sollte. Die Sklavinnen mußten Kira das Frühstück im Bett servieren und die ganze Hausarbeit tun. Meiner Meinung nach klang das weniger nach »Sklavenausbildung« als nach Ausbeutung. Jemand erzählte mir von einer früheren Sklavin: Sie hatte Kira das Frühstück im Bett serviert und war dann von ihr verbal zur Sau gemacht worden, da die Tasse nicht korrekt auf dem Tablett gestanden hatte. Kira hatte der sich duckenden Sklavin das Tablett an den Kopf geworfen und ihr befohlen, das ganze noch einmal zu machen – diesmal aber richtig.

Kiras Sohn Sean war damals etwa dreizehn. Später, als er achtzehn war, arbeitete er am Empfangstisch des Chalets, und wir freundeten uns gut miteinander an. Als sich Sean einmal an seine bizarre Kindheit zurückerinnerte, erzählte er mir, er habe viele der Besucher in ihrem Haus in Las Vegas nicht ausstehen können, ganz besonders nicht Herrin Val. Man hatte Val angewiesen, sich um Sean zu kümmern, was auch einschloß, ihn von der High School abzuholen. Der arme Sean war sehr verärgert gewesen, weil sie so ausgeflippt aussah. Sie hatte lange schwarze Fingernägel und schlief zu Hause oft den Kater aus, den sie vom Kokainschniefen hatte. Ich mochte Sean wirklich, aber er war ein Kind, das mit einer Menge Probleme in die Erwachsenenwelt hineinwuchs. Da seine Mutter ihn absolut beherrschte, ist er nun schwul.

Eines abends hatten Claire, eine Kollegin im Chalet, und ich zusammen Dienst. Ich war gerade im Begriff, eine Sitzung anzufangen, als sie mich äußerst sachlich fragte, ob ich wüßte, was das Wort »Paradox« bedeutete.

»Klar«, sagte ich. »Ein Paradoxon ist, wenn man in die Scheiße reingerät, egal ob man etwas tut oder nicht.«

Claire sagte, in einer solchen Situation sei sie gerade. Sie und Vinnie seien einander nähergekommen, und er wolle sie als Sklavin haben. Sie wollte hingegen die Sklavin von Vinnie und Kira sein, und das war etwas, womit sie nicht fertig wurde.

Das machte mich zwar stinkwütend, aber ich bemühte mich, es nicht zu zeigen. Da hatte ich die ganze Zeit über gedacht, Vinnie wollte *mich* als Sklavin haben, und nun gab er Claire das gleiche Versprechen. Natürlich lebte er damals auch noch mit Lila zusammen. Ich war fuchsteufelswild, aber irgendwie gelang es mir, meinen Kunden abzufertigen.

Später rückte ich im Hinterzimmer die Möbel gerade und heulte. Noel arbeitete als Herrin im Chalet. Sie kam zu mir rein, als ich gerade flennte, und wußte verdammt gut, was los war, hatte mir aber nie davon erzählt. Es stellte sich heraus, daß auch sie mit Vinnie zu tun hatte. Der Hundesohn kam verdammt weit herum! »Kein Mann ist es wert, daß man so um ihn weint«, sagte Noel, um mich zu beruhigen. Ich wußte ihr Mitleid und ihr Verständnis zwar zu schätzen, heulte aber weiter.

Als pflichtbewußte Sklavin informierte Claire Kevin über meinen Ausbruch. Er kam, um zu sehen, was mit mir los war, und ich erzählte ihm von Claire und daß ich Vinnies hörige Sklavin sein wollte. »Mach dir wegen Claire keine Sorgen«, sagte Kevin mit Autorität, aber nur wenig Sympathie. »Sie gehört *uns.* Keiner wird sie kriegen.«

Auf einer Freitagabendparty erklärte mir Vinnie dann: »Wenn du mich zum Herrn haben willst, würde ich mich freuen, dich zu übernehmen. Aber ich muß auch mit Lila weiter zusammensein. Sie braucht mich ebenso dringend.« Jetzt kommt es mir unglaublich vor, aber damals nahm ich Vinnies halbherziges Angebot an. Als Sklavin in der Ausbildung glaubte ich, ihm unterwürfig zeigen zu müssen, daß ich bereit war, alles für ihn zu tun. Seine Bedingungen stimmten ja mit der Wunschvorstellung überein, die ich mir erschaffen hatte.

Nachdem ich meine Hingabe erklärt hatte, traten Vinnie und ich ein paarmal in der Öffentlichkeit auf, meist auf Chalet-Partys. Ich gab mir alle Mühe, ihn zu befriedigen, aber er schenkte mir nur wenig Beachtung. Nach einer besonders intensiven öffentlichen Auspeitschungsszene ging er sofort hinaus und gesellte sich zu den anderen Mädchen. Ein anderes Mal kam er sehr früh am morgen auf dem Weg zur Turnhalle in meiner Wohnung vorbei, fickte mich einfach und ging weiter. Aber alles, was Vinnie mir zu geben beliebte, war okay. Es war wenigstens *etwas.*

Inzwischen trank ich zunehmend mehr, denn wenn ich im Alkohol untertauchte, verdrängte ich die Wirklichkeit. Es war mir im Grunde sowieso alles gleich. Die meisten anderen Mädchen im Chalet trieben im gleichen benebelten Geisteszustand dahin, betäubt von der einen oder anderen Droge. Trotz meiner ungeklärten »Beziehung« zu Vinnie verdiente ich aber einen Haufen Geld. Ich hatte viele Stammkunden und war in dieser Hinsicht erfolgreich, aber innerlich war ich unglücklich und einsam.

Immerhin hatte ich Freunde. Die anderen Mädchen waren zwar sehr gleichgültig, aber oft ging es während der Wartezeiten zwischen den Sitzungen so herzlich und vergnügt wie auf Teenager-Pyjama-Parties zu – wenn auch viele Leder trugen. Nach dem Abend, an dem ich so jämmerlich wegen Vinnie geheult hatte, wurden Noel und ich sehr gute

Freundinnen. Sie lebte mit einem Kerl namens Derek in einer vergleichbaren Situation, und so taten wir uns zusammen. Noel sagte Vinnie fortwährend, er solle mich respektvoll behandeln und meine Gefühle mehr schätzen, aber er hörte nie auf sie. Noel und Derek fragte mich dann, ob ich ihre Sklavin werden wollte – aber ich wollte nur Vinnie. Nach fast einem Jahr dieses Wahnsinns nahm Noel mich beiseite und schlug vor, wir sollten Vinnie sagen, sie nähme mich als Sklavin, bis er für mich bereit sei. So hätte ich wenigstens immer sie an der Seite und hätte jemanden, der mich beschützte. Es war ein verlockendes Angebot, aber ich war sicher, daß es nicht klappen würde; dazu war das sexuelle Problem zu offensichtlich: Ich wurde noch immer nicht von Frauen angezogen, und Noel und ich standen beide eindeutig auf Männer. Aber ich wußte auch, daß man als einsame Unterwürfige im Chalet auf der Hut sein mußte. Fast wie im Knast konnte auch hier eine Frau eine andere vor allem beschützen. Doch im Moment brauchte ich am dringendsten Schutz vor mir selbst. Ich dachte schon an Selbstmord und hoffte wirklich, Vinnie würde Noels Angebot ablehnen. Statt dessen wurde seine Unentschlossenheit nur noch größer, und als ich erkannte, daß ihm alles egal war, stimmte ich zu, Noels Sklavin zu werden.

Alle glaubten, Herrin Noel und ich hätten etwas miteinander. Aber das stimmte nicht. Unsere gemeinsamen S/M-Spiele erregten mich nicht; sie waren eher therapeutisch und erzieherisch. Noel nannte mich nie Schlampe oder Hure, wie William es getan hatte; statt dessen sagte sie, ich sei hübsch und solle stolz auf mich sein. Doch selbst wenn sie positive Dinge zu mir sagte, mußte ich weinen, weil ich mich ihrer nicht für würdig hielt. Hin und wieder, wenn eine starke Erwachsenenpersönlichkeit etwas Positives über mich äußerte, brach ich automatisch in Tränen aus. Fiel ich etwa in meine Kleinmädchenzeit zurück und lechzte nach der Beachtung meiner Mutter?

Zum Glück gab Noel meinem Leben wenigstens eine feste Struktur, als ich mich verwundbar fühlte und tatsächlich ganz am Boden lag. Ich rief sie jeden Tag sofort nach dem

Aufwachen an. Wir haben übrigens nur einmal miteinander gespielt, und zwar im Chalet. Ich war sehr gut darin, die Kunden zu überzeugen, uns zu einer Doppelsitzung zu buchen. Noel nahm dazu sehr gern einen Eimer mit Eiswürfeln mit und ließ sie über meinen Körper rollen. Ich kreischte dann wegen der Kälte und lachte über unsere kindische Stimmung. Noel und ich waren wie zwei im Sandkasten spielende Schwestern. Weniger gefiel mir, wie fest sie mich vor den Augen anderer auspeitschen konnte. Obwohl sie eine knallharte Domina war, tauschte sie aber in der Intimsphäre ihrer Wohnung mit Derek die Rollen. Daß sie eine heimliche Unterwürfige war, wußte nur ich. Die »beidseitige Bespielbarkeit« hätte ihren Ruf im Chalet möglicherweise ruiniert, aber ich sah nichts Falsches darin, wenn man in seiner Freizeit eigene Gelüste auslebte. Noel hatte auch eine weichere Seite. Ich habe sie ein paarmal weinen sehen und sie in meinen Armen getröstet.

Vinnie verließ das Chalet, was mich zunächst sehr traurig stimmte, aber nach ihm folgte eine Prozession heißer neuer Leiber. Charlie war erst zwanzig und äußerst niedlich. Er kam als Kunde mit masochistischen Phantasien ins Chalet, wurde aber später zu einem Herrn. Ich war gern mit ihm in der Nachtschicht zusammen, weil er so witzig war, aber auch wegen seines guten Aussehens. Dann saß Ed hinter dem Empfangstisch, der das Chalet und die S/M-Szene nicht sehr ernst nahm. Die Leute am Empfang sollten die Mädchen überwachen, uns wissen lassen, wann eine Sitzung vorbei war und dafür sorgen, daß wir die Vorschriften beachteten. Ed hingegen wollte nur sein Vergnügen. Er liebte uns alle und konnte sich als Sado oder Maso geben; alles was wir wollten, bloß um uns beim Spielen zu erfreuen.

Ed machte sich schließlich an mich ran, doch ich war schüchtern, da ich ein paar Monate mit keinem Mann zusammengewesen war. Außerdem wußte ich, daß Noel ihn für sich haben wollte. »Mach dir keine Sorgen, Jacqueline«, versicherte sie mir aber. »Er hat genug für uns beide.« Und da hatte sie recht. Der schwarzhaarige und dunkeläugige Ed hatte genau den Körper, der mir am liebsten war – er war nicht fett, aber eindeutig etwas, woran man sich festhalten konnte. Mich schienen fast alle Kerle anzuziehen, die den Empfangstisch bemannten, vielleicht deswegen, weil sie so etwas wie Beschützer waren.

In der ersten Nacht, in der ich mit Ed schlief, waren wir beide besoffen und voll bekifft. Es war wilder harter Sex, ein Gewirr aus Armen und Beinen – und Lippen, die einander die ganze Nacht ableckten. Eines Tages flog Ed aus seiner Wohnung, weil er die Miete nicht bezahlt hatte, und Noel nahm ihn flugs bei sich auf. Das war perfekt, da er nun mein Sklavenbruder war und wir jederzeit miteinander spielen konnten. Bei Noel war er gern unterwürfig, und sie war bereit, auf seinem Hintern die Herrin zu spielen. Eines abends gingen wir alle zusammen ins Kino – Noel, Ed, Noels zwei Kinder und ich. Wir fühlten uns wie eine Familie. Noel sprach in Gegenwart ihrer Söhne sehr offen über ihre S/M-Neigung, vielleicht sogar zu offen. Obwohl die Kinder damals erst neun und zehn waren, hatte Noel wohl das Gefühl, ehrlich sein zu müssen. Vielleicht war das aber mehr, als die Jungs ertragen konnten, denn sie sind beide im Jugendgefängnis gelandet. Ich schätze, daß sie sich ihrer Mutter möglicherweise schämten. Wenn Noel im Haus herumlief, trug sie schwarzes Leder und Netzstrümpfe und war gewiß nicht die Mama, die kleine Buben haben möchten.

Nach dem üblichen Kinobesuch schliefen die Jungs schnell ein, und damit begann die Spielzeit der Erwachsenen. Ich rauchte einen Joint und schaute zu, wie Noel Ed in ihrem Schlafzimmer auszog und ihm Handschellen anlegte, die sie mit seinen Knöcheln verband. Dann schritt Noel als Top-Domina zur Tat und reizte Ed zunächst fachmännisch mit ihrem Körper und mit Worten. Sie wollte ihn beherrschen, damit er anschließend mich beherrschte, führte ihn an einer Leine umher und schrieb ihm vor, wie er mich ficken sollte. Ich wäre zwar lieber allein mit ihm gewesen, aber Noel zu Gefallen spielte ich mit. Es war mir peinlich, es vor ihren Augen zu machen, und deswegen täuschte ich einen Orgasmus vor – dann war bald alles vorbei.

Am Silvesterabend befahl Noel Ed, mich auszuführen,

während sie zu Hause bleiben und ein Buch lesen wollte. Wir zogen überglücklich ab und nahmen uns vor, auf die Pauke zu hauen. Obwohl ich wußte, daß Ed nicht der Mann war, den ich brauchte, war er immerhin *etwas;* etwas, das die Leere ausfüllte. Traurigerweise war keiner meiner Freunde wild darauf, mich zu versohlen. Noel bemühte sich zwar, Ed dazu zu bringen, mir diese Ehre zu erweisen, aber er machte nur einen halbherzigen Versuch. Bald wurde auch deutlich, daß er in unserer Dreierbeziehung unzufrieden war, und als Noel bemerkte, daß er sie bestahl, warf sie ihn schnell aus der Wohnung. »Hör zu«, sagte sie zu mir, »wenn du einen Kerl findest, den du wirklich magst, bilde ich ihn für dich aus. Ich bringe ihm bei, das zu tun, was du möchtest.« Das war zwar ein verlockendes Angebot, aber nicht leicht zu erfüllen. Ich wußte einfach nicht, wo ich die Suche nach meinem Top-Dominanten anfangen sollte.

10
Drogenabhängig

Direkt dem Chalet gegenüber gab es eine Bar namens Malone's. Der Laden war typisch für die Umgebung und zog nicht gerade die feinste Kundschaft der Welt an. Ich ging oft dorthin, um mich zu entspannen, bevor ich eine Sitzung in Angriff nahm, und manchmal auch, wenn meine Schicht zu Ende war. Als ich eines abends an einem doppelten Kahlua mit Milch nippte, lernte ich Joey kennen, einen jüdischen Typen aus New York. Obwohl er hinsichtlich seines Berufs sehr geheimnisvoll tat, war er kameradschaftlich und schien einen Haufen Geld zu haben. Vielleicht hat er mit Drogen gehandelt; ich habe nicht gewagt, ihn danach zu fragen. Schließlich hatte auch ich nicht gerade den angesehensten Job auf diesem Planeten. Als ich leicht angetrunken war, erzählte ich ihm schließlich, daß ich im Chalet arbeitete und nach einem stattlichen, dominanten Charakter suchte, mit dem ich meine Tage verbringen konnte. Joey zuckte mit keiner Wimper. Ein paar Abende später gingen wir in einen in der Nähe befindlichen Rock'n'Roll-Schuppen. Ich war – wie üblich – stockvoll und lud Joey zu mir nach Hause ein. Kaum hatte ich die Wohnungstür zugemacht, als seine Hände auch schon an meinem Körper waren. Seine Zunge flutschte in meinen Mund, und er schob mir den Rock über die Schenkel nach oben. Joey fühlte sich in mir zwar wunderbar an, aber als es vorbei war, wußte ich genau, daß ich nicht die ganze Nacht mit ihm verbringen wollte. Ich war in solchen Sachen komisch und hatte so meine privaten Regeln, die ich normalerweise einhielt. In den frühen Morgenstunden setzte ich ihn vor einem Wohnhaus in Hollywood ab.

Ich brauchte nicht lange, bis mir klar wurde, daß Joey mir sehr gefiel. Bald fühlte ich mich bei ihm gut aufgehoben, und unsere Rendezvous fanden immer regelmäßiger statt.

Wir ballerten uns was rein, dann fielen wir in die Betten. Joey hatte Noels Genehmigung. Ich habe ihn sogar einmal zu uns zu einer Sitzung mitgenommen, doch meinen Herren in spe schien nichts aus der Ruhe zu bringen.

Nun, da ich einen besonderen Freund hatte, mit dem ich es treiben konnte, nahm mein Alkohol- und Drogenkonsum wieder zu. Joey wachte manchmal morgens früh auf, dann schlürfte er ein Bier und rauchte einen Joint. Er ging nie arbeiten, und ich hatte noch immer keine Ahnung, wovon er lebte. Aber das Geld floß in Strömen. Joey meldete uns sogar in einem örtlichen Turnverein an, und es machte Spaß, sich dort zusammen abzuplacken. Nichts spielte eine Rolle. Joey hatte Geld und Drogen, und mir war sowieso alles egal. Er war verheiratet gewesen, aber es hatte nicht geklappt; seine Frau hatte ihn ungefähr so sitzengelassen, wie Daniel mich. Als wir einmal saumäßig beschickert waren, fingen wir beide an zu heulen. Kurz darauf erklärte Joey, daß er mich liebte. Er wollte gern, daß wir zusammenzogen. Vielleicht war es an der Zeit, daß ich den Ort verließ, an dem Daniel und ich als Mann und Frau gewohnt hatten – wegen der vielen Erinnerungen. Joey half mir, Daniels Geist zu exorzieren, indem er ein paar Klamotten rauswarf, die er zurückgelassen hatte.

Joey nahm jetzt die Rolle des Herrn ein und fing an, für mich die Entscheidungen zu treffen. Langsam verdrängte er so auch Noel. Da ich noch immer Schwierigkeiten mit dem Einschlafen hatte, nahm ich inzwischen regelmäßig Valium, Joey beharrte jedoch darauf, mir etwas Besseres zu geben – eine rezeptpflichtige Tablette namens Ativan. Günstigerweise kannte er jemanden, der sie unter der Hand verscherbelte. Wir schliefen jeden Tag bis 15 Uhr und standen dann auf, um in der Turnhalle Gymnastik zu betreiben. An meinen freien Tagen ratzten wir bis 17 oder 18 Uhr. Der größte Teil der Welt wachte im Hellen auf, aber ich immer nur im Dunkeln.

Eines Abends hatten Noel und ich im Chalet eine kleine Auseinandersetzung. Ich hatte etwas gesagt, was sie für respektlos hielt, und bei einer Show, die wir an diesem Abend machten, ordnete Noel an, ich solle Sklavenstellung Nummer Eins einnehmen – Kopf hoch, Blick gesenkt, Brust heraus. Sie legte mir Hand- und Fußgelenkfesseln an und band mich an die Teppichstange. Noel war im Prügelverteilen sehr geschickt. Sie konnte mit der Peitsche so gut zielen, daß sich nur die Enden an meinem Rücken rieben. Wenn man die Peitsche so einsetzte, tat sie zwar weh, hinterließ aber keine Spuren. Obwohl sie auch mit der Gerte fest zuhauen konnte, war sie mit Worten nicht so gemein wie viele andere Dominas. Obwohl sie an diesem Abend wütend auf mich war, lobte sie mich fortwährend und nannte mich ihre »Goldsklavin«. Sie fügte hinzu, ich würde eines Tages meinen wahren Herrn finden und sehr glücklich werden. Noels freundliche Worten ließen mich in Tränen ausbrechen. Ich nahm zwar an, daß keiner der Zuschauer es bemerkt hatte, aber ein Mann erkannte wohl, was da geschah und war davon sehr gerührt. Nach der Show kam er zu mir, um mit mir zu sprechen. Als Dominanter war er sehr daran interessiert, mich kennenzulernen und eine Beziehung aufzubauen. Das war gegen die Chalet-Regeln, doch der Mann kam mehrmals aus seiner Heimatstadt in Colorado angereist und machte sogar mit Noel und mir einige Sitzungen. Nach jeder war es stets das gleiche. Er wollte mich davon überzeugen, zu ihm zu kommen, aber ich war Joey zu sehr ergeben.

Leider entpuppte sich Joey dann als eine der schlimmsten Erfahrungen, die ich je mit einem Mann gemacht habe. Ich war noch immer sehr naiv und hätte nie daran gedacht, jemandem zu mißtrauen. Zwar bin ich mir sicher, daß ich auf meinem Lebensweg manchen Menschen verletzt habe, aber nie absichtlich, denn ich weiß, wie es ist, wenn man betrogen wird. Es klingt vielleicht blauäugig, aber ich war immer der Meinung, die Menschen sollten einfach gut zueinander sein. Dann ist doch alles viel leichter – warum also tun sie es nicht? Es erstaunt mich immer wieder, wenn mich jemand hereinlegt, und ich hatte keine Ahnung, daß Joey ein gerissener Betrüger war. Immerhin fand ich bald heraus, daß er gar nicht in dem Haus wohnte, vor dem ich ihn in der ersten Nacht abgesetzt hatte. In Wirklichkeit hauste er in einem billigen Hotel. Er hatte keine Wohnung und keinen Arbeitsplatz, er hatte nur eine flotte Fassade und hatte sein letztes Geld dazu verwendet, uns im Turnverein anzumelden. Joey wußte, wie man mit mir umgehen mußte. Er hatte darauf gesetzt, daß ich mich in ihn verknallen würde, und damit recht behalten. Ich habe wohl wie eine liebeshungrige Seele auf ihn gewirkt. Und nicht nur das – ich suchte auch noch einen besonderen Mann, der mich beherrschte. Was scherte es Joey, wenn ich wollte, daß er mich auspeitschte oder versohlte? Er war auf eine Goldader gestoßen und hätte alles getan, um seinen Freifahrtschein zu behalten.

Bevor ich das schnallte, lebten wir in einer teuren und schicken Wohnung, die zu mieten er mich überredet hatte. Joeys aggressive Persönlichkeit und seine New Yorker Allüren machten Eindruck auf mich. Er hatte nie in Frage gestellt, wovon ich lebte. Warum sollte er auch? Ich ernährte ihn doch. Joey sollte mir bei meinen verschiedenen Pflichten zur Hand gehen, etwa Einkäufe erledigen und den Wagen inspizieren lassen. Ein Jahr später war der Wagen im Eimer; er hat das Geld wohl einfach eingesackt und die Inspektionen vergessen. Ich wollte mir die Wahrheit über ihn zwar nicht eingestehen, doch innerlich wußte ich, daß ich mit dem Feuer spielte. Es hatte aber auch einen eigenartigen Kitzel, hart am Rande der Klippe zu leben. Ich dachte nie zweimal über eine Gefahr nach, und da meine Tätigkeit im Chalet ohnehin nur halb legal war, erklärte ich mich einverstanden, daß Joey von unserer Bleibe aus einen Marihuanahandel aufzog.

Ich neige wohl dazu, aus Fast-Tragödien unversehrt hervorzugehen – wie an dem Tag, an dem das Chalet hoppgenommen wurde und ich gerade eine Sitzung hatte. Ähnlich wie bei den Straßenbanden erklärten sich auch die S/M-Salons den Krieg untereinander und befehdeten sich wegen ihrer besten Kunden. Ein anderer Club hatte das Chalet bei der Polizei angezeigt, und wir hatten eine Razzia; Kriminaler kamen herein und stellten konkrete Fragen. Wer eine falsche Antwort gab, ging hoch. Die Polizei suchte speziell nach Nina, Noel und mir. Sie wollten uns wegen der Sitzungen verhören und mal sehen, ob wir etwas Illegales sagten oder taten. Die anderen hatten gerade keine Sitzung, aber ich war da – nackt mit einem Kunden. Damals saß mein Freund Matt am Empfang, der mich hätte schützen können, aber er hatte nicht einmal den Summer betätigt, um zu signalisieren, daß die Sitzung vorbei war. Sie kam mir endlos lange vor. Schließlich verließen mein Kunde und ich den Raum, ohne etwas von der Razzia zu ahnen, und zuerst dachten wir, die Mädchen wollten uns verulken. Ich rutschte das Treppengeländer hinunter und lüpfte dabei mein Röckchen wie ein Kind. Ninas verweintes Gesicht sagte mir dann, daß wir wirklich eine Razzia hatten.

Später kam heraus, daß jemand aus einem anderen Club das Chalet angeschwärzt hatte und uns wegen Prostitution hochgehen lassen wollte. In Los Angeles ist es, wie in den meisten Städten, eine Straftat, Sex für Geld anzubieten. Noel und Nina hatten wohl etwas gesagt, das man so interpretieren konnte, und deshalb nahm man sie mit zum Polizeirevier und buchtete sie wegen Verdachts der Prostitution ein. Sie mußten eine Nacht in der Zelle sitzen – Herrin Noel in einem engen Korsett, aus dem ihre Titten heraushingen. Sie brach erst am nächsten Tag zusammen und schluchzte mir vor, niemand sei gekommen, um ihre Kaution zu stellen. Kevin und Kira war das egal. Es war auch allen anderen egal.

Trotz der Razzia führte ich weiterhin Fesselsitzungen im Chalet durch. Mich regte nichts auf, und ich machte mir nicht mal Sorgen um Joey. Es scherte mich einen Dreck, daß er mit Drogen dealte, solange er nur gut zu mir war. Wir gingen jedes Wochenende mit ein, zwei Quaaludes auf den Trip. Ich unterwies ihn in den B&D-Methoden, und er war ein wunderbarer Schüler. Oft kam er zu unseren Shows ins Chalet und prügelte mich windelweich. Da er als Kind in einem Ferienlager Reitunterricht genommen hatte, wußte er auch mit Reitgerten umzugehen, doch das, was er tat, brachte ihn sexuell nicht auf Touren. Der gefühlsmäßige Aspekt, mich auszupeitschen, bedeutete ihm nichts. Ich bin mir ziemlich sicher, daß er die ganze Szene immer nur als Witz gesehen hat.

Das zweistöckige Wohnhaus, in dem wir wohnten, war herrlich und wahrscheinlich das schönste, in dem ich je gelebt habe. Dazu gehörten zwei Schlafzimmer, zwei Bäder und eine Garage. Wir überblickten zwei Tennisplätze, und zum Wohnblock gehörte auch ein Schwimmbecken. Allerdings waren wir so beschäftigt damit, uns zu besaufen und mit Drogen vollzuknallen, daß wir nie dazu kamen, unsere Wohnung einzurichten. Kurz nach dem Einzug bekam Joey einen festen Job als Verkäufer für Stereoanlagen. Im ersten Monat zahlte ich alle Rechnungen, Miete und Bewachung inklusive. Im nächsten Monat war Joey an der Reihe. Ich nahm an, er hätte sich darum gekümmert, doch dann bekam ich einen Anruf des Hausbesitzers. Joey erzählte mir später schlagfertig: »Ich hab's wohl aus Versehen zur Verwaltung statt zum Hausherrn überwiesen.« Natürlich glaubte ich ihm. Schließlich gab Joey aber zu, daß er gelogen hatte, er schluchzte und sah mich aus großen, bekümmerten Augen an. Dumm wie ich war, verzieh ich ihm. Ich verzieh Joey ständig dies oder das. Es dauerte nicht lange, da verlor er seinen Verkäuferposten, kam mit zerschnittenem Gesicht nach Hause, hatte ein geschwollenes Auge mit einer Klappe verdeckt und behauptete, sich mit einigen Arbeitskollegen geprügelt zu haben.

Irv war ein guter Freund von mir, der Joey nicht ausstehen konnte. doch um mir nahe sein zu dürfen, hielt Irv die Klappe. Als wir gerade mal knapp waren, kaufte Joey von Irv etwas Pot und zahlte mit einem Scheck, den er mir geklaut hatte. Auch das verzieh ich ihm. Es gab ein Problem nach dem anderen. Nachdem Joey seinen Job verloren hatte, bekam er plötzlich einen Hautausschlag und konnte nicht arbeiten; dann hatte er einen kranken Magen. Drei Jahre zuvor hatte ich zwar schon einmal eine Ehe überlebt, in der ich alle Rechnungen bezahlen mußte, aber Daniel hatte mich wenigstens nie belogen. Ich hoffte zwar weiterhin, daß Joey sich änderte, aber dazu kam es nie.

Wenn ich arbeitete, blieb Joey zu Hause. Er kochte gern, hielt die Wohnung gut in Schuß und packte sogar eine ganze Reihe der Hochzeitsgeschenke aus, die Daniel und ich nie gebraucht hatten. Joey konnte phantastische Erdbeer-Daiquiris, Spaghetti und Frikadellen machen. Er fabrizierte gute Mahlzeiten, und neben ihm zu schlafen war behaglich, fast wie im Eheleben. Und Joey feierte auch gern mit mir. Wir knallten uns zwar zusammen die Birne voll, aber ich war wieder mal im Begriff, mir selbst in die Tasche zu lügen.

An meinem Geburtstag fuhren wir nach Las Vegas. Joey führte sich auf, als hätte er die Reise bezahlt, in Wahrheit hatte er aber nur die Zimmer reservieren lassen. Er holte mich um vier Uhr morgens am Chalet ab und hatte etwas Wein und Käse für unterwegs mitgebracht. Noch eines war typisch für ihn: Er ermunterte mich zu saufen. Sobald wir angekommen waren, schlug er vor, ich solle noch einen trinken. Vielleicht glaubte er, daß ich, wenn ich sturzbesoffen war, nicht merkte, daß er mich ausnutzte.

Obwohl ich ihm deutlich gemacht hatte, daß ich keine Haustiere wollte, brachte er zwei Kätzchen mit in die Wohnung. Er hatte mich mal sagen hören, wenn ich schon zwei Katzen hätte, sollte der Kater schwarz und die Katze weiß sein. »Damit der Kater ihr Herr sein kann«, hatte ich geulkt. Genau das schleppte Joey an. Endlich hörte jemand auf mich! Jemand ist für mich da, dachte ich, oder sowas in der Art. Joey nannte den Kater Zaphod, nach einer Figur aus dem Buch *Per Anhalter durch die Galaxis*. Ich rief die Katze Serena, nach der Pornoschauspielerin, und verliebte mich in wenigen Stunden in meine Kätzchen. Sie verliehen der Wohnung eine sehr gemütliche Atmosphäre und ich habe die beiden noch immer. Obwohl Joey ein Schleimer war, haben die Katzen es fast wiedergutgemacht.

Als die beiden noch klein waren, fuhren Joey und ich nach San Francisco hinauf. Wir wußten nicht sehr gut über die Bedürfnisse von Katzen Bescheid und ließen sie oft mit genügend Futter für vier bis fünf Tage allein in der Wohnung. Während wir weg waren, war im Chalet die Kacke buchstäblich am dampfen. Kevin bezahlte uns wöchentlich per Scheck, und meine waren im Laufe der Jahre zwar ein- oder zweimal geplatzt, aber meist hatte ich keine Schwierigkeiten gehabt. Doch nun händigte Kevin uns fortwährend ungedeckte Schecks aus. Ein neuer S/M-Salon namens »Club Poses« hatte eröffnet, und man gab sich alle Mühe, dem Chalet ein paar Star-Mitarbeiterinnen abzuwerben. Das war angesichts von Kevins wertlosen Schecks nicht schwierig. Zwei Herrinnen, Pam und Sylvia, waren die Besitzer des neuen Clubs, und ein Bursche namens George spielte für sie den Geschäftsführer. Ich hatte ihn ein paar Wochen zuvor bei einem Treffen der Janus Society kennengelernt, und George hatte den Hauptteil seiner Zeit damit verbracht, mich fleißig abzuwerben. Ich hatte freundlich abgelehnt und ihm erklärt, ich sei dem Chalet treu, doch während des Kurzurlaubs hatte George Nina vorgelogen, ich wollte nach meiner Rückkehr für ihn arbeiten. Aufgrund von Kevins Mistschecks hatte der größte Teil des Chalet-Personals ihm den Rücken gekehrt und im Club Poses angefangen. Kevin hatte damit ein paar seiner besten Damen verloren: Nina, Noel und Tantala (die manch einer aus Pornofilmen wie *Bizarre Encounters* und *Out for Blood* kennt).

Da ich nicht genau wußte, was ich tun oder wo ich hingehen sollte, bat ich Joey, mir bei dieser wichtigen Entscheidung zu helfen. Er sagte, ich solle im Chalet bleiben – wahrscheinlich weil er mich von Noel fernhalten wollte; aus Angst, sie könne mir sagen, daß ich mit ihm in Wirklichkeit nur meine Zeit verschwendete. Dann zahlte Kevin alles, was ich bei ihm offen hatte, mit einem gedeckten Scheck. Eine andere gute Arbeitskollegin namens Lisa versicherte Joey, sie würde sich gern ebenso um mich kümmern wie einst Noel. Nach einer kurzen Flaute ging das Geschäft im Chalet wieder wie früher los. Eine Weile herrschte Personalmangel bei uns, und ich legte Doppelschichten ein, bei denen ich zweimal soviel Geld verdiente.

Langsam aber sicher heuerte Kevin neue Mädchen an, doch ihre Qualitäten waren jämmerlich. Eine Frau, sie hieß Flora, war eine große, dicke Domina mit einem aufgeblasenen, zu ihr passenden Selbstbewußtsein. Sie hatte schmutzigblondes Haar, dreckige Fingernägel und lief gern barfuß. Trotz ihres Übelkeit erregenden Äußeren beteten ihre Sklaven sie an und lechzten danach, ihr jeden Wunsch zu erfüllen. Sie liebten sie, und sie liebte sich auch, und so war alles wunderschön. Sheba war eine knallharte Straßengöre, der ein Schneidezahn fehlte. Dann gab es eine Fraueninvasion aus der Starlight Dancehall, einem Innenstadt-Club, der gerade zugemacht hatte; dazu gehörte auch Jeri, eine schreckliche Frau und eine pathologische Lügnerin. Unter all diesen Dornen gab es aber auch ein paar Rosen; Brenda hatte ungefähr meine Größe und war sehr nett. Auch eine Französin namens Nanette und ich wurden sehr gute Freundinnen.

Lisa stand zu ihrem Wort und nahm mich unter ihre Fittiche. Bei Doppelsitzungen arbeitete ich mit ihr, und im Gegensatz zu Noel hat sie mir nie wehgetan. Sie legte nur eine Show für die Kunden aufs Parkett, und das war es ja eigentlich, was es im Chalet geben sollte – viel Spiel.

Es zeigte sich, daß eine Menge der aus dem Chalet ausgezogenen Mädchen sehr unglücklich waren. George war ein Tyrann. Er behandelte Dolores, seine Leibsklavin, schrecklich; es gab Zeiten, in denen er sie mit dem Kopf nach unten aufhängte und unheimlich durchprügelte. Es macht mich wütend, wenn echte Irre S/M dazu ausnutzen, ihre Gemeinheiten an Frauen auszutoben. Viele der Mädchen, die zum Club Poses gegangen waren, kehrten schließlich kleinlaut ins Chalet zurück. Auch Noel merkte, daß George sie finanziell betrog, und wollte ihn festnehmen lassen. Das hat aber nicht geklappt. Die Polizei wußte natürlich, daß es S/M-Clubs gab und ließ sich oft in unseren Etablissements sehen. Einen Sheriff kannten wir ziemlich gut; es erheiterte ihn, was wir taten. Auch aus diesem Grund hatte ich keine Angst vor dem Gesetz. Damals schien die Polizei die Szene prima zu akzeptieren. Ob es einem gefiel oder nicht, S/M war ein Bestandteil des Lebens.

Als die meisten Dominas das Chalet verlassen hatten, bat Kevin mich, auch als Herrin zu agieren. Aus dem kleinen Rollentausch (ich mußte überzeugend Unterwürfige *und* Dominante spielten) wurde ein großer. Vielleicht lag es an den vielen Monaten, in denen ich Noel zugesehen hatte, aber bald fiel es mir leicht, Knoten zu binden und mit Peitschen und Reitgerten umzugehen. Es dauerte nicht lange, dann arbeitete ich ebenso als Domina wie als Sklavin.

Anfangs war es schwierig. Das Unterwürfigsein entsprach so sehr meiner Natur, daß mir die Arbeit einer Domina am Anfang wirklich Mühe machte. Ich fühlte mich nicht sehr sicher. An einem Samstagabend arbeitete ich allein und hatte die Anweisung, jeden Kunden zu bedienen, der hereinkam. Großartig! Praktisch jeder Kerl wollte eine Domina-Sitzung erleben. Bill, ein Freund, wies mich an: »Dreh es einfach um, Jacqueline. Tu das mit ihnen, was du gern selbst an dir erleben möchtest.« Es war so ähnlich wie bei Cathys Cunnilingus-Credo, und diese Philosophie klappte gut, außer bei einem Kunden gegen Ende des Abends. Zu den wichtigsten Regeln der Dominanz gehört es, daß der Sklave seiner Herrin nicht in die Augen schauen darf, der Kunde schaute mich aber fortwährend an und wollte nicht aufhören, als ich es ihm befahl. Ich rannte verwirrt hinaus und beriet mich mit Billy. Er lachte. »Dann laß ihn halt schauen, Schwesterchen.« Ich nehme an, auch S/M-Regeln sind dazu da, um gebrochen zu werden. Besonders, wenn der Sklave viel größer ist als man selbst! Inzwischen habe ich gelernt, viel ernsthafter zu meinen Kunden zu sein. Aber wenn jemand eine Regel bricht – na und? Sie kommen, um ihr Vergnügen zu haben und zahlen großzügig dafür.

Im Lauf der Zeit nahm die Befriedigung ab, die die Spiele mit Joey mir brachten. An freien Abenden führte er sich auf, als sei es seine Pflicht, mich sexuell zu bedienen. Er verdrosch und liebte mich nicht nur, weil er es wollte, sondern weil er glaubte, es mir schuldig zu sein. Nicht nur das – hin und wieder ertappte ich ihn auch bei einem neuen komplizierten Lügengewebe. Möglicherweise um der Realität zu entfliehen, schlief ich immer länger. An manchen Sonntagen stand ich gar nicht mehr auf. An vielen Samstagen, wenn ich um vier oder fünf Uhr morgens aus dem Chalet nach Hause kam, blieb ich dagegen auf und trank allein. Wenn dann die Sonne aufging, wankte ich an den Pool, der zu unserem Wohnblock gehörte. Zerzaust und vor mich hinbrabbelnd bot ich bestimmt keinen schönen Anblick. Taumelte ich dann nach Hause, wechselte ich oft grobe Worte mit den tennisspielenden Frühaufstehern. Wenn Joey schließlich nach Hause kam, aßen wir etwas und knallten uns noch mehr Quaaludes rein.

Eines Abends, auf einer Janus-Party, waren Joey und ich sternhagelvoll und nahmen jeder eine Quaalude. Plötzlich redete er laut darüber, daß die Janus-Typen alle blöde und häßlich seien, und als ich ihn beruhigen wollte, drehte er eine meiner Brustwarzen so fest herum, daß alle entsetzt waren. Man darf nicht vergessen, daß wir uns in einem Raum voller S/M-Typen befanden, aber auch sie waren erschreckt über die Brutalität, mit der er mich behandelte. Dann wollte Joey plötzlich gehen. Ich erfuhr später, daß der Leiter der Janus Society ihn hinausgeworfen hatte, weil er einfach in einen Raum hereingeplatzt war, in dem ein paar Leute ein privates Spielchen machten. Pflichtgemäß folgte ich meinem Mann und versuchte ihm zu erklären, daß er sich vor meinen Geschäftsfreunden so nicht aufführen konnte. Das machte Joey nur noch wütender. »Wer ist denn wichtiger – die oder ich? Da, wo ich herkomme, denkt man zuerst an die Familie und die Freunde. Bist du eigentlich nicht loyal zu mir?« Er hörte sich an wie ein Mafia-Pate in Lederklamotten, und als wir in unserer Wohnung waren, setzte sich der Krach in voller Lautstärke fort. Während Joey über meine Treulosigkeit schwadronierte, verprügelte er mich oder schlug mich mit dem Kopf gegen die Wand. (Ich war so blau, daß ich es nicht mehr genau weiß.) Schließlich bekam ich es mit der Angst zu tun und rief die Polizei an. Als ich sie an der Strippe hatte, riß Joey mir den Hörer aus der Hand und legte auf. Kurz darauf rückten die Bullen an – ein männlicher und ein weiblicher Cop. Sie waren kalt und bestimmt, doch ich weigerte mich, allein mit ihnen zu reden. »Ist alles in Ordnung«, murmelte ich. »Es war ein Mißverständnis.« Bald hauten sie wieder ab.

Am nächsten Tag ging Joey arbeiten. Es war Montag, mein freier Tag, ich hatte einen Kater und fühlte mich innerlich unter aller Sau. An diesem Abend, gegen sieben, gelang es mir aber trotzdem, in Jane Fondas Turnhalle zu gehen, um mich ein bißchen zu bewegen. Gerade als ich gehen wollte, klingelte das Telefon. Es war mein Freund Irv. Er war ebenfalls auf der Janus-Party gewesen und machte sich Sorgen um mein Wohlergehen. Zuerst wollte ich den Mund halten. Typisch, denn geprügelte Frauen wollen nie über ihre Lage reden. Sie leiden nur still vor sich hin und versuchen, ihre Angreifer zu beschützen. Aber Irv gab nicht auf. Er fragte mich, was passiert war, nachdem wir die Party verlassen hatten, und sein aufrichtig besorgter Tonfall bewirkte schließlich, daß ich nachgab. Ich erzählte ihm, daß Joey mich verhauen und daß ich die Polizei angerufen hatte.

»Ich möchte, daß du deine Sachen packst und von dort verschwindest«, sagte Irv. »Und zwar sofort!«

»Das kann ich nicht«, stammelte ich.

»Pack deine Sachen und geh. Verstehst du denn nicht? Er war einmal gewalttätig. Es wird wieder passieren. Solche Dinge ändern sich nicht.«

Irv redete überzeugend und versicherte mir, sein Haus stünde mir stets offen. Das gelte auch für Noels Haus. Falls mir beide Alternativen nicht zusagen sollten, bot Irv an, mir ein Hotel zu besorgen. Er wollte alles tun, wenn ich Joey nur verließ.

»Ich kann nicht«, sagte ich zu ihm. »Joey schuldet mir sechstausend Dollar.«

Totenstille, dann ein fast ersticktes Lachen. »Mach dir doch nichts vor, Alice. Die kriegst du ohnehin nie zurück. Du wirst ihm höchstens noch mehr pumpen.«

Ich wollte Irv nicht glauben, weil ich immer noch hoffte, daß Joey sich ändern würde. Wenn er mich liebte, mußte er es tun. Und außerdem – wie konnte ich einfach aus dem Haus gehen und meine Katzen allein lassen? Doch als ich den Hörer auflegte, wußte ich, daß Irv recht hatte. Ich packte meine Sachen.

Draußen regnete es. Ich fuhr ziellos herum, wußte nicht, wohin ich gehen sollte, und kam mir wie verloren vor. Schließlich hielt ich vor einer Telefonzelle und rief Noel an. Als sie meine Einsamkeit spürte, lud sie mich in ihre Wohnung ein, aber als ich dort ankam, hatte ich einfach nicht das richtige Gefühl. Sie war nicht sehr gesprächig, und es war eindeutig, daß ich ihr Leben durcheinanderbrachte.

Als Joey von der Arbeit nach Hause kam und ich nicht da war, hat er sich wahrscheinlich ausgerechnet, daß ich mich bei Noel aufhielt. Er rief an, und sobald ich seine Stimme hörte, schmolz ich innerlich hin. Zwar kehrte ich auch wieder zu ihm zurück, doch ich erkannte bald, daß Irv mit seinen Worten recht gehabt hatte. Natürlich zahlte Joey mir nichts zurück. Die Lage wurde fortwährend schlimmer. Er gab ständig Geld für irgendwelchen teuren Kram aus, doch das Zahlen der Rechnungen war fast immer meine Pflicht. Bei den 950 Dollar, die wir monatlich an Miete zahlten, der riesigen Stromrechnung und der Tatsache, daß ich Joeys Kifferei finanzierte, schrumpfte das ganze Geld, das ich vor meiner Bekanntschaft mit ihm gespart hatte, allmählich zusammen. Meine einzige Zuflucht waren Drogen. Meist warfen wir zusammen nur Quaaludes ein, aber ich erfuhr, daß Joey vor unserer Bekanntschaft ungeheuer viel Koks genommen hatte. Er behauptete, er hätte es mit seiner Frau und einem bekannten Schauspieler *geraucht*. Seine Ex-Frau hatte ihn angeblich dazu gebracht, Dinge aus dem Stereoladen zu klauen, in dem er gearbeitet hatte, damit sie jeden Abend Koks zum Rauchen kaufen konnte. Joey fragte mich, ob ich nicht auch mal Koks rauchen wollte. Er sagte, ich sollte es mal tun, um das einmalige euphorische Gefühl zu spüren, daß es mit sich brachte. Ich konnte mich nicht dazu entscheiden, aber nach dem ersten Mal drängte ich Joey fortwährend, mir noch mehr zu bringen.

»Na siehste«, sagte er, »ich wette, so geil warst du noch auf keine Droge.« Ich mußte zugeben, daß das stimmte. Eine schöne Erkenntnis!

Eines Tages lieh Joey sich meinen Wagen für eine Fahrt aus. Als er zurückkehrte, erzählte er mir eine tolle Geschichte. »Stell dir vor«, sagte er, »der Motor ist einfach in die Luft geflogen.« Er reichte mir ein gefälscht aussehendes Stück Papier, auf dem stand, der Wagen hätte einen Totalschaden gehabt. Er hatte ihn an einen Schrotthändler verkauft. Ich habe nie erfahren, was wirklich passiert ist, und habe meinen Wagen auch nie wiedergesehen. Vielleicht ist er kaputtgegangen, weil er ihn nie zur Inspektion gebracht hatte, vielleicht hat er ihn aber auch ganz einfach verkauft. Wir gingen noch am gleichen Abend in die Stadt und kauften uns – mit meinem Geld – einen Gebrauchten. Bumm! Bumm! Bumm! So war unser Leben. Solange ich etwas Geld in Reserve hatte, schien Joey sich keine Sorge zu machen.

An meinem Geburtstag im Mai wollten wir uns einen Abend in der Stadt vergnügen, und Joey versprach, an diesem Abend den Dominanten zu spielen und mich zu seiner wirklichen Sklavin zu machen. Ich nahm mir den Tag im Chalet frei, damit wir zusammen essen und tanzen gehen konnten. Darauf freute ich mich wirklich. Doch dann kam Joey von der Arbeit nach Hause. »Ich habe gute und schlechte Nachrichten«, sagte er achselzuckend. Die schlechte Nachricht war, daß er seinen Job verloren hatte. Warum? Man hatte bemerkt, daß er klaute. Die gute Nachricht: Er würde nun bei seinem Freund Sid arbeiten, der auf dem grauen Markt tätig war und Mercedes-Autos importierte. Er sagte, es sei weder sonderlich gesetzlich noch ungesetzlich, aber woher der Nachschub kommen sollte, verstand ich nicht so ganz. Natürlich versprach Joey, daß bei dem neuen Job wenigstens ein Mercedes für mich herausspringen würde. Aber um bei der schlechten Nachricht zu bleiben: Er hatte seinen Gehaltsscheck nicht gekriegt und deswegen kein Bargeld, um mich an meinem Geburtstag auszuführen. Wir könnten aber trotzdem ausgehen, wenn wir das Geld nehmen würden, das ich ihm vor ein paar Tagen gegeben hatte, um die Telefonrechnung zu bezahlen. Damit wollte er nun meinen Geburtstag feiern!

»Du kannst mich am Arsch lecken!« schrie ich ihn an und hechtete zur Tür. Ich wollte, nahm ich mir vor, an meinem Geburtstag lieber arbeiten, als mich mich ihm streiten. Joey wollte mich festhalten, aber ich entwand mich schließlich seinem Griff, fuhr mit dem Wagen los und zählte das Geld, das ich noch erwischt hatte. Statt der 250 Dollar, von denen ich wußte, daß ich sie weggelegt hatte, waren nur noch 50 da. Ich wußte verdammt gut, wo die fehlenden 200 waren und fing an zu heulen. Joey bestahl mich also unverhohlen. Schließlich riß ich mich zusammen und rief das Chalet an, damit man wußte, das ich unterwegs war. Joey hatte kurz vor mir angerufen, und aus irgendeinem Grund beschloß ich, wieder nach Hause zu fahren. Ich fühlte mich geschlagen und taub und war wirklich wütend, aber Joey war nicht da. Er kam eine halbe Stunde später mit meinem Geburtstagsgeschenk zurück – Kokain.

Kokain ist eine verblüffende Droge. Ich nahm einen Zug aus der Pfeife und war schlagartig selig. Nur ein Zug, und es kümmerte mich nicht mehr, daß Joey mein Geld gestohlen hatte, um das Zeug zu kaufen. Es gelang mir sogar, mich davon zu überzeugen, daß er es gar nicht gestohlen hatte. Wir rauchten die ganze Nacht Kokain. Die Droge machte mich sexuell echt an. Wenn wir rauchten, konnte ich gar nicht genug kriegen, aber Joey war meist damit beschäftigt, den Koks aufzukochen oder damit herumzumachen. Wenn ich ihn anfassen wollte, zog er sich einfach zurück und sagte, wenn wir vögelten, würde ihn das ernüchtern. Es war echt schrecklich, wenn die Wirkung nachließ, doch auch heute noch, wo ich seit Jahren clean bin, lechze ich manchmal nach dem euphorischen Gefühl, das Koks einem bringt. Aber es ist eine sehr, sehr gefährliche Droge, und ich hoffe, ich habe die Kraft, sie nie wieder zu nehmen.

Ein paar Wochen später hatten Joey und ich erneut einen recht lauten Streit. Wir hatten vorgehabt, am Memorial Day zu verreisen, und er hatte versprochen, genug Kokain zu verkaufen, um den Ausflug zu finanzieren. Eine Frau, mit der er in dem Mercedes-Laden zusammenarbeitete, hatte ihn mitgenommen, um den großen Koksdeal durchzuziehen. Ich argwöhnte, daß zwischen den beiden etwas lief, besonders dann, als ich um vier Uhr morgens aus dem Chalet zurückkam und Joey noch nicht zu Hause war. Er hatte nicht mal einen Zettel hinterlassen, und ich machte mir unheimliche Sorgen. Schließlich wankte er herein und erzählte mir ein bizarre Geschichte: Er sei festgenommen worden (in Wirklichkeit hatte er die ganze Nacht hindurch Koks geraucht – eben das Zeug, das er hatte verkaufen sollen, um unseren Ausflug zu finanzieren), und um alles noch schlimmer zu machen, sei der Kerl, der ihm das Drogengeld vorgeschossen hatte, eifrig hinter ihm her.

Also kein Kurzurlaub an diesem Wochenende. Ich wollte meinen Ärger mit einer Valium und etwas Schnaps betäuben, doch nicht mal das stillte den Schmerz. Schließlich wurde mir klar, daß ich Joey loswerden mußte. Ich stand kurz vor einem Nervenzusammenbruch. Da er mich pausenlos ärgerte, hatte ich viel Gewicht verloren und sah ziemlich abscheulich aus. Die Miete war auch wieder fällig. Ich sagte also zu Joey, es sei an der Zeit, daß wir uns trennten, und zu meiner Überraschung stimmte er zu und gab mir einen Scheck über 2000 Dollar, um meine Unkosten zu decken. Zwei Wochen später erfuhr ich von der Bank, daß der Scheck gefälscht war, und als ich Joey wegen dieser Sache in die Mangel nahm, gab er zu, den Scheck von Sid gestohlen zu haben. Das gab mir den Rest. Nach meiner Ansicht konnte Joey nicht mehr tiefer sinken. Ich sagte ihm, er müsse gehen, und zwar nicht am Monatsende, wie geplant, sondern sofort.

Das war an einem Freitag, und ich verbrachte das Wochenende im Chalet, damit ich ihn nicht zu sehen brauchte. Das Zimmer war schmutzig, fensterlos und hatte keine Lampe, aber es war mir egal. Bald würde ich frei sein. Ich sah wirklich abgemagert und verbraucht aus. Manche meiner Kunden machten sich Sorgen und fragten, ob ich krank sei. Auf gewisse Weise war ich es. Diese Zeit war gefühlsmäßig möglicherweise der Tiefpunkt meines gesamten Lebens und noch schlimmer als damals, als Daniel mich verlassen hatte. Jetzt verlor ich fast meine ganze Selbstachtung; Joey, die Drogen und der Suff hatten mich soweit gebracht. Ich hatte fest vor, erst wieder in unsere Wohnung zurückzukehren, wenn er weg war. Seine Anrufe, bei denen er mich bat zurückzukommen, um eine letzte Nacht mit ihm zu verbringen, setzten mir mächtig zu, und dummerweise erklärte ich mich dazu bereit. Als er kurz nach mir eintraf, war er sternhagelvoll. Wir haben uns zwar nicht geliebt, aber im gleichen Bett geschlafen. Ich hatte mich in einer Ecke zusammengerollt, mein Geld unter dem Kissen versteckt und döste unruhig vor mich hin.

Als ich am nächsten Morgen aufwachte, machte Joey in der Küche herum, als sei nichts geschehen.

»Du solltest doch schon vor einer Woche ausziehen«, erinnerte ich ihn.

»Ich hab' nichts anderes gefunden«, sagte er.

Ich bot an, ihm Geld zu geben, damit er eine Woche in einem Hotel wohnen konnte.

»Meinst du es ernst?« fragte er.

Ja, ich meinte es ernst.

Irgendwie hatte ich das Gefühl, fliehen zu müssen. Alles war vorbereitet, daß ich aus der Stadtwohnung aus- und in eine kleine Wohnung in Ninas Nähe einzog. Ich hatte sogar eine Kaution gezahlt. Lisa kam, um mir beim Packen zu helfen, und als sie sich umsah, fragte sie, ob ich diese herrliche Umgebung wirklich verlassen wollte. Schließlich *mußte* ich doch nicht ausziehen. Da ich die Miete ohnehin allein getragen hatte, überedete Lisa mich dazu, zu entspannen und noch ein paar Monate dazubleiben. Joeys Gehirnwäsche hatte mich glauben lassen, der Hausherr könne uns nicht ausstehen, aber er war mehr als verständnisvoll, als ich ihn bat, die Türschlösser auszuwechseln. Nachdem er die ganze Geschichte gehört hatte, sagte er: »Ach, wären Sie doch nur eher zu mir gekommen. Ich hätte versucht, Ihnen zu helfen.« Joey hatte ein paar Löcher in die Wände gehauen. Der Hausbesitzer putzte auch diese aus, ohne mir etwas zu berechnen, und ein paar Tage lang ließ ich es mir gutgehen. Sogar mein Appetit kehrte zurück. Bald ging ich wieder arbeiten. Mein Leben kam fast wieder ins Gleichgewicht.

Doch Joey, verflucht soll er sein, hatte mich kokainsüchtig gemacht. Er hatte die Saat des Verlangens in meinen Körper gepflanzt. Als ich Koks noch geschnieft hatte, war es mir möglich gewesen, ihn zu nehmen oder auch zu lassen. Jetzt gierte ich danach. Koks verlieh mir ein besseres Gefühl, und obwohl es ungesetzlich war, pfiffen viele meiner Kunden sich bei einer Sitzung Koks ein. Lisa machte einen Trip mit einem stinkreichen Anwalt, der bekannt dafür war, daß er Koks von höchster Qualität besaß, und ich freute mich, als er eine Doppelsitzung mit mir buchte. Sobald ich ins Zimmer kam, gab er mir einen Schnief. Ich fühlte mich auf der Stelle euphorisch, und all meine geistigen Qualen verschwanden. Doch fühlte ich mich nicht nur gut, ich war auch sexuell unheimlich erregt. Als Lisa wieder ins Zimmer kam, bat ich sie, mich auszupeitschen. Mein Auftrag lautete zwar, ihr dabei zu helfen, den zahlenden Kunden zu peitschen, aber es war mir gleich, und so peitschte sie ihn und auch mich aus. Nach der Sitzung schenkte mir der Kunde eine Extraportion. Ich nahm sie mit nach Hause und legte sie weg, um sie für eine besondere Gelegenheit aufzuheben. Allmählich merkte ich, daß Kokain mir half, Dinge zu tun, vor denen ich nüchtern Angst hatte. Es nahm mir den Schmerz, den ich wegen Joey empfand und den Schmerz vor dem Leben im allgemeinen. Es half mir, bei der Stange zu bleiben. Eines abends ertappte ich mich im Chalet dabei, daß ich mit einem Kerl gratis herummachte. Es war nicht mein Typ und war nicht mal jemand, den ich nüchtern auch nur halbwegs anziehend gefunden hätte, aber wenn ich high war, sah eben alles rosig aus.

Bald war der Koks des Anwalts aufgebraucht und ich kaufte meine erste Ladung von Nanette. Wieder sparte ich es mir für den richtigen Tag auf. Irgendwo in meinem Hinterkopf dachte ich daran, etwas mit William zu machen. Obwohl wir einander eine Weile nicht gesehen hatten, waren wir doch in Kontakt geblieben. Vielleicht glaubte ich, besonders fest ausgepeitscht werden zu müssen, um meine unterdrückten Gefühle ans Licht zu bringen. Mir fiel ein, daß Kevin die Herrin Dina ein paar Jahre zuvor aufgehängt und durchgeprügelt hatte, und das hatte schließlich dazu geführt, sie zum Weinen zu bringen – etwas, wozu sie allein nicht fähig gewesen wäre. Ich fühlte mich innerlich so taub, daß ich nicht mehr wußte, wann ich das letzte Mal Tränen vergossen hatte. Vielleicht war es das, was ich brauchte.

Da ich sehr gut wußte, daß ich nach einem Schnief mit William und dem Schmerz einer Auspeitschung fertig werden konnte, rief ich ihn an. Obwohl er inzwischen drogen-frei war, ging er mit meinen Gelüsten konform. »Wenn es dich dazu bringt, deinen hübschen Popo noch höher in die Luft zu recken, dann los«, lauteten seine exakten Worte. Meine kleine Phiole mit dem weißen Pulver begleitete mich zu seiner Bude in den Bergen. Das Gefühl, unter Koksein-fluß ausgepeitscht zu werden, war unglaublich. Es tat über-haupt nicht weh, sondern war eine einzige Wonne. William hatte auf der anderen Seite einen Spiegel angebracht, so daß ich zuschauen konnte, wie er mich auspeitschte. Er klemmte Wäscheklammern an meine Brustwarzen, was ich normaler-weise nicht liebe, doch da ich voll mit Koks war, konnte ich alles ertragen. Schließlich versohlte William mich so fest, daß ich heulte. Endlich konnte ich über all das weinen, was hinter mir lag, und auch als William mich losband, weinte ich, bis ich mich kaum noch bewegen konnte.

Eines abends nahm ich dann eine Kokain-Überdosis. Es war an einem Samstag im Chalet, am Partyabend. Ich ver-suchte oft, unter Koks zu arbeiten. Selbst wenn ich krank oder niedergeschlagen war oder eine schreckliche Erkältung hatte, überzeugte ich die Clubbesitzer, mich arbeiten zu las-sen, denn selbst in schwierigen Zeiten war das Geld, das ich verdiente, eine Art Retter. Das Geldverdienen trieb mich an. An diesem schicksalhaften Abend im Chalet war es nicht viel anders. Ein Kunde kam rein und fragte, ob ich gern ei-nen draufmachen würde. Na klar – wenn der Koks gratis war und ich Kohle machte, während wir gemeinsam schnieften. Henry hatte haufenweise Koks in den Taschen, und als die Sitzung anfing, warf er ein Pulverhäufchen auf den Boden. Wir nahmen nicht mal einen Strohhalm. Wir schnieften es, wie Tiere, direkt vom Boden hoch.

Henrys »Macke« war nichts besonders: Er wollte eine Strumpfhose tragen, während ich mich in einen Strapsgür-tel, Strümpfe und Pumps kleidete. Ich sollte mich auf den Boden legen und ihm meine Füße zeigen, also zog ich die Beine bis an meine Schultern und streichelte verführerisch meine Ober- und Unterschenkel. Während er meine Beine anfaßte, murmelte er: »Ah, wie schön du bist. Was du für herrliche Beine hast.« Und ich erzählte Henry dann, wie wunderbar und sexy er in seiner Strumpfhose aussehe.

»Was bist du für ein Sexygirl«, sagte ich zu ihm.

»Glaubst du, man würde es mir abnehmen?« fragte er dann. »Glaubst du, ich könnte als Transvestit Geld verdienen? Ich könnte die Jungs bedienen und Geld für dich machen?«

Das Szenario lief drei Stunden so ab. Wir pfiffen uns weiter Koks rein und wurden immer bedröhnter. Unser Verhältnis kam mir phantastisch vor. Kokain gibt einem die Illusion, daß man sich auf einer ätherischen, kosmischen Geistesebene befindet, während man in Wirklichkeit unzusammenhängend schwafelt. Billy gab uns vom Empfangstisch aus mit dem Summer zu verstehen, wann die Sitzung vorüber war, doch Henry dehnte sie Stunde um Stunde weiter aus. Er gab mir ein Trinkgeld von 150 Dollar, was noch keine bekommen hatte. Die durchschnittlichen Trinkgelder gingen bei einer Sechzig-Minuten-Sitzung von 20 bis 50 Dollar. Und dazu konsumierte ich noch einen Berg Kokain, der schnell kleiner wurde. Da ich gern noch etwas für später haben wollte, stopfte ich ein wenig davon in mein Höschen und in meine Strümpfe. Zwischendurch ließ ich ihn hin und wieder allein, um etwas Wasser zu holen (Kokskonsumenten brauchen ständig Eiswasser.) Meine Augen strahlten, und die anderen Kunden machten Bemerkungen über mein glückliches Aussehen. Gegen Ende der Sitzung rief ich Billy an und bat ihn, das Queen Mary anzurufen und einen Transvestiten herzuholen. Als Billy bei Kira um Erlaubnis bat, kriegte sie einen Anfall. »Nein, verdammt noch mal!« schrie sie. »Kapierst du denn nicht? Das ist doch Prostitution!«

Das nächste, woran ich mich erinnere: Ich befand mich im Lipton Room, ausgestreckt auf einem Tisch. Anscheinend war ich ohnmächtig geworden, und Kevin bemühte sich schon seit einiger Zeit, mich wieder wachzukriegen. Ich hatte nicht auf den Namen Jacqueline reagiert, war aber schließlich zu mir gekommen, als sie mich Alice nannten. Später erzählte man mir, ich sei am Ende der Sitzung aus dem Queen's Room gekommen, auf dem Boden zusammengebrochen und hätte konvulsivisch gezuckt. Das ist möglicherweise das typischste Symptom einer Kokain-Überdosis. Als ich wieder zu mir kam, befühlte ich als erstes meinen Strumpfhalter, wegen des Kunden-Trinkgeldes. Das Geld war weg. Ich weiß bis heute nicht, wer es genommen hat, und fast war ich wütender darüber, das Geld verloren zu haben, als daß es mich gekümmert hätte, beinahe gestorben zu sein. Und natürlich stritt ich die Ernsthaftigkeit meines Zusammenbruchs ab. Ich hatte kein Kokainproblem. *Ich* doch nicht!

Kira verhörte mich über das Geschehene, und mir blieb keine andere Wahl, als ihr die Wahrheit zu sagen. Sie und Kevin waren zwar wütend, weil ich im Chalet Drogen genommen hatte, aber schließlich verziehen sie mir. Kira wollte mich an diesem Abend nicht nach Hause fahren lassen und bestand darauf, daß ich im Chalet übernachtete. Sie hat sich möglicherweise mehr Sorgen darüber gemacht, daß die Polizei mich anhalten und die Spur bis ins Chalet zurückverfolgen würde, als darüber, daß ich sicher zu Hause ankam. Als nächstes nahm sie mir mein Kokain weg und befahl Sean, es in die Toilette zu kippen. Ha, ha! Ich wußte verdammt genau, daß sie es sich irgendwann selbst einpfeifen würde.

Doch der schlechte Trip hielt mich nicht davon ab, weiterhin zu koksen. Ich war sehr gut im Abstreiten. Nein, ich hatte nicht zuviel Kokain genommen. Es war doch nur verdorbener Koks gewesen, redete ich mir ein. Deswegen hatte ich so dramatisch reagiert. Von nun an wollte ich nur noch guten Koks schniefen und in Zukunft würde ich nur noch etwas von Kunden annehmen, die ich sehr gut kannte.

Dann kam es zu anderen erschreckenden Zwischenfällen, die mit Drogen zu tun hatten. Ich hatte einen Kunden namens Stan, einen Plastikchirurgen, der ständig eine Ladung Kokain bei sich zu haben schien. Wenn es ihm mitten in einer Marathonsitzung ausging, rief er oft seinen Dealer an, um mehr zu beschaffen. Stans Gelüste lagen im Bereich des Transvestismus; auch er hatte die spezielle Macke, Strumpfhalter und Strümpfe zu tragen. Auf seine Bitte hin nannte ich ihn »Sophie«, und Stan bzw. Sophie ließ sich gern auspeitschen, wenn er Frauenkleider trug. Also band ich ihn fest und prügelte ihn durch, während sein weißer Arsch durch einen spitzenbesetzten Strapsgürtel zu sehen war. Wir spielten oft und schniefen wie die Wilden.

»Noch fester bindest du mich aber nicht«, sagte er dann. Das war ein Hinweis, die Seile noch fester zu ziehen.

Stan/Sophie gehörte schnell zu meinen Lieblingskunden, und ich verknallte mich sogar in ihn. Das Kokain verlieh mir die Illusion, mit den Leuten, mit denen ich schniefte, eng verbunden zu sein. Wir taten so, als gingen wir zusammen, aber er war gar nicht mein Freund. Er war verheiratet. Ich war für ihn nur eine wonnige Nebenbeschäftigung. Doch für mich war Stan das Leben. Das Kokain erlaubte mir nicht nur, mich ungezügelt zu benehmen, es schuf auch herrliche Phantasiebilder, wie ich mir das Leben vorstellte. Eines Tages hörte ich, Stan sei an einer Überdosis gestorben. Als Arzt kam er auch an Morphium heran, und er hat auch diese Droge sehr oft genommen. Stan war ein netter Bursche gewesen, und als er gestorben war, fühlte ich mich schrecklich.

Von Zeit zu Zeit kaufte ich Drogen von Nanette, aber das verfluchte Zeug war schweinisch teuer. Alkohol war billiger und leichter zu bekommen, besonders da man ihn in L. A. sogar im Supermarkt verkauft. Wenn ich nichts anderes hatte, stand in meinem Kühlschrank immer eine Flasche Almaden-Wein. Manchmal trank ich Rum dazu. Zudem nahm ich abends noch immer Ativan-Tabletten, auch dies eine wundervolle Angewohnheit, die auf Joey zurückging. Ich hatte keine Schwierigkeiten, Ärzte zu finden, die mir Rezepte ausschrieben, damit ich die Tabletten billiger bekam. Wenigstens brauchte ich nicht in irgendwelche dunklen Ecken North Hollywoods zu gehen, um Drogen auf dem Schwarzmarkt zu kaufen. Abgesehen davon war ich sowieso eine sehr gut organisierte Drogen- und Alkoholkonsumentin. Ich legte mir gern einen Vorrat an und sorgte dafür, daß er nie ganz zu Ende ging. Was ich am Kokain nicht mochte, war: Man mußte ewig darauf warten, daß der Dealer vorbeikam, oder man mußte persönlich zu ihm gehen, um etwas zu kaufen. Das Wissen, Drogen griffbereit zu haben, war sehr beruhigend.

Ich hatte sogar den Mumm, wieder ins Malone's zu gehen, in die schicksalsträchtige Bar, in der ich Joey kennengelernt hatte. Als ich dort saß, ein paar Formulare ausfüllte und einen Erdbeer-Daiquiri nippte, schaute ich einem anderen Mann in die Augen. Er war ein Rock'n'Roll-Typ, etwas größer als ich, mit langem braunem Haar. Er wirkte nicht sehr gut in Schuß und war etwas schlampig, aber sein unkonventionelles Äußeres machte ihn auch irgendwie süß. Als ich aufstand, um zu gehen, folgte er mir an die Tür. Erik, so hieß er, und ich unterhielten uns.

»Gehst du raus, um einen Joint zu rauchen?« fragte er.

»Ich bin zwar nicht auf Pot aus«, entgegnete ich offen, »aber wenn du was hast, nehme ich's.«

Erik hatte zwar nichts dabei, aber er hatte etwas Speed in seiner Bude. Ob ich mit ihm gehen wollte? Ich wollte nicht, aber wir verabredeten uns für den kommenden Montagabend.

Daraus wurde ein Besäufnis. Ich erzählte Erik sofort von meinen Phantasien und meiner Tätigkeit im Chalet. Der Alkohol erleichterte es mir, einem praktisch Fremden zu berichten, daß ich mich gern verdreschen ließ.

»Meinst du so, wie ich meine Tochter verdresche?« fragte Erik.

Das war eine sehr geile Vorstellung für mich. Vielleicht habe ich deswegen so intensive »Papa-Phantasien«, weil mein Vater mich praktisch ignoriert hat. Er war eindeutig nicht der Herr im Haus gewesen. Mama hatte sich um alles gekümmert – einschließlich der Hiebe, doch an ihnen war, wie Sie sich bestimmt erinnern, nichts Liebenswertes gewesen.

»Yeah«, sagte ich. »Ungefähr das, was Papas mit ihren Töchtern machen.«

Erik lächelte und sagte, es klänge irgendwie vergnüglich. Wir gingen zu ihm nach Hause und nahmen das bißchen Speed, daß er an dem Abend erwähnt hatte, an dem wir uns getroffen hatten. Da AIDS auf der Rendezvous-Szene noch keine allzu große Angst verbreitete, war Herpes meine große Sorge. Ich fragte die Kerle immer ziemlich oft, ob sie Herpes oder etwas anderes hätten, von dem ich wissen sollte. Erik schaute mich traurig an, und gab zu, daß er den Virus hatte. Ich nehme an, auch ich habe ziemlich traurig ausgesehen, da er sagte: »Es scheint dich mehr zu ärgern als mich.« Und damit hatte er recht. Ich wollte mir Erik schlafen, dachte kurz nach und fragte ihn, ob er ein Kondom hätte. Ein schneller Trip zum nächsten Drugstore half der Situation ab, und unser wilder Fick war so gut, daß wir uns vornahmen, einander am Wochenende wiederzusehen.

Was wir machten, lag ganz bei mir. Erik überließ mir die Wahl: ob wir essen, tanzen, ins Kino gehen oder uns ein halbes Gramm Koks reinpfeifen wollten. Raten Sie mal, was ich mir ausgesucht habe. Da ich die Verbindungen hatte, besorgte ich das Kokain, und Erik erstattete es mir. Es war ein Großeinkauf, ein ganzes Gramm, die eine Hälfte für uns, die andere später für mich allein. Wir pfiffen uns den Koks schnell rein, dann besuchten wir einen Sexshop und kauften Pornofilme. Erik wurde so scharf, als er sie sah, daß er sogar anfing, mich ein bißchen zu verdreschen.

Damals war es viel leichter für mich, einen »Freund« zu haben als heute. Jetzt, wo ich keine Drogen mehr nehme und nicht mehr trinke, bin ich bei Männern viel zurückhaltender. Ich bin wählerischer und nicht bereit, sofort mit ihnen ins Bett zu hüpfen. Das liegt daran, nehme ich an, daß ich mich selbst mehr respektiere und möchte, daß auch die anderen es tun. Wenn ich heute darüber nachdenke, ob ich mit dem Sex aufhören könnte, glaube ich es schon. Sehe ich einen hübschen Kerl am Strand und fühle mich von ihm angezogen, könnte mein nächster Gedanke sein: »Lassen wir es lieber.« Zu viel Ärger. Zuviel Liebeskummer. Hin und wieder lasse ich mich zwar gehen, aber nicht mehr so wie früher. Wenn ich damals high war, wollte ich pausenlos ficken. Dann bin ich fast mit jedem ins Bett gegangen. Es kam mir damals leichter vor, mich mit einem Kerl zusammenzutun und eine Weile bei ihm zu bleiben – vielleicht weil ich eher bereit war, über vieles hinwegzusehen.

Ich traf Erik regelmäßig zwei oder drei Monate lang, aber heutzutage sind solche Beziehungen schwer aufrechtzuerhalten. Entweder sind mir die Typen bald über, oder ich bin einfach zu beschäftigt, um mit den Verwicklungen einer Beziehung fertig zu werden. Meist ist mir meine Einsamkeit lieber. Erik jedoch schien mich anfangs wirklich zu mögen. Er hatte einen guten Freund, dessen Frau Julie Tänzerin war, und da er davon ausging, daß Tom und Julie eine starke Beziehung hatten, vertraute er darauf, auch unsere könne so werden. Erik wollte mich richtig kennenlernen. Und ich war verwirrt. Man könnte sogar soweit gehen und sagen, daß ich ihm den Herren-Trip *aufdrängte*. Doch nach und nach faszinierte ihn die S/M-Szene allgemein. Wenn ich mich wie ein böses Mädchen aufführte, hatte er nichts dagegen, mich übers Knie zu legen und zu verhauen. Doch es ging immer Hand in Hand mit Kokain.

Als unsere Beziehung noch am Anfang war, beschloß Erik, in den Drogenhandel einzusteigen. Ich lieh ihm ein paar hundert Dollar als Anfangskapital; er sollte dealen, den Gewinn wollten wir uns später teilen. So finanzieren viele Kleinhändler ihre Sucht. Unsere Beziehung folgte einem Grundsatzmuster: Wir trafen uns an meinen freien Tagen, schnieften Kokain, fickten und machten Sexspiele. Im nüchteren Zustand zog Erik mich nicht sehr an, denn in vielerlei Hinsicht entsprach er nicht meinem Niveau. Tagsüber erledigte er Schreibarbeiten bei einer Versicherung, abends trat er als Rockmusiker auf. Ich glaube, er hat nicht mal die High School beendet, und ich hatte einen Magistertitel. Erik kam aus einer Kleinstadt in Oregon, während ich in der Bronx aufgewachsen war. Wir hatten so wenig gemeinsam, daß es schon schwierig war, ein beiläufiges Gespräch zu führen. Immer wenn ich mit ihm zusammen war, habe ich deshalb dafür gesorgt, daß ich etwas Koks intus hatte. War ich high, machte es die Sache viel rosiger.

Disziplinspiele waren ein Bestandteil unseres Szenarios, und da gab es eine Sache, die mich zu Erik hinzog: Er hatte eine tolle Phantasie und fand immer unterschiedliche Methoden und Gründe, um mich zu verdreschen. Ich habe von ihm nie eine halbherzige Tracht Prügel bezogen, und er dachte sich stets komplizierte Geschichten aus, die meine Bestrafung begleiteten. Erik hatte sogar einen sogenannten »Prügelstuhl«. Wenn er eine dominante Rolle und ein Szenario fand, das ihm gefiel, konnte er leicht ganz darin aufgehen und die ganze Nacht durchmachen.

Ich entdeckte weitere Bezugsquellen, wo ich mein Kokain bekam. Nina überwies mich an einen ihrer Kunden, der das Zeug nicht mehr nahm, trotzdem gehörte es bei ihm dazu, Mädchen zuzuschauen, die Koks schniefen. Er besorgte das Pulver und zog voyeuristische Wonnen daraus, wenn er zusah, wie die Frauen den Koks nahmen und sich gegenseitig liebten. Einmal engagierte er Nina und mich für eine Sitzung. Schon als wir den Kokshaufen in dünne Streifen teilten und durch die Nasenlöcher einpfiffen, leckte er sich die Lippen. Dann gingen Nina und ich dazu über, uns vor seinen Augen von oben bis unten abzulecken. An einem anderen Abend schniefte ich allein, und er hatte sein Vergnügen, als ich ihm beim Masturbieren zusehen ließ und schmutzige Dinge zu ihm sagte.

Eines der Hauptprobleme beim Koksen ist, daß man sich absolut euphorisch fühlt und jeden Sinn für die Wirklichkeit verliert. Wenn man high ist, fliegen die Emotionen in höchste Höhen, doch wenn die Wirkung nachläßt, ist man unheimlich reizbar. Ich hatte dann immer das Gefühl, eine Gänsehaut zu kriegen, und zitterte am ganzen Leib. Man hat das Gefühl, die Kontrolle über sich zu verlieren. Meist hatte ich außerdem den Eindruck, mich mit niemandem verständigen zu können, und befand mich am Rande eines Wutanfalls.

Eines abends machte ich in meiner Wohnung eine Privatsitzung mit meinem Kokain-Voyeurkunden. Nachdem der Typ gegangen war, kam Erik sofort herüber. Ich hatte ein entsetzliches Gefühl, als ich von meinem Trip herunterkam, und Erik umhüllte meine Titten mit den Händen und bemühte sich, meine Laune zu bessern. Ich schubste ihn mit den Ellbogen zurück.

»Mir ist nicht gut«, ächzte ich.

Erik lächelte. »Ich weiß schon, was man dagegen tun kann.« Er zog ein kleines Päckchen Koks aus der Tasche.

Erik erkannte immer deutlicher, daß ich, wenn ich nicht auf Kokain war, eigentlich nicht mit ihm zusammen sein wollte. In dieser Hinsicht war ich außerordentlich offen, obwohl Erik es nicht verdiente, daß ich ihn so behandelte.

Zudem bemühte ich mich fortwährend, ihn so hinzubiegen, daß er zum Herrn meiner Träume wurde. William erklärte sich bereit, ihm zu zeigen, was Sache war. Er hatte damals zwei Sklavinnen, und Erik und ich schauten ihm zu, wie er mit Louisa, einer der beiden, zur Tat schritt. Louisa stand echt auf S/M und konnte unglaublich harte Auspeitschungen ertragen. Danach sperrten William und ich sie in einen Käfig und sagten ihr, sie solle masturbieren. Ich habe noch nie jemanden mit solcher Wildheit zum Höhepunkt kommen sehen – Louisa wäre fast durch die Käfigdecke geflogen. Daß William sie peitschte und beherrschte, machte sie offensichtlich an. Ich nehme an, sie war wirklich gern sein »geiles Tier«.

Erik war bei der Herrenausbildung ein fleißiger Schüler; er schaute William bei jedem Schritt zu und stellte Fragen. Einmal band William Louisa und mich nebeneinander an und spielte uns gegeneinander aus, um zu sehen, welche Sklavin seine Peitsche länger ertragen konnte. Man muß das Spiel so spielen, indem man nach jedem Schlag sagt: »Ja, Herr … Kriege ich bitte noch einen?« Louisa gab schließlich auf, und ich hing noch zwei Stunden lang vom Deckenbalken herunter. Erik fragte William fortwährend, was er mit mir anstellen sollte. »Hau nur immer zu«, sagte William und als wir schließlich aufhörten, waren meine Beine, mein Po und mein Rücken grün und blau. Der arme Erik war stinkwütend und konnte weder glauben, daß ich soviel Schmerz aushalten konnte, noch daß er ihn mir zugefügt hatte. Er hatte ein sehr schlechtes Gewissen. Erik war als Kind von seinem Großvater mißbraucht worden. Der alte Mann hatte in Seattle eine Art Vorschule geleitet und war schließlich im Gefängnis gelandet, weil er die Kinder sexuell mißbraucht hatte. Erik gestand mir, daß sein Großvater ihn als Kind nicht nur verprügelt, sondern auch regelmäßig zum Analverkehr gezwungen hatte. Etwas an unserer Szene in Williams Bude hatte die schrecklichen Erinnerungen daran wieder in ihm geweckt.

Eines Abends fuhr Erik zu meiner Freundin Nina, um etwas Koks abzuliefern, was damit endete, daß sie das Zeug zusammen einpfiffen. Nina rief mich demütig an und fragte mich, ob es in Ordnung sei, wenn sie mit Erik nach North Hollywood führe, um noch etwas zu besorgen. Vor Eifersucht schäumend schrie ich sie wie eine Irre an: »Wie kannst du es wagen, sowas zu tun? Ich dachte, du wärst meine Freundin?« Und dann machte ich weiter; ich schrie, machte ihr Vorwürfe und fragte, ob sie vorhätte, mit Erik zu schlafen. Daran war der Koks schuld – ich wurde unvernünftig und irrsinnig. Nachdem ich aufgelegt hatte, rief Erik mich noch mal an und sagte, meine »kleinliche Eifersucht« hinge ihm nun zum Hals raus. Er sprach die Worte »kleinliche Eifersucht« ganz lässig aus, brach unsere Beziehung schlagartig ab und traf sich von da an regelmäßig mit Nina. Ich fand nie heraus, ob sie nur Drogen nahmen oder etwas Sexuelles miteinander hatten.

Eines Tages beschloß Erik, wieder nach Seattle zu ziehen, und fragte, ob wir eine letzte Nacht zusammen verbringen könnten; ich stimmte zu. Wir hatten uns einige Zeit nicht mehr gesehen, und ich hatte mein Haar inzwischen platinblond gefärbt. Ich wußte zwar, daß Erik keine Weißblonden mochte, aber es scherte mich einen Dreck. Schließlich trafen wir uns in einer Bar und pfiffen uns auf der Toilette mehrmals etwas rein. Aber es reichte ihm nicht. Erik wollte Koks rauchen. Es war 1986, und Rockdiscos (später wurden sie als Crackdiscos bekannter) wurden erst allmählich populär. Früher mußte man Koks selbst aufkochen, wenn man ihn rauchen wollte, und wenn Erik ihn aufkochte, hat er ihn meist versaut. Die Rockdiscos machten den Instant-Genuß schnell lieferbar, und es war ganz gut, daß ich den Drogen ein paar Monate später abschwor. Das Zeug wäre eine zu große Versuchung für mich geworden.

Als wir wieder in meiner Wohnung waren, lechzte Erik nach mehr Kokain. »Komm schon, Jacqueline«, bettelte er, »du hast doch immer irgendwo etwas gebunkert.« Ich stritt es ab, aber er kannte mich zu gut und versprach, es am nächsten Tag zu ergänzen; also gab ich nach und holte den letzten Koks hervor. Wie immer begannen wir mit unseren Sexspielen und koksten die ganze Nacht. Dann haute Erik ab. Er hat mir den Koks, den er mir schuldete, zwar nie ersetzt, aber er rief mich acht Monate später aus Seattle an. Nach fortgesetztem Rauchen hatte er eine Art Mini-Zusammenbruch hinter sich, hoffte aber, mit dem Zeug aufhören zu können und sein Leben wieder auf die Reihe zu kriegen.

Sofort nachdem Erik die Stadt verlassen hatte, war die größte Sorge meines Lebens die Frage: »Oh, Scheiße! Wo, zum Teufel, kriege ich jetzt Kokain her?« Ich war daran gewöhnt, ständig etwas in Reichweite zu haben. Jetzt mußte ich zu Nina gehen und mit ihrem Händler dealen. Sie hatte jemanden namens Ryan, dessen Blumenladen eigentlich nur eine Fassade für das boomende Kokaingeschäft war. An Ryan gefiel mir am besten, daß er Hausbesuche machte und das Zeug mitbrachte. Es war wie eine Drogenbestellung per Versandhauskatalog – man brauchte seine Bude nie zu verlassen. Das einzige Problem war, daß Ryan einen manchmal warten ließ, und das ist für Kokssüchtige furchtbar. Ich wollte mir eine Grenze setzen, indem ich pro Woche nur ein Gramm kaufte. Nach ein paar Monaten stieg mein Konsum auf zwei Gramm, und ich war besessener von dem Gedanken, Kokain zu *besitzen*, als es zu nehmen. Ich brauchte einfach die Verfügbarkeit. Da ich nicht zu den Konsumenten gehörte, die das Zeug sofort schnieften, konnte ich es aufsparen, rationieren und war stolz auf meine Selbstbeherrschung. Ich hatte es auch gern bei mir, wenn ich im Chalet arbeitete, denn wenn ich eine Sitzung als Unterwürfige hatte, half es mir über etwaigen Schmerz hinweg.

Nach einer Marathon-Kokssitzung mit einem Transvestitenkunden gelang es mir am nächsten Tag kaum, mich für eine nachmittägliche Janus-Party aufzuraffen. Ich kam nur schwer aus dem Bett. Irv bat mich oft zu einem kamerad-schaftlichen Abendessen, ohne zu ahnen, wieviel Koks ich täglich in mich hineinschaufelte. Oft lehnte ich mit dem Satz »mir ist übel« ab. Und das machte mir allmählich Angst, da ich fast schon so klang wie Nina. Ich wollte keine Drogen-konsumentin sein wie sie, aber insgeheim wußte ich, daß ich nicht anders war. Obwohl es schon ziemlich spät für das Ja-nus-Fest war, gelang es mir, mich anzuziehen und in mei-nem kurzen Lederrock und einem Spitzentop recht sexy auszusehen. Die meisten Janus-Mitglieder waren zwar viel älter als ich, doch ich hatte die Hoffnung noch nicht aufge-geben, bei ihnen irgendwann einen netten Mann zu treffen. Und wie es der Zufall wollte, war an diesem Abend ein jun-ger Bursche namens D. H. anwesend. Als ich ihm beim Aus-peitschen einer Frau zuschaute, sagte ich zu ihm: »Es gefällt mir, wie du das machst.« Er entgegnete ziemlich arrogant: »Dann laß mich gefälligst machen, und melde dich noch mal, wenn ich fertig bin.« Seine Patzigkeit hätte vielleicht je-de andere Frau abgeschreckt, aber mich faszinierte sie. Es war fast zu schön, um wahr zu sein. Ich fand heraus, daß D. H. im wirklichen Leben dominant war, eine perfekte Empfehlung für meine Ergebenheit.

D. H. fragte, ob ich für den Abend frei sei, und ich gab meine Pläne mit einem französischen Gentleman, den ich ei-ne Woche vorher in einer Single-Bar kennengelernt hatte, so-fort auf. Im Restaurant machte ich meinen üblichen Auslug zur Toilette, um mir ein paar Schniefs zu genehmigen. D. H. hatte das Schniefen erst kürzlich aufgegeben und besuchte regelmäßig die Treffen einer Selbsthilfegruppe. Statt ein po-sitives Attribut darin zu sehen, hatte ich ungute Gefühle. Ich liebte es doch so, Koks zu nehmen und dann zu spielen. Koks war also eine Wonne, die D. H. nicht mit mir teilen konnte? Wir trafen auf der Stelle eine Abmachung. Sie war sehr geschäftlich und nonchalant. Ich suchte nach einem Herrn und Liebhaber. D. H. war sicher, daß er diese Erwar-tung erfüllen konnte, und es dauerte nur Minuten, da lagen die Tatsachen auf dem Tisch. Wir stecken einander in die passenden Schubladen und als wir die Situation kalt analysierten, klang es, als würde es funktionieren. Endlich sah es so aus, als hätte ich einen Herrn gefunden, der mich auch sexuell anmachte. Da er nur einsfünfundsechzig groß war, ragte er zwar nicht gewaltig über mir auf, aber sein Körper war unglaublich muskulös. D. H. war ein perfekt gestylter Bodybuilder, ein prächtiger Frauentyp mit Lockenkopf. Unter seinen kristallklaren blauen Augen schmolz ich dahin.

Im Hinblick darauf war D. H. eher die Ausnahme von der Regel, denn aus irgendeinem Grund scheinen dominante Männer nicht sonderlich auf sich zu achten – vielleicht weil sie glauben, echte Sklavinnen sollten sie ungeachtet ihres Aussehens anerkennen. In der Regel sind sie alle leicht fettleibig. Unterwürfige Männer dagegen haben im Gegensatz dazu phantastische Körper. Viele meiner Kunden sind jung und muskulös und haben große Pimmel. Ich verstehe noch immer nicht, warum so stattliche Männer die Wunschvorstellung haben, sich demütigen zu lassen, aber ich bin immer überglücklich, ihnen zu Gefallen zu sein. Zwei sehr bekannte Komödianten, die mich im Club besuchten, standen beide auf verbaler Erniedrigung. Vielleicht lag es daran, daß sie glauben, es müsse ihnen irgendwie heimgezahlt werden, daß sie auf der Bühne so viel austeilen. Ich habe sehr oft bemerkt, daß die Vorlieben dieser Leute sich um die schlimmen Dinge drehen, die sie anderen im realen Leben antun. Der Knackpunkt ist wirklich, daß sie es heimgezahlt haben möchten.

D. H. war mit Sicherheit der süßeste Dominante, der mir je begegnet ist. Ich schaute ihm zu, als er im Restaurant sein Abendessen verzehrte, und konnte selbst keinen Bissen runterkriegen, denn der Koks hatte meinen Magen versiegelt. Dann gingen wir auf der Stelle in meine Wohnung. Von Dildos, erotischen Bildern und Pornomagazinen wimmelnd, bildete sie noch das Trümmerfeld der Sitzung des vergangenen Abends. D. H. sagte nichts dazu. Er verdrosch mich auf der Stelle, und wir beschlossen, ein vorläufiges Herr-und-Sklavinnen-Abkommen einzugehen.

Am nächsten Abend besuchte ich D. H. in seiner Wohnung. Ich kam, wie üblich, zu spät. Meine Strafe bestand darin, daß ich sofort angebunden wurde. Mein neuer Herr ließ die Hände über meinen hilflosen Körper gleiten und kratzte mich mit seinen ziemlich langen Nägeln. Doch waren es nicht so sehr die körperlichen Dinge, die er tat, ich wurde einfach gefühlsmäßig süchtig nach ihm; dies ließ alles, was er machte, viel stärker wirken. Beispielsweise kniete ich mich auf sein Drängen vor ihn hin. »Ich bin dein Herr und will dein Bestes«, sagte er, als ich mich zu seinen Füßen wand. »Es ist *mein* Wille«, erklärte er weiter, »und nicht der deine, auf den es ankommt.« Genau das ist es, was eine verliebte Sklavin hören will.

D. H. schlug sehr früh in unserer Beziehung vor, daß er alle meine Geldangelegenheiten übernehmen wollte. Der Gedanke gefiel mir nicht allzu sehr, aber als ich meine Unzufriedenheit mit diesem Arragement artikulierte, legte er seine Hände um meinen Hals und würgte mich. Ich fing an zu lachen, bat ihn aber nicht, damit aufzuhören. Schließlich ließ er meinen Hals los. »Interessant«, sagte er. »Du vertraust mir dein Leben an, aber nicht dein Geld.« D. H. hat mich dann oft in Angst versetzt, um herauskriegen, wie weit er gehen konnte. Er hatte ein Schwertersammlung, und es machte ihm Spaß, die scharfen Klingen über meinen ganzen Körper zu führen. Ich hatte nichts dagegen. Es hat mir sogar Spaß gemacht.

Als das Thema Kokain zur Sprache kam, wies mein neuer Herr mich an, nur dann zu schniefen, wenn ich es ihm vorher sagte. Kurz vor seiner Ermahnung hatte ich mich ins Bad geschlichen, um etwas zu nehmen, und seine Worte machten wir sofort ein schlechtes Gewissen. Ich muß damals wohl schrecklich ausgesehen haben, wie eine typische Kokssüchtige: ausgemergelt, teilnahmslos und aufgedreht. D. H. fing an, mich mit Vitaminen und Protein-Milchshakes wieder aufzubauen. Wenn wir in einem Restaurant aßen, fütterte er mich, und mir gefiel die Tatsache, daß ich ihm soviel bedeutete, daß er mich essen sehen wollte. In Wahrheit war ich hundertprozentig auf D. H. abgefahren und hätte alles für ihn getan. Wieder einmal spann ich mir komplizierte Kokain-Phantasien zusammen. In der ersten Nacht, in der wir miteinander schliefen, sagte ich ihm, das ich ihn liebte. Heute würde ich so etwas *nie mehr* tun. Und ich liebte D. H. nicht nur, ich wollte ihm auch wirklich dienen. Er schenkte mir eine Kette, die ich am rechten Handgelenk trug. Sie war ein vorläufiges Symbol seines Besitzes – bis ich mir ein Halsband verdient hatte. Jedesmal, wenn ich eine Vorstellung zu seiner Zufriedenheit absolvieren würde, sagte D. H., wolle er ein Glied des Armbandes lösen. Dies sollte symbolisieren, daß er mich losließ und mir immer mehr vertraute.

»Willkommen in meiner Welt und bei den Herausforderungen, die sie enthält«, las ich auf einer Karte, die D. H. mir in der ersten Woche unserer Beziehung gab. Er befahl mir auch, ein Sklaven-Tagebuch zu führen. Das hatte ich schon für William getan. Private Tagebücher sind für Sklaven die einzige Gelegenheit, ihre Emotionen zu artikulieren. Herr und Herrinnen dürfen keine Urteile über die Einträge fällen. Meine Gedanken kreisten meist um Drogen oder Alkohol und die Hoffnung, daß D. H. es verstehen würde, daß beides mich in die Lage versetzte, noch wirkungsvoller in meine unterwürfige Rolle zu schlüpfen.

Kurz nachdem wir angefangen hatten, uns zu treffen, begleitete ich meinen Herrn zu einer Janus-Party. Ich kniete, ganz in Weiß gekleidet, während des gesamten Treffens zu seinen Füßen. Man ließ eine symbolische Reitgerte herumgehen, und wer sie erhielt, bekam Gelegenheit, über das zu sprechen, was ihn bewegte. Als ich die Gerte bekam, erklärte ich, wie glücklich ich sei, D. H.s neue Sklavin zu sein. Ich war sicher, endlich auf meinen Herrn und Meister gestoßen zu sein, und stolz darauf, allen meine Freude mitteilen zu können.

Im ersten Monat verbrachten wir ein paar Nächte miteinander, aber unsere Terminpläne erlaubten uns nicht immer, zusammen zu sein. Eines Samstagmorgens, als ich noch schlief, wurde ich mir schwach eines Geräuschs an den Jalousien bewußt, die in meiner Wohnung im zweiten Stock ratterten. Als ich die Augen öffnete, sah ich D. H. Er war tatsächlich in meine Wohnung eingebrochen! Und ich habe wirklich gedacht, er sei geflogen – als eine Art selbstsüchtiger Retter. Welch romantische Vorstellung.

Da D. H. in seinem Verhalten wählerisch war, wurde er oft wütend, wenn ich ein Buch nicht dorthin ins Regal zurückstellte, woher ich es genommen hatte. Lag meine Zahnbürste nicht am ihr zugewiesenen Platz, warf er sie einfach weg. Wenn D. H. morgens aufstand, stieg er als erstes auf die Waage, und hatte er ein Pfund zugenommen, fühlte er sich stolz. Da ich vom Abnehmen besessen war, hätte ich am liebsten gekotzt, wenn ich das hörte. Aber ich behielt alles für mich, um meinem Herrn eine Freunde zu machen.

Als D. H. mich davon in Kenntnis setzte, er wollte als Stripper auftreten, äußerte ich meine Meinung dazu. Klar, ich hatte gern mit den hübschen Tänzern gefickt, doch ich wollte nicht, daß mein Freund auch einer wurde. Natürlich hatte ich aber kein Recht dazu, es ihm zu verbieten, besonders nicht unter dem Aspekt, daß ich mein Geld auch auf unsolide Weise verdiente. Innerhalb einer Periode von etwa sechs Monaten war ich von Joey über Erik zu D. H. gegangen. Und jetzt war ich hoffnungslos in ihn verliebt. D. H. war sehr streng, stur und normal. Doch ich liebte ihn und wollte seine perfekte Sklavin sein – und alles zur gleichen Zeit. Um für D. H. perfekt zu sein, mußte ich allerdings das Trinken und die Drogen aufgeben. Dieser Gedanke störte mich über alle Maßen.

Kurz darauf hatte ich keine andere Wahl mehr, als mein Leben zu ändern. Es war am 1. März 1986, an einem Abend, den ich nie mehr vergessen werde. Er fing wie ein typischer Samstag im Chalet an, und ich hatte es schon bedauert, an diesem speziellen Abend auf Abruf dazusitzen, da er so wirkte, als werde es für den größten Teil der Bevölkerung vergnüglich enden – nur nicht für mich. Sauer darüber, wieder arbeiten zu müssen, hielt ich an einem Schnapsladen an und kaufte ein Fläschchen Wodka. Ich war mit Brenda zusammen, einer meiner Kolleginnen aus dem Chalet. Obwohl es verboten war, im Haus zu trinken, verheimlichten wir es, indem wir den Schnaps in den Kaffee schütteten und ihn auf diese Weise langsam süffelten. Sean saß am Empfangstisch.

Da das Geschäft an diesem Abend ruhig war, beschlossen Brenda und ich, uns ein wenig mit ihm zu amüsieren, besonders deswegen, da wir ohnehin leicht verschossen in ihn waren. Ich zeigte ihm, was man so alles mit einem Tau und meiner Muschi anstellen konnte. Vinnie schaute uns zu, und Kira auch; sie genossen jede Minute unserer Privatvorstellung.

Zwischen den Spielen mit Sean versuchte ich, mich auf meinen am Sonntagnachmittag stattfindenden Schauspielunterricht vorzubereiten; ich marschierte nervös durch die Korridore und übte meinen Text. Dann, als ich gerade Feierabend machen wollte, kam Raphael herein, ein alter Stammkunde. Er schlug gern ein wenig zu, nahm mich hinterher in den Arm und nannte mich seine »Kleine«. Es war irgendwie komisch, da er so alt nicht war. Raphael war spanischer Abstammung, Ende Zwanzig oder Anfang Dreißig, und liebte Nutten. Es gab im Chalet eine Menge Kunden wie ihn. Manchmal saßen sie im Aufenthaltsraum und sprachen von früheren Mitarbeiterinnen. »Weißt du noch, wie viele Hiebe Heidi aushalten konnte …? Weißt du noch, wie grob Herrin Papillon war?«

Raphael entschied sich für eine Doppelsitzung mit Brenda und mir. Ich wußte, daß das eine leichte Sache werden würde und daß ich nichts einzunehmen brauchte, um sie hinter mich zu bringen. Doch aus irgendeinem Grund – vielleicht, um ihm eine bessere Show zu bieten – pfiff ich etwas rein. Als wir mit unserem Dreier fertig waren, war es fast fünf Uhr morgens. Normalerweise fuhr ich allein nach Hause, aber Sean, Brenda und ich wollten einen Umweg machen, um noch etwas zu futtern. Mein Wagen fuhr als erster vom Parkplatz des Chalets los und ein Polizeiwagen fuhr neben mir her. Ich war Cops gegenüber immer etwas flapsig, weil ich der Meinung war, nichts vor ihnen zu verbergen zu haben. Tatsächlich glaubte ich, daß sie mich beschützen würden, wenn mir je etwas Schlimmes passierte. Irrtum, Jacqueline. Und was für ein Irrtum. Einer der Polizisten sah sehr gut aus, und ich hatte die Kühnheit ihm zuzuwinken, als ich auf die Straße fuhr. Er schaute mich erstaunt an und rief dann durch das Fenster: »He, wie heißen Sie?«

»Jacqueline«, schnurrte ich.

»Jacqueline was?«

»Nur Jacqueline«, flötete ich, und es klang noch geiler.

Ich wartete mitten auf der Straße auf Brenda und Sean. Sie flitzten zu mir rüber und sagten, ich solle mit dem Spielchen aufhören. »So redet man nicht mit Cops«, zischte Sean. Da Brenda Probleme hatte, ihren Wagen anzulassen, nahm ich die beiden zu dem Laden mit. Obwohl ich irgendwie wußte, daß ich Koks bei mir hatte, schob ich den Gedanken beiseite. Ich kam mir vor, als sei ich über jedes Gesetz erhaben. Ich war unbesiegbar.

Kaum war ich um die Ecke gebogen, als hinter uns das rote Licht des Polizeiwagens aufblitzte. Ich konnte mir keinen Grund vorstellen, warum sie uns anhalten sollten – dann fiel mir plötzlich ein, daß ich Drogen bei mir hatte. Sie drängten mich an den Bordstein und wollten meine Zulassung sehen. Ich wußte zwar, daß ich sie dabei hatte, aber langsam wurde ich nervös, und als ich im Handschuhfach nach den Papieren suchte, flippte ich fast aus. Die Polizisten sahen sofort, daß meine Reaktion sehr übertrieben war. Natürlich waren sie uns gefolgt, weil sie uns aus dem Chalet hatten kommen sehen. Von Kevin war ich schon einmal gewarnt worden, daß ein spezieller Cop es darauf anlegte, Chalet-Mädchen zu ärgern.

Ich bewahrte mein Kokain in einer Marlboroschachtel auf, und damit es länger vorhielt, packte ich es meist in zwei kleine Tütchen; ein Trick, damit das eine Gramm so lange wie möglich reichte. Während ich nach der Zulassung suchte, dachte ich nur an eins – wie ich den Koks loswerden sollte. Ich glaube nicht, daß sie gesehen haben, wie ich in meine Handtasche griff und die Zigarettenschachtel zu Boden fallen ließ, aber ich benahm mich einfach zu hysterisch. Ehe ich mich's versah, befahl man uns dreien, aus dem Wagen zu steigen.

Sean war erst achtzehn, Brenda kaum zwanzig. Und ich bin ein großes Baby, egal wie alt ich bin. Am ganzen Leibe schlotternd, standen wir am Straßenrand. Zuerst durchsuchten die Polizisten uns. Dann nahmen sie sich den Wagen vor. Der Kofferraum war voller Peitschen, Reitgerten, Handschellen und anderem B&D-Material. Sie fanden in Seans Taschen auch ein paar Tabletten und in Brendas Handtasche etwas loses Marihuana. Und dann entdeckten sie unter dem Gaspedal meine Zigarettenschachtel.

Ich bemühte mich, nicht in Panik zu verfallen. Man hatte mich schon zweimal wegen Trunkenheit am Steuer angehalten, aber es war mir beide Male gelungen, mich mit Charme herauszureden. Doch dies war etwas anderes. Ein Cop hielt mir die Zigarettenschachtel unter die Nase und fragte: »Was ist das denn?«

»Ich weiß nicht«, sagte ich verängstigt.

Der ältere Cop zog ein Papiertütchen zwischen den Zigaretten hervor. »Für mich sieht's nach Koks aus«, sagte er mit einem gemeinen Grinsen.

Brenda schaute mich finster an, und einen Moment hatte ich mehr Angst vor ihr als vor der Polizei. Sie war seit dem sechzehnten Lebensjahr eine knallharte Straßenhure und hätte mich am liebsten ermordet, weil ich sie in diese Lage gebracht hatte. Wenn man uns einbuchtete, würde sie mich bestimmt erdrosseln. Ich weiß zwar nicht, warum, aber die Polizisten ließen Brenda und Sean gehen – doch erst, nachdem sie versucht hatten, von Brenda etwas über das Chalet zu erfahren.

Ich hatte keine Zeit, mir über Brendas Zorn Gedanken zu machen. Ehe ich mich's versah, hatte ich Handschellen an und wurde in den Polizeiwagen geschoben. Es war einer der schrecklichsten Augenblicke meines Lebens, vergleichbar mit einer Vergewaltigung, meine Hilflosigkeitsgefühle waren sehr ähnlich. Mir war, als sei das Leben plötzlich meinen Händen entglitten. Es war mehr als nur Angst – alles war jetzt außer Kontrolle geraten, und ich fühlte mich benommen und schwindlig.

In kürzester Zeit wurde ich von einer sexy Verführerin zu einer Irren, die auf dem Rücksitz des Polizeiwagens hin und her schaukelte. Ich bettelte sie an, mich nicht festzunehmen, und versprach ihnen alles. Ich war in einem solchen Zustand, daß ich nicht mal weiß, ob man mir meine Rechte vorgelesen hat. Ernsthaft dachte ich, daß mein Leben nun zu Ende ginge. Sie würden mich wegen Kokainbesitzes und versuchten Verkaufs einbuchten. Verzweifelt beharrte ich weiter darauf, nicht zu wissen, wo die Drogen hergekommen seien.

»Ich weiß es nicht«, schluchzte ich fortwährend. »Vielleicht gehören sie meinem Freund.«

»Erzähl uns, wie dein Dealer heißt«, schlug der Hübsche vor.

»Ich kenne doch niemanden«, beharrte ich.

Der Ältere versetzte mich weiter in Angst und Schrecken. »Es ist doch wohl kein Kokain in deiner Wohnung, oder?«

Ich war so daneben, daß ich andeutete, es könne sein. Welch ein Irrsinn, das zu sagen! Ich hatte dort wirklich zwei Gramm versteckt. Vielleicht wollte etwas in mir, daß ich geschnappt wurde. Schließlich hatte ich ernsthaft daran gedacht, aufzuhören, aber nicht gewußt, ob ich die Kraft dazu aufbringen würde. Selbst Berechnungen dessen, was ich mit den vielen hundert Dollars hätte anfangen können, die ich durch meine Nase geschnieft hatte, gaben mir nicht genug Ansporn, um Schluß zu machen. Erst dieses grauenhafte Erlebnis gab den Ausschlag.

Glücklicherweise brachten mich die Polizisten nicht zur Blutprobe, was alles verraten hätte. Sie präsentierten mir jedoch eine Alternative: Entweder unterschrieb ich eine Vollmacht, die es ihnen erlaubte, meine Wohnung zu durchsuchen, oder sie betraten sie ohne, brachten alles durcheinander und schrieben zudem eine negative Meldung. Ich hatte die Wahl – und doch hatte ich keine.

Ich konnte mich zu nichts entscheiden – ich konnte nur heulen. In typischer »guter Cop/böser Cop«-Manier brüllte der Ältere, ich solle die Klappe halten und mit dem Weinen aufhören, und der Hübsche sagte fortwährend, ich solle mich beruhigen, und schwor, ich bekäme nur eins auf die Finger, wenn ich die Durchsuchungsvollmacht nicht unterzeichnete. Ich glaube, er blickte ziemlich durch, sah, daß ich ein Drogenproblem hatte, und wollte mir helfen. Der andere war nur daran interessiert, einen Hinweis auf einen großen Drogenhändler zu kriegen. Ich selbst war ihm scheißegal.

»Ich würde Sie ja gern mit in meine Wohnung nehmen«, stammelte ich schluchzend, »aber ich habe keinen Schlüssel.« Das stimmte wirklich, da Brenda sowohl meinen Wagen- als auch meinen Wohnungsschlüssel bei sich hatte. Als man mich fortbrachte, hatte ich ihr mein Auto anvertraut. Aber die Cops hatten an alles gedacht. Sie waren so geistesgegenwärtig gewesen, meinen Hausschlüssel vom Ring zu ziehen, bevor wir weitergefahren waren. Ihr Hauptziel bestand darin, an das Kokain heranzukommen, das ihrer Ansicht nach durch das Chalet geschleust wurde. Es stimmte natürlich nicht, aber sie glaubten es halt. Sie glaubten sogar, das Glück gehabt zu haben, den Dealer zu schnappen – mich. Das war eine ziemlich dumme Vorstellung, da ich überhaupt nicht zurechnungsfähig und völlig unprofessionell war.

Die Polizisten hielten vor meinem Wohnhaus. Ich war vor Angst wie gelähmt. Wenigstens waren sie so rücksichtsvoll, keine große Szene zu machen und so meine Nachbarn aufzuwecken. Bevor wir durch die Tür gingen, fragten sie, ob jemand zu Hause sei.

»Nur meine Katzen«, sagte ich.

»Wenn wir sehen, daß sich etwas bewegt, erschießen wir zuerst sie und dann dich!« fauchte der üble Cop.

Wie im Film stürmten die beiden Cops durch die Tür. Der eine hätte fast einen Schuß abgegeben – auf sein eigenes Spiegelbild.

Ich führte sie äußerst gehorsam zu den zwei Gramm, die in der obersten Schubladen meiner Frisierkommode versteckt waren. Und dazu leere Tütchen. Falls ich je herauskriegen wollte, wieviel Geld ich für Koks ausgegeben hatte, brauchte ich nur die Tütchen zu zählen. Und ohne zu übertreiben – ich hatte fast eine Schublade voll von den verfluchten Dingern. Ein paar Tage zuvor hatte ich noch daran gedacht, sie wegzuwerfen, aber dann hatte ich es mir anders überlegt. In manchen Tütchen waren noch Kokainreste. Beweise. Verzweifelte Süchtige lecken Tütchen aus, um kitzelnde Taubheit an der Zunge zu spüren, wenn sie keinen Koks mehr haben. Die Polizisten schrieben emsig alles auf, was sie sahen – und ich saß in Handschellen auf einem Bett und schaute ihnen gespannt zu. Sie fanden auch einen Beutel Marihuana. Es war uralt, ausgetrocknet und ungenießbar, doch fügten sie auch diese Entdeckung ihrer Meldung hinzu; auch das Sieb, das man dazu verwenden konnte, Kokainklumpen zu pulverisieren. Meine Katzen strichen herum, sie wirkten fast so durcheinander, wie ich mich fühlte.

»Haben Sie jemanden, der sie füttern kann?« erkundigte sich der freundlichere Cop.

»Komme ich denn nicht bald wieder nach Hause?« fragte ich naiv.

Der Fiese brüllte vor Lachen. Aus irgendeinem Grund hatte ich geglaubt, sie würden mir die Handschellen abnehmen, »Danke«, sagen, mich vielleicht noch zu Bett bringen, zum Abschied meine Stirn küssen und leisen sagen, alles wäre nur ein Alptraum gewesen.

Als sie mich aus der Wohnung abführten, merkte ich, daß sie über ihren Fund sehr enttäuscht waren. Sie hatten offenbar damit gerechnet, einen clever durchorganisierten Drogenring auszuheben – doch nun war es nur die Höhle einer verzweifelten Konsumentin. Als der Polizeiwagen zum Revier fegte, wurde mir klar, daß die Cops immerhin als erste erkannt hatten, daß ich mit einem Drogenproblem beschäftigt war. Meine Freunde wußten zwar, daß ich auf Koks stand, aber sie hatten keine Ahnung, inwiefern es bei mir zu einer Besessenheit geworden war. Da ich immer auf die Toilette ging, um einen Schnief zu nehmen, bekamen sie es die halbe Zeit nicht mit. Ich schämte mich natürlich, daß das Zeug mich so im Griff hatte, und wenn ich mich nicht gerade schämte, versuchte ich es wegzuschieben. »Nina hat ein Koksproblem – ich nicht.« Erst vor einer Woche hatte ich mit einer Dame namens Trudy ein Gespräch geführt. Sie war Janus-Mitglied, aber in Australien auch Drogenberaterin. Ich hatte mit Trudy über Ninas Drogenproblem gesprochen, nicht über meins. Ich hatte ja keins! Ich hatte erst eins, als ich verhaftet wurde.

Die einzigen Menschen, die ich mir vorstellen konnte anzurufen, als man mich schließlich einbuchtete, waren Kevin und Kira. Sie hatte schließlich ein begründetes Interesse an mir, da sie Angst hatten, daß ich eventuell über ihren Kokainkonsum auspacken könnte. Außerdem nahm ich an, daß sie, meine Arbeitgeber, mich nicht allzu lange in Untersuchungshaft sitzen lassen wollten. Wenn ich aus dem Verkehr gezogen war, konnte ich kein Geld für sie verdienen.

Es war eine schreckliche Erfahrung, in eine Zelle geschleppt zu werden. Ich mußte die Handschellen stundenlang tragen – fast war es wie in einer B&D-Sitzung, bloß gab es keinen Summer, der anzeigte, daß die Zeit um war. Zwar hatte ich stets Knastphantasien gehabt, aber das Leben hinter Gittern war mit nichts zu vergleichen, was ich mir vorgestellt hatte. Dies war eine Wirklichkeit, die eher einem Alptraum glich. Die Polizisten fragten, ob die Handschellen mir das Blut abschnitten. Wußten sie denn nicht, daß sie es mit einem Profi zu tun hatten? »Nein, nein«, sagte ich und lächelte wie eine brave Unterwürfige.

Schließlich nahm man sie mir ab und ließ mich ans Telefon. »Willkommen in Ihrer Suite im Holiday Inn«, höhnte die Wärterin. Die Suite war eine winzige, mit fünf Frauen überbelegte Zelle. Ich mußte auf die Toilette, ich konnte es nicht mehr aushalten, doch es war sehr erniedrigend, sich vor all den Fremden hinzuhocken und in die schmutzige Schüssel zu pinkeln. Eines der Mädchen heulte. Wir anderen befragten uns gegenseitig, warum wir hier waren. Drogen war die Antwort, die am meisten vorkam. Alle waren wir zum ersten Mal hier und empfanden es als schrecklich, im Knast zu sein und nicht aus noch ein zu wissen. Ich selbst wußte nicht genau, ob mein Leben nun zu Ende war – oder erst anfing. In der Drogenrehabilitation nennt man diesen Augenblick »spirituelles Erwachen«. Irgendwie hatte ich eine Vision meiner verstorbenen Großmutter, der ich mich als Kind so sehr verbunden gefühlt hatte. Ich spürte ihre Gegenwart, sie wachte über mich und beschützte ihr verängstigtes Baby.

Zum Glück verbrachte ich nur ein paar Stunden in der Zelle. Kevin und Kira zogen an einigen Fäden und holten mich auf Kaution raus. Obwohl D. H. es nicht fertiggebracht hatte, mich davon zu überzeugen, daß es besser wäre, von den Drogen abzulassen, war mir im Gefängnis endlich klar geworden, daß ich mit dem Kokain aufhören *mußte*. Nun sah ich, wohin es mich gebracht hatte. Ich konnte es nicht mehr abstreiten – und spürte irgendwie ein Gefühl der Erleichterung darüber, daß meine Selbstzerstörung nun bald zu Ende sein würde.

Sobald ich draußen war, rief ich D. H. an. »Wenn du mich jetzt nicht mehr sehen willst, kann ich es verstehen«, sagte ich.

Doch nachdem er meine Geschichte gehört hatte, schimpfte er nicht. Er sagte nur: »Ich komme und hole dich ab, Jacqueline.«

Kevin und Kira schickten Billy, der meine Kaution stellte. Er hatte die Anweisung, mich sofort zum Chalet zu bringen, so daß ich mich dort mit D. H. treffen mußte. Als ich mit Kevin, Kira, Sean, Brenda und Bobby im Aufenthaltsraum saß, unterhielt ich sie mit meinem Knastabenteuer, das allen im Nachhinein fast erheiternd vorkam. Sie wollten mir klarmachen, daß ich das Kokain nicht aufzugeben brauchte; ich sollte nur lernen, es besser einzusetzen. Mir selbst war es kaum möglich, einen klaren Gedanken zu fassen. Ich sagte nur, ich wollte am liebsten sterben. Ich würde mich umbringen.

»Das kannst du nicht tun«, ermahnte mich Kevin. »Du bist eine Sklavin und gehörst jemandem. Wenn dein Herr dir keine Erlaubnis zu einem Selbstmord gibt, kannst du es nicht tun.«

Aber in Wahrheit fühlte ich mich irgendwie bereits tot.

11
D. H.

D. H. holte mich am Chalet ab und war erstaunt, als ich während des Frühstücks in einem Speiselokal Champagner mit Orangensaft bestellte. Ich war zerzaust und schmutzig und hatte mir nicht mal die Mühe gemacht, mich frischzumachen oder umzuziehen. Aber ich hatte dafür gesorgt, daß Alkohol in meinem Körper zirkulierte. Das war mir wichtig gewesen. Als wir wieder in meiner Wohnung waren, legte D. H. los.

»Du bist eine gottverdammte Süchtige und hängst an harten Drogen«, sagte er wütend. »Du hängst nicht nur am Koks, du besäufst dich auch noch jeden Tag. Du kannst nicht mal richtig scheißen, weil die Pillen, die du frißt, dich verstopft haben. Wie gefällt dir das?«

Er gab mir keine Gelegenheit, zu antworten, packte meine Handgelenke und schleifte mich durch die ganze Wohnung. Dann räumte er meine Bude auf, kippte den gesamten Alkohol in die Toilette und nahm mir die Schlaftabletten weg. Sogar mein Abführmittel. Alles. Ich ließ ihn auch das Ativan wegwerfen, obwohl ich wußte, daß ich ohne nicht schlafen konnte. Schließlich hatte ich noch ein Rezept in Reserve, für den Fall des Falles. Als ich ihm zuschaute, fragte ich mich pausenlos und sehr ernsthaft, ob ich wirklich mit ihm zusammenleben wollte oder ob die Drogen in meinem Leben wichtiger waren. Mir schien, daß ich eine wichtige Entscheidung zu fällen hatte. Wenn ich Chemikalien schon gegen einen Menschen abwägte, der sich um mich sorgte und den ich wirklich mochte ... dann hatte ich wirklich ein Problem. Und zwar ein großes.

D. H. war jedoch auf lange Sicht nicht der richtige Mann, um mir zu helfen. Dafür hatte er zu wenig Mitleid und war zu sehr mit sich selbst beschäftigt. Zwar ging ich an diesem Tag in der Hoffnung, daß er sich wirklich um mich kümmern würde, mit in seine Wohnung. Doch obwohl ich noch verschreckt und aufgeregt war, sagte er, er müsse mich für eine Weile verlassen: eine frühere Freundin hatte versprochen, ihm die Haare zu schneiden. Als ich dann allein fernsah, fragte ich mich, ob ich nicht wichtiger wäre als ein Haarschnitt. D. H. kam schließlich zurück, und ich schlief in seinem Armen ein.

Als ich am nächsten Morgen erwachte, nahm er einen Schläger und versohlte mir den Arsch. »Das«, sagte er, während er mich verhaute, »hätte ich gestern schon machen sollen.« Nun, darauf hatte ich gewartet, es brach bei mir irgendwie das Eis – aber den Ärger mit dem Gesetz war ich damit noch nicht los. Man hatte mich als Konsumentin eingebuchtet und mir unterstellt, mit Drogen zu handeln. Das war einfach nicht wahr. »Du mußt zu einer Drogenberatungsstelle gehen«, sagte D. H., »oder wenigstens zu einer Selbsthilfegruppe. Du mußt dem Richter klarmachen, daß du wirklich mit dem Zeug aufhören willst.«

Kevin und Kira hatten inzwischen einen Anwalt aufgetan. Sie hatten das Chalet am Sonntag nach meiner Festnahme sogar geschlossen, und dergleichen hatten sie vorher noch nie getan. Da ich wußte, daß die beiden wütend auf mich waren, glaubte ich aber trotzdem, niemanden zu haben, an den ich mich wenden konnte.

Das Ausmaß, in dem D. H. sich um mich »kümmerte« hielt auch nicht sehr lange vor. Am nächsten Tag fuhr ich nach Hause, kaufte wieder eine Flasche Wein und nahm ein, zwei Drinks. Als ich allein in der Wohnung saß, hatte ich Angst und brauchte jemandem, mit dem ich mich unterhalten konnte. Mit zitternder Hand wählte ich die Nummer einer Gruppe, die D. H. mir empfohlen hatte. Ein Mann namens Tim sprach mit mir, und ich fing sofort an zu weinen. Tim schien echtes Verständnis für mich zu haben und bestand darauf, daß ich noch am gleichen Abend zu einer Versammlung kam. Tim war Jude und stammte aus New York; seit fünf Monaten drogenfrei, fühlte er sich wieder recht gut. Ich konnte mich wirklich mit ihm verständigen, denn seine Vergangenheit war der meinen ähnlich. Also beschloß ich, an diesem Montag später zur Arbeit zu gehen, und traf mich mit Tim im Krankenhaus von Culver City, das an diesem Abend seine Räume zu Verfügung stellte.

Als ich losfuhr, um ihn zu treffen, hatte ich innerlich ein so euphorisches Gefühl, als wäre ich zu einem Abenteuer unterwegs. Tim erkannte mich sofort. Er war rothaarig, über fünfzig, Brillenträger und nicht gerade der Traummann meiner Vorstellungen. Obwohl er mich körperlich nicht anzog, war er aber sehr nett. Da ich etwas zu spät gekommen war, nahm er mich sofort mit hinein. Zuerst erinnerten mich die Anwesenden an eine Scientology-Gruppe. Jemand namens Bob stellte sich der Gruppe vor, und während ich zuhörte, wie Bob die Geschichte seiner Sucht erzählte, sah ich mich im Publikum um und bemerkte überrascht ein paar bekannte Gesichter: Menschen, die ich vom Fernsehen her kannte, sogar den Leadsänger einer populären Rockband. Die Anwesenden waren keine Bande von Unterprivilegierten, sondern Menschen mit einem Problem, das sie verzweifelt zu überwinden hofften.

Nachdem das Meeting vorbei war, machte Tim mich mit einigen Frauen aus der Gruppe bekannt. »Du kannst auch jeden privat treffen«, sagte er lächelnd. Als die Damen hörten, daß ich zum ersten Mal auf einem solchen Meeting war, zeigten sie sich sehr kameradschaftlich. Sie schrieben mir ihre Namen und Telefonnummer auf Zettelchen und ermutigten mich, sie anzurufen und weiterhin zu den Meetings zu kommen. Alles schien in einem tollen, flotten Tempo abzulaufen, denn die meisten von uns waren hyperaktive Ex-Kokser. Tim begleitete mich zu meinem Wagen und erklärte mir die einzelnen Schritte des Reha-Programms. Er war im Moment mein »Führer.« Ich sollte ihn jeden Tag anrufen, mich bei ihm melden und ihn wissen lassen, daß ich nüchtern und in Ordnung bin. Das erinnerte mich an eine S/M-Beziehung, da ich auch Noel oder William stets hatte anrufen müssen.

Dann erfuhr ich etwas, das mich erschreckte. Ich mußte mit *allen* Drogen aufhören: Alkohol, Kokain, Pillen und Pot.

»Du verstehst das nicht«, sagte ich zu Tim. »Ich habe nur Probleme mit Kokain.«

Tim lächelte. »Du mußt noch eine Menge lernen, Jacqueline. Für Menschen wie uns sind *alle Drogen* ein Problem.«

Obwohl die Vorstellung, ein völlig drogenfreies Leben zu führen, nicht schön war, nahm ich mir vor, es zu versuchen. In den ersten dreißig Tagen der Nüchternheit soll man es sachte angehen lassen. Das konnte ich nicht. Ich konnte einfach nicht aufhören zu arbeiten. Im Chalet erfuhr ich an diesem Abend, daß auch Mona ein Reha-Programm angefangen hatte. Sie hing zwar an der Nadel, an Heroin, aber wenigstens hatten wir beide nun jemanden, mit dem wir uns unterhalten und verständigen konnten. Mona brachte mir oft Päckchen mit Vitaminen mit, eins davon enthielt auch eine Art Naturstimulans. Kevin gab uns beiden die Erlaubnis, später zum Dienst zu erscheinen, damit wir an den Meetings teilnehmen konnten.

An diesem Abend ging ich nach ein paar Schluck Rum ins Bett. Das war zwar nicht unbedingt ein guter Anfang, aber wenigstens nahm ich kein Ativan. Das nächste Meeting fand im Cedars statt. Ich unterhielt mich mit einigen Leuten über meine Schlaflosigkeit und gestand, daß ich nur nach einem Drink einschlafen konnte. Man gab mir zu verstehen, noch niemand sei an Schlaflosigkeit gestorben, und schlug vor, ich solle es einfach mal ohne Alkohol versuchen. Wenn ich nicht einschlief, schlief ich eben nicht ein. Na und? Da ich wirklich mitmachen und zudem mit all den netten Leuten zusammen sein wollte, tat ich vor mir selbst so, als sei der Verzicht auf Alkohol eine Art verlangter Mitgliedsbeitrag. Bezahlen brauchte ich ja schließlich nicht. So brach ich mit der Gewohnheit, stundenlang mit Nina zu telefonieren und mich dabei mit Wein zuzuschütten, wenn ich nach Hause kam. An diesem Abend brühte ich mir ein Tütchen Suppe auf und kuschelte mich mit einem Schundroman ins Bett. Ich las und trank die Suppe, bis ich so müde war, daß ich einschlafen konnte. Tatsächlich – ich habe in dieser Nacht besser geschlafen als seit Jahren. Ich fing sogar wieder an zu träumen.

Jeden Abend ging ich jetzt zum Meeting; im Chalet durfte ich weiterhin später anfangen. In dieser Zeit heuerten Kevin und Kira einen wüsten Kokser für den Empfangstisch an;

Brenda und Sean schnieften ebenfalls viel Kokain. Unser Zusammenstoß mit dem Gesetz hatte sie offenbar weniger verängstigt als mich. Etwa zwei Wochen später sagte Sean, er wollte mit den Drogen aufhören, da sie ihn immer verrückter machten. Es war schön, mit einem Freund zusammen zum Meeting zu gehen.

D. H.s Geburtstag fiel zufällig in meinen ersten trockenen Monat. Ich nahm mir vor, mit ihm nach Santa Barbara zu fahren und übers Wochenende in einer schönen Pension zu wohnen. War ich mit meinem Herrn zusammen, empfand ich ungefähr das gleiche Glücksgefühl wie die fiktive O: ich kam mir beschützt und umhegt vor. Das einzige, woran es unserer Beziehung mangelte, war die emotionelle Unterstützung, die ich brauchte. Obwohl D. H. der erste gewesen war, der vorgeschlagen hatte, ich solle an den Reha-Meetings teilnehmen, hatte er mich nie danach gefragt. Er ging auch nicht mehr zu seiner eigenen Gruppe, denn er war der Meinung, Bodybuilding reiche aus, um ihn bei Kräften zu halten.

Der Gedanke, in ein Restaurant zu gehen, ohne Wein zu trinken, machte mir Angst, doch da auch D. H. trocken war, fiel es mit leichter. Er brachte mich dazu, eine komplette Mahlzeit zu bestellen, und fütterte mich sogar. Dieses Wochenende ist mir unvergeßlich. In einer Nacht band D. H. mich ans Bett, schmierte meinen Körper mit süß riechendem Öl ein und rieb seinen Schwanz an mir.

Meine Beziehung zu D. H. hatte zwar einige Ähnlichkeit mit Liebe, aber sie war weit davon entfernt, perfekt zu sein. Immerhin war D. H. jedoch von Anfang an ehrlich gewesen und hatte mir erklärt, daß eine Frau nicht genug für ihn sei. Das hätte ich akzeptieren können, aber auch wenn wir zusammen waren, schaute er stets anderen Frauen hinterher. Ging ich in einem Restaurant kurz zur Toilette, hatte er der Kellnerin, wenn ich zurückkam, schon ihre Telefonnummer abgeluchst. Auf der Janus-Party, wo ich mein Glück verkündet hatte, bei ihm zu ein, hatte er Liz kennengelernt, eine andere potentielle Sklavin. Ich bemühte mich zwar, das zu vergessen, aber bald merkte ich, daß er sich mit ihr getroffen hatte. Vor der nächsten Janus-Versammlung erzählte mir D. H., Liz und ich würden uns dort begegnen.

»Schön«, sagte ich, »aber nur, wenn ich sie auspeitschen darf.

»Du wirst Liz nicht auspeitschen«, sagte mein Herr zu mit. »Du wirst lernen, sie zu lieben.«

»Ich brauche aber einen Mann für mich allein«, entgegnete ich.

Natürlich führte dies zu einer Auseinandersetzung, und fast sah es so aus, als würde unser Streit nie enden. Ich merkte, daß ich ziemlich übellaunig wurde, denn da ich nüchtern war, sah ich alles viel deutlicher. Eines war mir klar: Nie wieder würde mich ein Mann als Mülleimer verwenden. Doch als ich mit D. H. brechen wollte, fühlte ich mich schon während des Versuchs so schlecht, daß ich ihn auf der Stelle bat, mir zu verzeihen.

Eine Woche später traf ich mich mit D. H. nach einem Reha-Meeting. Er war aschfahl und hatte einen eigenartigen Ausdruck im Gesicht, so daß ich gleich wußte, daß irgend etwas nicht stimmte. Ich mußte ihm mein Sklavenarmband zurückgeben, das mir so viel bedeutete. Wahrscheinlich war ich ihm nicht fügsam genug gewesen. Traurig löste ich das Goldarmband von meinem Gelenk. »Das bedeutet nicht, daß wir uns trennen«, sagte D. H. »Es bedeutet nur, daß wir an unserer Beziehung arbeiten müssen. Wenn ich sage, du legst dich an deinem freien Abend ins Bett und starrst an die Dekke, dann tust du das gefälligst, verstanden?«

Ich wußte, daß er Unsinn redete und hielt es durchaus nicht für spaßig, an die Decke zu starren. Vielleicht hätte er mir sogar noch befohlen, mit dem Rauchen aufzuhören! Was hatten diese Dinge mit Sex zu tun? Ob ich rauchte, war meine Sache, nicht seine. Mein wahrer dominanter Charakter schlug allmählich durch!

Als wir uns schließlich trennten, schüttete ich mich nicht mit Alkohol zu, wie ich es wahrscheinlich noch ein paar Monate zuvor getan hätte; ich rauchte nur eine Zigarette nach der anderen und unterhielt mich mit Martin am Telefon. Er hatte sich kurz zuvor von Marlene getrennt, und wir waren gute Freunde geworden. Obwohl ich mich gern mit ihm unterhielt, endete es aber immer katastrophal, wenn wir versuchten, ein Sexspielchen miteinander zu machen. Pausenlos dachte ich dann an D. H. und bildete mir ein, ihn zu betrügen. D. H. erregte mich auf unbeschreibliche Weise. Er entsprach *wirklich* meiner Vorstellung von gutem Aussehen und Dominanz; trotzdem war ein Teil meines Ichs mit ihm unzufrieden. Wenn ich bei ihm war, hatte ich immer das Gefühl, zerbrechlich zu sein. D. H. war zwar fast so streng wie ein Vater, aber er war kein lieber Vater.

Nach der Geschichte mit ihm stürzte ich mich ins Anti-Drogen-Programm. In den vergangenen drei, vier Jahren war ich nur mit Frauen aus dem Chalet befreundet gewesen, doch da die meisten drogen- und alkoholabhängig waren, hatte ich jetzt nur noch wenig mit ihnen gemein. Anfangs hatte ich mich in der Gruppe ja sehr positiv gefühlt, aber bald erhielt mein Selbstwertgefühl einen Knacks. Ich wurde die Vorstellung nicht los, daß mir alle, die ich dort kennenlernte, überlegen waren.

William, der seit mindestens zehn Jahre zur Szene gehörte, hatte mir geraten, niemandem von meinem Beruf zu erzählen. Aber natürlich hörte ich nicht auf ihn. Ich habe nie gern gelogen, und außerdem war ich der Meinung, es könne doch nicht so schrecklich sein, anderen bei der Erfüllung ihrer sexuellen Phantasien zu helfen. Am liebsten waren mir die kleineren Montagabend-Meetings in der Beverly Hills High School. Dort erhielt jeder Gelegenheit, etwas zu sagen, und alles wahr sehr intim. Anfangs sprach ich nur ausweichend über mein Leben, und wenn jemand fragte, warum ich nach dem Meeting immer so schnell verschwände, bemühte ich mich, das Thema zu umgehen. Man hätte die Tatsache, daß Sklaven darauf warteten, vor mir ausgepeitscht zu werden, sicher nicht allzu freundlich aufgenommen. Aber bald wurde es zu einem richtigen Ratespiel.

»Wenn wir es erraten, gibst du es dann zu?« wollte man eines Abends beim Kaffee wissen. Nun, man hat alles mögliche vermutet: Stripperin, Model und sogar Schauspielerin.

Schließlich sagte jemand »Domina«, und da blieb mir nichts anderes übrig, als lachend damit herauszuplatzen. Ich erzählte den Leuten die Wahrheit und vergatterte sie zum Schweigen, aber natürlich konnten meine Caféhaus-Kollegen es kaum abwarten, die Neuigkeit zu verbreiten. Danach hatte ich das Gefühl, daß man mich beim Meeting mit scheelen Blicken musterte. Man traute mir wohl alle möglichen Dinge zu, doch keiner wagte es, einen Versuch zu machen, um herauszukriegen, ob sie stimmten oder nicht.

Ungefähr zwei Monate später, bei einem Meeting im Cedars, lernte ich eine Frau namens Claudia kennen, die sich bereit erklärte, mich durch den Kurs zu begleiten. Zuerst weigerte sie sich, weil sie glaubte, nicht genug Zeit zu haben, doch dann wurde sie meine echte Führerin und Freundin. Da sie so etwas wie ein gesellschaftlicher Schmetterling war, wußte sie, auf welchen Hochzeiten man tanzte, und weil ich eine drogenfreie Freizeitgestaltung brauchte, kam mir das perfekt vor. Allerdings war Claudia so beliebt und hübsch, daß sich alle Männer stets um sie sammelten und mich übersahen. Schon wieder war ich die zehnjährige kleine Schwester. Da sie ein äußerst kritischer Mensch war, sagte sie mir auch stets, wie ich mich kleiden und welche Farbe mein Haar haben sollte.

Bald wurde auch Sean ein Teil unserer Truppe. Wir hatten zwar Spaß miteinander, aber dies kaschierte nicht die Tatsache, daß ich noch immer sehr einsam war. Ich brauchte einen echten Freund. Die vielen Typen, die ich in der Gruppe kennenlernte, schienen mich alle zu übersehen. Lag es an mir oder an meiner Beziehung zur B&D-Szene, daß mich alle so unattraktiv fanden? Mich verletzte das sehr, und so sprach ich das Thema sogar auf einem Meeting an.

Dabei hätte ich fast meinen Entschluß mitgeteilt, nicht mehr mitmachen zu wollen, aber dann sagte jemand: »Denen, auf die es ankommt, ist die Sache egal. Und auf die, denen sie nicht egal ist, kommt es nicht an.« Das kapierte ich, und so nahm ich mir vor, weiterzumachen. Ich glaube, ein Teil meines Ichs wollte schon deswegen nicht aussteigen, weil ich mir vorgenommen hatte, mit aller Gewalt trocken zu bleiben. Viele Ex-Süchtige werden übrigens nach dem Entzug fromm und selbstgerecht; deswegen gehen auch viele Nutten nicht mehr auf den Strich, wenn sie keine Drogen mehr nehmen. Aber S/M war etwas anderes für mich: Ich war nicht in die Szene geraten, weil ich Geld gebraucht hatte oder – noch schlimmer – um eine schlechte Angewohnheit zu finanzieren. Ich war in der Szene aktiv, weil sie mir gefiel; ich hatte eine bewußte Entscheidung gefällt. Auch als ich mich »besserte«, war B&D nie etwas »Schlechtes« für mich. Vielleicht würden die Leute aus der Gruppe das eines Tages erkennen und damit aufhören, mich in eine Schublade zu stecken.

Im Chalet wurden Veränderungen vorgenommen. Billy war nicht glücklich darüber, daß Sean und ich befreundet waren; in seinem verdrehten Geist stand Sean zwischen Kira und ihm, weil er ihr Sohn war. Billy glaubte auch irgendwie, daß ich mich in diese Beziehung einmischen wollte. Für Kira war Billy natürlich nichts weiter als eine Gratis-Arbeitskraft, aber der arme Billy hatte ein kompliziertes, romantisches Gespinst um seine Herrin gestrickt. Aus irgendwelchen Gründen wurde ich nun sein Feind. Es dauerte nicht lange, dann behandelte er mich schlecht, sprach nicht mehr mit mir und weigerte sich sogar, mich zu grüßen. Außerdem verbuchte er mich nicht mehr richtig. Wenn einer meiner Stammkunden kam und ich gerade nicht greifbar war, bat er ihn nicht etwa, auf mich zu warten, sondern schob ihn einem anderen Mädchen zu.

Das Chalet inserierte nicht in den Zeitungen, und der Laden sah allmählich heruntergekommen und schäbig aus. Ich blieb trotzdem da und lieferte die Hälfte meines hart verdienten Geldes ab, obwohl ich wußte, daß es in der Umgebung andere S/M-Clubs gab. Herrin Barbara, die ein eigenes Haus betrieb, hatte mich schon zu überreden versucht, bei ihr anzufangen. Mir war klar, daß ich ein sehr begehrter Gebrauchsartikel war. Schließlich hatte ich immer Geld gemacht, also hatte ich auch keinerlei Probleme, anderswo einen Job zu kriegen. Der letzte Vorhang fiel, als das Chalet zur Räumung gezwungen wurde. Da Kevin die Miete immer seltener zahlte, wollte der Hausbesitzer uns raussetzen. Zwar versprach Kevin den Mädchen, er hätte am Montag einen neuen Laden – doch das war eine lächerliche Zusage, die er unmöglich halten konnte.

Für mich kamen schwierige Zeiten. Ich hatte gerade erfahren, daß ich schwanger war – das Resultat einer schnellen Nummer mit einer Gelegenheitsbekanntschaft; wahrscheinlich als Folge meines Drogenentzugs konnte ich wieder Kinder bekommen. Und Kevin hielt mal wieder meinen Scheck zurück. Ich mußte ihn praktisch um Geld anbetteln, um die Abtreibung vornehmen zu lassen, und das hat mich wirklich fertig gemacht. Ich räumte Kevin etwa eine Woche ein, aber das Geld kam nicht, und er hatte auch noch keinen neuen Laden gefunden. Während ich abwartete, besuchte ich die Häuser von Herrin Barbara und Lady Jane, und entschied mich dann gegen einen Job bei Barbara, da sie kokainsüchtig war. Eine Menge Chalet-Girls waren zu Jane geflohen: Noel, Tantala und Nikki. Lady Jane residierte in einem vorstädtisch wirkenden Haus, das ganz rosa gestrichen war, wie ein typisches Bordell. Es hatte zwar nicht die Atmosphäre des Chalet, aber Jane war sehr nett.

Kevin und Kira hingen pausenlos am Telefon und baten mich, ins Chalet zurückzukehren. Ich sagte weinend, daß es mir nicht leicht fiele, von ihnen wegzugehen, sie waren mir in vielerlei Hinsicht wichtig. So gespenstisch es auch klingen mag, sie stellten so etwas wie meine Familie dar. Natürlich waren sie, wenn man es genau nimmt, eine üble Familie, aber ich fühlte mich eng mit ihr verbunden. So wie ich aber Jahre zuvor gewußt hatte, daß ich mich von meiner Mutter lösen mußte, wußte ich nun, daß ich mich vom Chalet trennen mußte, um meine geistige Gesundheit zu bewahren. Auch wenn Janes Unternehmen nie so war wie das Chalet. Den Mädchen war es im Chalet nicht zuletzt deswegen so gut gegangen, weil wir alle zu einer Irrsinnsumgebung gehört hatten. Und in einer Irrsinnsumgebung muß man schon deswegen zusammenhalten, damit man sich gegenseitig vor dem Irrsinn bewahrt. Im Gegensatz dazu herrschte bei Jane eine »normale« fast geschäftliche Atmosphäre. Es gab nicht viele Regeln oder Zusammenkünfte, und was die Mädchen hinter der geschlossenen Tür trieben, war Jane wurscht. Ich glaube, es hat sie wirklich amüsiert, daß ich mich so streng an die im Chalet erlernten Vorschriften hielt.

Als ich zu Lady Jane ging, sank mein Einkommen drastisch, da die meisten Kunden Extras erwarteten. Zwischen den Mädchen gab es weder ein Treue- noch ein Verbundenheitsgefühl; selbst Noel und ich waren hier weniger unzertrennlich als früher. Vielleicht wurde ich auch erwachsen und änderte mich. Auf jeden Fall hatte ich inzwischen bestimmte Vorstellungen von meinem »Beruf« entwickelt, die mit den Ansichten meiner Umgebung nun mal nicht übereinstimmten. So konnte ich auch Noels Einstellung nie verkraften, daß sie die knallharte Domina war und die Kunden tun mußten, was sie wollte. Was sollte das, zum Teufel? Es war doch das Geld der Kunden, und es waren ihre Wunschvorstellungen! Ich glaubte einfach nicht mehr an die Existenz »starrer Regeln«.

Um etwas vom Geist der alten Zeiten einzufangen, nahm ich an einigen Doppelsitzungen mit Noel teil. Ein Kunde wollte sehen, wie sie mich versohlte – einfach nur versohlte. Noel bugsierte mich in ein Zimmer, behandelte meinen Hintern mit einem festen Holzschläger und verhaute mich nach Strich und Faden. Ich nehme an, sie wollte mir auf ihre verdrehte Weise eine Art Lehre erteilen. Sie erzählte den Kunden auch gern, daß ich »Stereo« sei, wohingegen ich meinte, niemand brauchte davon etwas zu wissen. Wenn sie eine Domina haben wollten, war ich Domina, und wenn sie eine Sklavin haben wollten, war ich eben Sklavin. Die Phantasien der Kunden wurden erfüllt; ich sah keinen Grund, warum ich nicht auch die meisten ausleben sollte. Die Rolle, die ich in meinem Privatleben spielte, ging außer mir niemanden etwas an.

Bei Lady Jane fühlte ich mich also sehr einsam. Es war nur ein Job, daran bestand kein Zweifel. Das Chalet fehlte mir, andererseits wußte ich, daß ich durchdrehen würde, sollte ich zurückkehren. Dann öffnete ein neuer Club im Valley. Er hieß »Herrenhaus« und wurde von einer Frau geleitet, die ihre Kunst im Club Poses erlernt hatte. Im Herrenhaus hatte man völlig freie Bahn. Es war fast so, als miete man sich dort ein Zimmer, um hinter der verschlossenen Tür alles zu tun, was man wollte. Noel ich nahmen uns vor, eine Nacht pro Woche im Herrenhaus zu arbeiten, um mal zu sehen, wie es dort lief, obwohl so etwas in der Szene völlig neu war. Eigentlich hatte jeder Club seine Treuephilosophie, und die Mädchen waren nie an mehreren Orten zugleich tätig, ohne als Verräterin gebrandmarkt zu werden.

Nach und nach erkannte ich, daß es nicht schwierig war, sich einen eigenen Kundenkreis aufzubauen. Im Grunde konnte niemand »Herrin Jacqueline« besser verkaufen, als ich selbst. Bei Jane mußten wir unsere Inserate aus eigener Tasche bezahlen, und im Herrenhaus herrschte die gleiche Politik. Es war zwar gegen die Regeln des Hauses, aber bald gab ich in den Annoncen auch meine private Telefonnummer an. Ohne meinen Job bei Jane aufzugeben, wollte ich potentielle Kunden selbst unter die Lupe nehmen und meine Verabredungen selbst treffen können. Jane lenkte zögernd ein. Sie wollte keine der vielversprechensten Dominas für ihren Laden verlieren.

Um ein Symbol für die positiven Veränderungen zu setzen, die ich durchlief, zog ich in eine größere möblierte Wohnung um. Da mir noch die gleichen blöden Möbel gehörten, die Daniel zurückgelassen hatte, nahm ich mir vor, in der neuen Wohnung neu anzufangen. Glücklicherweise lernte ich einen Kerl namens Howie kennen, der mir alle möglichen wunderbaren und funktionellen S/M-Möbel schreinerte. Howie begann mit einem auch als Sofa verwendbaren Fesselgerät, doch dann legte er erst richtig los, und fügte eine Teppichstange und einen Bock hinzu. Zuerst hatte ich mir nur einen Privatkerker zulegen wollten, einen Ort, an dem ich mit D. H. meine Spielchen treiben konnte, den ich nun trotz allem wieder öfter traf. Aber es dauerte nicht lange, dann wurde mir klar, daß ich hier auch meine Privatkunden treffen und Vermittler wie Jane und das Herrenhaus ausschalten konnte. Da ich in einer geräumigen, abgegrenzten Eckwohnung lebte, konnte auch das Klatschen der Peitschen und das Stöhnen der Sklaven niemanden stören.

Ein schmieriger Mafiatyp bot mir an, mich »aufzubauen«, aber ich wußte, daß ich ihn nicht brauchte. Aus der ängstlichen Sklavin, die ich noch vor ein paar Wochen gewesen war, wurde eine forsche, zuversichtliche Domina und Geschäftsfrau. Der Anfang war simpel; ich inserierte einfach in den Zeitungen, und mein Kerker war ja schon fertig. Die meisten Sitzungen fielen milde aus (etwa mit Fußfetischisten) und erforderten keine tolle Spezialausrüstung. Nebenher begann ich mit dem Aufbau einer beeindruckenden Sammlung von Peitschen, Schlägern, Schwanzringen und dergleichen. Bei einer Stundenmiete von 75 Dollar wurden Auftragsarbeiten für andere zu einer irrsinnigen Geldverschwendung, besonders wenn man bedenkt, wie die Dinge dort abliefen. Im Chalet hatte man nach einem Rotationsprinzip gearbeitet: Die Mädchen saßen im ersten Stock im Aufenthaltsraum und wurden nacheinander zu einem bestimmten Klienten nach unten gerufen. Doch bei Jane herrschte größerer Konkurrenzkampf. Wie in einem altmodischen Bordell saßen wir im Wohnzimmer, und bevor die Kunden eine Entscheidung fällten, schätzten sie uns ab und schauten sich eine Frau nach der anderen an. Ob man nun ausgewählt wurde oder nicht, es war sehr erniedrigend.

Brenda und ich hatten darum gebeten, nicht in der gleichen Schicht zu arbeiten, da wir befürchteten, unsere Freundschaft könne unter dem Konkurrenzkampf leiden.

Der Besitzerin des Herrenhauses war es egal, ob ich in meiner Wohnung arbeitete, solange ich nur gelegentlich in ihrem Laden auftrat. Ich heuerte einen meiner Freunde als Leibwächter an, damit er im Schlafzimmer saß, während ich im Wohnzimmer/Kerker meine Kunden bediente. Er bekam zwanzig Dollar pro Sitzung, nur um dazusitzen und zu lauschen – als Lebensversicherung, damit kein Kunde mir gefährlich wurde. Ich arbeitete nachmittags in meiner Wohnung und machte abends regelmäßige Schichten im Herrenhaus.

Meine Inserate erschienen in der *Hollywood Press*, und meine Annoncen erwiesen sich als ungeheuer profitabel. Das Telefon klingelte Tag und Nacht, auch wenn in neun von zehn Fällen die Kunden dann nicht auftauchten. Ich beschrieb ihnen mein Können und den Weg zu meiner Wohnung am Telefon. Da mein Kundenstamm wuchs, mußte ich einfach stolz auf mich sein. Der Beweis, daß ich jede Facette des Geschäfts selbst managen konnte, lag auf der Hand. Dazu lernte ich nun eine nettere Kundenart kennen; anspruchsvollere Leute, die gern eine persönliche Herrin hatten, statt sich in S/M-Salons dem Zufall auszusetzen. Das Arrangement funktionierte viele Monate lang sehr gut, und bald verwendete ich Janes Unternehmen nur noch als Heimatbasis. Wenn ich gelegentlich Kunden hatte, die ich schon bei Jane bedient hatte, erkannten sie mich meist nicht, da ich immer verschiedene Perücken und Kostüme trug. Außerdem verwendete ich einen anderen Namen.

Obwohl ich in meinem auserwählten Beruf ziemlich beschäftigt war, bemerkte ich doch schnell, daß ich im Privatleben immer einsamer wurde. Zwar ging ich auf Parties, wo die unterwürfigen Männer vor mir auf die Knie fielen und mich anbeteten, aber das war auch alles. Keine innigen Zärtlichkeiten mitten in der Nacht, keinen Liebsten, den ich anrufen konnte, wenn ich traurig war. Auch wenn ich ein paar Schnellficks mit einigen »Rehabilitierten« abzog, wagte es doch keiner, sich mir gefühlsmäßig anzugleichen. Ich nehme an, sie hatten Angst, man könnte sie als nicht ganz dicht abstempeln, wenn sie Ernst machten. Sicher, ich hatte einen ungewöhnlichen Beruf und Spaß an B&D, aber sonst war ich fast so wie andere Frauen. Aber das hat wohl nie jemand verstanden. Ich war nicht *immer* der Herrin-Jacqueline-Typ. Die meiste Zeit war ich einfach nur Jacqueline.

Das Verhalten der Leute hat sich auch heute noch nicht toll geändert. Selbst wenn ich an Video-Messen teilnehme und Autogramme gebe, verstehen sie nicht, wer ich wirklich bin. Sie mustern mich mit einer Mischung aus Furcht, Neugier und Ehrfurcht – drei Empfindungen, die mit Liebe und Verständnis nicht sehr gut zusammenpassen. Obwohl mir das »marktfähige« Image Vergnügen bereitet, das ich mir erschaffen habe, stellt der andere Teil meines Ichs einen ganz normalen altmodischen Menschen dar, der sich das gleiche ersehnt wie alle anderen.

Allerdings glaube ich nicht, daß mein anderes Ich »Alice« ist, denn Alice bin ich im Grunde auch nicht. Natürlich genieße ich noch alle Facetten der S/M-Szene, aber ich möchte keinen Mann terrorisieren, wenn ich mit ihm allein bin. Ich möchte ihn auch nicht fesseln oder schlagen, aber mir gefällt meine Arbeit. Es ist mir eine Wonne, das Verlangen meiner Kunden zu stillen. Schrullige Typen erscheinen mir lebhafter und offener; man kommt leichter mit ihnen klar. Aus irgendeinem Grund passe ich einfach nicht zu denen, die ein geregeltes Leben führen. Vielleicht liegt es daran, weil sie mich zu oft einschätzen, weil sie sehen wollen, was ich unter der dünnen Lederhaut wirklich bin. Ich bin eine gewöhnliche Frau, mehr nicht.

In meiner Einsamkeit hatte ich nie aufgehört, an D. H. zu denken. Schließlich mußte ich ihn einfach anrufen. Er versprach, mich zu besuchen, und als ich wußte, daß er zu meiner Wohnung unterwegs war, sank ich auf die Knie und betete. Ich sagte das »Ruhegebet« immer wieder auf, das man uns in der Gruppe beigebracht hatte, doch als D. H. dann da war, fühlte ich mich alles andere als ruhig. Nachdem ich die Wohnungstür aufgemacht hatte, packte er mich schon im Korridor und küßte mich. Ich öffnete den Reißverschluß seiner Hose, streichelte seinen Schwanz und ehe ich mich's versah, hatte er meinen Rock hochgezogen. Ich schlang die Beine um seine Taille, und er fickte mich stehend im Wohnzimmer. Nie habe ich etwas Schöneres erlebt. Es war wahnsinnig intensiv.

Doch als unser Spontanfick vorüber war, wurde D. H. wieder wie sonst. Selbst unsere heiße Leidenschaft konnte nicht überdecken, woran es ihm mangelte. Er ging bald wieder, da er noch andere Pläne hatte, versprach aber, am Abend zurückzukommen. Waren wir zusammen, fühlte ich mich stets erhitzt und aufs äußerste erregt, und wenn er mit mir schlief, stöhnte ich und schaute in seine schönen Augen. D. H. war die körperliche Personifizierung meiner lebenslangen Wunschvorstellung. Er hätte zudem noch viel, viel mehr für mich sein können, wenn er nur gefühlsmäßig mehr hergegeben hätte.

Einmal besuchten wir eine Freundin namens Trudy. D. H. spielte schließlich mit mir herum, und die beiden zogen mich aus, fesselten mich und kitzelten und streichelten mich überall. Es war schön, aber dann erteilte er Trudy die Erlaubnis, mich auszupeitschen. Normalerweise wäre mir das nicht recht gewesen, aber da D. H. es befahl, war die Sache natürlich anders: Trudys Hände führten nur die Anweisungen meines Herrn aus. Ich kniete mich auf alle viere und reckte den nackten Arsch in die Luft, während Trudy mich versohlte. Ich verbarg mein Gesicht während der ganzen Zeit in D. H.s Schoß, und als Trudy mir Schmerzen zufügte, küßte ich seinen Schwanz. Für D. H. konnte ich so etwa ertragen; ich konnte ihm zeigen, wie sehr ich ihn liebte, indem ich nicht einmal winselte. Außerdem konnte ich, während die Hiebe klatschten, in seine großen, schönen Augen blikken und sah die Anerkennung in seinem Blick. Es war genau wie in einer Szene aus der erotischen Film *The Punishment of Anne*. Alles war mir gleich – solange nur D. H. da war. Ich wußte genau, wo ich sein wollte – bei ihm.

Nach meinem ersten Bruch mit D. H. hatte er sich mit Liz und Carla zusammengetan, der Freundin des Janus-Chefs. Während des Sommers hatte Liz mich angerufen; sie hatte ein Problem und brauchte jemanden, mit dem sie reden konnte. Liz war eine süße, niedliche Brünette, Mitte Zwanzig, und konnte D. H.s hochnäsige Art ebenfalls nicht leiden. Doch als er sich von mir getrennt hatte, war es ihm gelungen, ihr klarzumachen, daß sie seine einzige sei. Er hatte sogar betont, Carla ginge ihm auf die Nerven. Als Liz dann von D. H. schwanger wurde, machte er sich nicht mal die Mühe, mit ihr zur Abtreibung zu gehen, sondern verbrachte das Wochenende bei Carla. Früher war Liz »meine Feindin« gewesen, doch nun empfand ich großes Mitleid mit ihr. Es war fast so, als wäre ich ihr Sponsor im Club der D. H.-Geschädigten, und während ich mit ihr über D. H. sprach, wurde er in meiner Vorstellung noch übermächtiger. Obwohl ich wußte, daß er ein Schweinehund war, begehrte ich ihn noch mehr.

Ich besprach Liz' emotionale Situation mit William. Er sagte, sie solle ihn anrufen, weil er den Eindruck hatte, daß sie dringend Führung brauche. Natürlich malte er sich aus, er könne sie retten – aber nicht wie der in letzter Minute eintreffende Ritter in der strahlenden Rüstung, sondern als Herr in schwarzem Leder. Jetzt, drei Jahre später, sind Liz und William noch immer zusammen. Obwohl ihre Beziehung nicht perfekt ist, bietet sie eine Art Stabilität, von der beide etwas haben. Liz ist in vielerlei Hinsicht so wie ich. Sie ist etwas jünger, doch sie brauchte dringend das feste Gerüst, das William ihrem Leben gab. D. H. hätte sie beinahe vernichtet. Wenn sie nach einem Vater gesucht hat, hat sie ihn in William bestimmt gefunden. Unser Leben hat viele Parallelen. Es ist, als wäre sie meinen unsichtbaren Schritten gefolgt.

Als ich Liz zum ersten Mal traf, hatte sie einen normalen Job. Sie wurde, wie ich, von einem »normalen« zu einem »Freudenmädchen«. In vielerlei Hinsicht sind die Damen, die in Fesselstudios arbeiten, *tatsächlich* Freudenmädchen. Es ist zwar nicht mein liebster Vergleich, aber auch uns bezahlt man dafür, daß wir besondere Dienste verrichten. Auch wenn es dabei nicht zum Geschlechtsverkehr kommt, ist der gefühlsbetonte Akt sehr intim. Wie bei vielen Prostituierten härtet sich auch unser Empfinden oft ab, und das Leben erschöpft unsere Gefühle. Liz hat den gleichen Spaß daran wie ich, in der Szene aktiv zu sein, aber William nimmt die ganze Sache für ihren Geschmack allzu ernst. Da sie nicht auf seinen Schlampen-Trip steht, spielt sie diese Rolle nur selten. Doch aus irgendwelchen Gründen klappt ihre Beziehung. Vielleicht brauchen sie einander wirklich. Manchmal ist etwas Sicheres, selbst wenn es nicht ganz befriedigend ist, bequemer als das große Unbekannte.

Nun darf man nicht vergessen, daß Liz die gleiche Frau

war, die ich Monate zuvor noch auspeitschen wollte, weil ich glaubte, sie nähme mit D. H. weg. Als ich mit ihr über ihn redete, wollte ich plötzlich, wie gesagt, wieder mit ihm zusammen sein. Ich lechzte nach seiner Leidenschaft, wollte mit dieser Intensität gefickt werden, die ich bislang nur bei wenigen Männern gefunden hatte. Bei D. H. stimmte in dieser Hinsicht einfach alles. Nicht nur das Versohlen. Bei ihm erlebte ich die höchsten Wonne der Lust und Geilheit, ein köstliches, wunderbares Gefühl. Dieses Wissen machte mir auch verständlich, warum so viele Sklaven bei mir sein wollten, auch wenn sie genau wissen, daß sie mich nicht besitzen oder ein Bestandteil meines Lebens werden können. Wenigstens können sie aber ein Stück von mir haben! Ich bin der Katalysator ihrer Gefühle. Viele von uns, die sich von ganzem Herzen nach bestimmten Dingen sehnen, sind eben sehr oft bereit, sich mit dem abzufinden, was sie kriegen können. Der Bruchteil eines erfüllten Traums ist besser als gar nichts. Auch wenn S/M nicht immer real ist, die Intensität des dabei empfundenen Gefühls entschädigt den Mangel an Wirklichkeit. Und danach hatte ich bei D. H. gesucht. Da mir völlig klar war, daß ich ihn nicht ganz besitzen konnte, wollte ich wenigstens ein kleines Stück von ihm.

Als D. H. und ich Trudy an jenem Abend verließen, kam ich mir vor wie in einem Traum. Mir war, als wandere ich am Rand einer anderen Welt entlang, und freute mich innig, wieder bei ihm zu sein. Ein paar Tage später besuchte D. H. mich bei Lady Jane. Wir hatten die Möglichkeit besprochen, daß er mich mit einem Kennzeichen versehen solle, das zeigte, daß ich ihm wirklich ganz gehörte. D. H. brachte einen Freund mit, der sich auf so etwas verstand, und da einer meiner Kunden auf Nadelfolter stand, hatte ich ein großes Sortiment der entsprechenden Instrumente griffbereit. D. H. kratzte mich mit den scharfen Spitzen, bis ich blutete, aber es gefiel mir. Mir gefiel alles, was D. H. mit mir machte – auch der Schmerz. Jane schaute der Szene mit Verblüffung zu. Sie konnte die Veränderung, die ich durchlief, wenn ich mit diesem Mann zusammen war, kaum fassen.

Ein paar Tage später fragte D. H.: »Wie würde es dir gefallen, mich *Herr* zu nennen?« Innerlich wußte ich zwar, daß mich nichts glücklicher machen würde, aber es ging dabei um mehr, als ihn nur anders anzureden. Wenn eine Sklavin jemanden »Herr« nennt, muß sie zuvor alle möglichen Prüfungen, Widerwärtigkeiten und körperlichen Hingabetests durchlaufen. Doch D. H. war an diesem Aspekt des Spiels nicht interessiert. Er wollte nur Macht über mich ausüben.

Meine Antwort auf seinen Vorschlag war: »Ja, Herr.«

Sobald mir die Worte über die Lippen gekommen waren, fühlte ich mich wie benebelt, als hätte man mir eine Last von den Schultern genommen. Meine Verpflichtungen ihm gegenüber standen fest; ich gab die persönliche Kontrolle über mein Schicksal bereitwillig ab. D. H. sollte fortan alle Entscheidungen für mich treffen. Er sollte mich führen. Danach lechzen eigentlich alle Sklaven: frei zu sein von der Last, eigene Entscheidungen zu fällen. Sie wollen einen Herrn oder eine Herrin, die den Druck von ihnen nehmen.

»Willst du es auch ganz bestimmt?« fragte Claudia, als ich sie über mein Versprechen informierte.

»Ich kann nichts dagegen tun«, sagte ich. »Nun ist er mein Herr. Es ist vorbei.«

Trotz meiner Kette fühlte ich mich jetzt wieder frei. Ich konnte wieder arbeiten. Ich war glücklich, wenn ich nur daran dachte, daß ein Teil meines Ichs D. H. gehörte. Ich liebte und verehrte ihn, und es sah auch so aus, als ginge er diesmal besser. Tatsächlich funktionierte unsere Vereinbarung einige Zeit. Ich wußte zwar, daß er auch noch Carla hatte, aber anfangs störte mich das nicht.

Kurz darauf ging D. H. wieder auf Reisen. Wir sahen uns dann zwar nicht sehr regelmäßig, aber wenn er weg war, hatte ich wenigstens etwas Schönes, an das ich denken konnte. Vor D. H.s Abreise war es gewesen, wo ich ihm zugestanden hatte, daß er mich kennzeichnen könne. Ich hatte eigentlich nie damit gerechnet, daß er es wirklich tun würde, doch dann lag ich nackt und reglos bäuchlings auf dem Bett, damit er sein Kennzeichen in mein Fleisch ritzen konnte. Ich spürte ein scharfes Gefühl zwischen dem Rücken und

der rechten Pobacke. Das war die Stelle, in die er ein Frage-
zeichen ritzte. Es tat zwar weh, aber es war nicht so
schmerzhaft, wie man vielleicht meinen könnte. Irgendwie
war ich auch zu aufgeregt und zu verliebt, um allzu viel Unbehagen zu verspüren. D. H. tröstete mich und tupfte das
Blut ab, bis es zu fließen aufhörte. Von meiner feurigen Leidenschaft beherrscht, habe ich sogar das Läppchen aufbe-
wahrt, mit dem er mich abtupfte. Sein Zeichen habe ich noch
immer am Körper. Ich bedaure es zwar nicht, aber ich wünsche mir, es würde seiner Bedeutung wirklich gerecht. Wenn
ein Sklave in der B&D-Szene das Kennzeichen seines Herrn
trägt, symbolisiert das seine Liebe und Hingabe. D. H.s Zeichen jedoch entpuppte sich als bedeutungslos.

Kurz danach wollte D. H., daß ich am Halloween-Fest
der Janus Society teilnahm. Er machte deutlich, daß er sowohl mit Carla als auch mit mir dort hingehen würde; wir
sollten zum ersten Mal eine Szene zu dritt aufführen. Ich
freute mich zwar nicht über dieses Arrangement, aber ich
mußte mich den Wünschen meines Herrn fügen. Auf jeden
Fall sorgte ich dafür, daß ich an diesem Abend hinreißend
aussah; Claudia leistete großartige Arbeit mit meinem
Make-up. Ich übertraf es noch mit einem sexy aussehenden
Fransenkleid, und als ich eintrat, war ich sehr selbstsicher.
Carla zeigte sich fast normal und war einfach gekleidet –
als Krankenschwester. Zuerst sah ich die beiden nicht, doch
die anderen Partygäste schenkten mir sehr viel Beachtung.
Schließlich entdeckte ich Carla und D. H. aus den Augenwinkeln, und als ich meinen Herrn neben mir hatte, war
der größte Teil des Vergnügens plötzlich vorbei. Ich war
nicht mehr für mich allein, sondern seinen Launen unter-
worfen.

Die Janus-Party wurde im Herrenhaus abgehalten, wo ich
oft arbeitete. Überall standen Käfige herum. Vielleicht ist D.
H. meine Unzufriedenheit mit der Situation aufgefallen,
denn plötzlich schloß er Carla und mich zusammen in einen
Käfig. »Ihr kommt erst wieder raus, wenn ihr euch angefreundet habt«, lautete sein Befehl. Mit jemandem wie Liz
hätte ich in einer solchen Situation sogar Spaß haben kön-

nen, aber Carla war sehr kalt. Anfangs sprach sie nicht einmal mit mir.

»Dann liebst du ihn also wirklich, wie?« fragte sie schließlich.

»Ja«, sagte ich. »Du auch?«

»Ja.«

Wir wußten beide, daß wir nichts dagegen machen konnten; ich wußte aber auch, daß Carla sich mir überlegen fühlte. Sie weidete sich fast daran und war sich deutlich sicher, daß sie D. H. am Ende doch ganz für sich behalten könne.

Da seine momentanen Geliebten hinter Schloß und Riegel saßen, suchte D. H. auf der Party nach anderen Mädchen. Es war mir sehr peinlich, in einem Käfig zu hocken, da ich professionell nun als Domina arbeitete und da so etwas nicht gut für mein berufliches Image war. Aber D. H. scherte sich einen Dreck darum; ihm war nur das wichtig, was ihn persönlich interessierte. Bevor er uns herausließ, band er uns mit Handschellen aneinander und da Carla ein ziemliches Stück größer war als ich, fiel es uns schwer, uns zu bewegen. D. H. peitschte uns zusammen aus und ließ uns im Raum hin- und hermarschieren. Ich bemühte mich zwar, etwas für Carla zu empfinden, aber es brachte nichts. Trotzdem dachte ich, wenn D. H. sie liebt, muß ich wenigstes versuchen, sie zu mögen.

Eifersucht kam erst auf, als er uns losmachte und Carla über einen Bock legte. Als ich zuschaute, wie er ihr den nackten Arsch versohlte, wurde ich zornig. Verflucht noch mal, ich wollte, daß er sowas mit mir tat! Aber D. H. war fair, das muß ich ihm zugestehen. Nachdem er Carla verdroschen hatte, tat er mit mir das gleiche. Da er wußte, daß ich viel vertragen konnte, versetzte er meinem Hintern eine gewaltige Tracht Prügel. Dann legte er mich übers Knie und verhaute mich noch fester mit der bloßen Hand. Ich krümmte mich vor Entzücken und warf Carla, die der Szene neidisch zusah, triumphierende Blicke zu.

D. H. war sehr stolz darauf, den Gästen auf der Janus-Party zeigen zu können, daß ich sein Kennzeichen trug. Carla wirkte, als würde sie gleich vor Eifersucht sterben. Denn ich trug sein Zeichen – und sie nicht!

Doch heute bedeutet das nichts mehr, denn Carla ist noch immer bei D. H., und ich nicht. Glauben Sie mir, heute weiß ich, welches Glück ich wirklich hatte.

Ein paar Tage nach der Halloween-Party sagte D. H., er wolle mir etwas Besonders zuteil werden lassen, schob mich in seinen Wagen, verband mir die Augen und verbot mir, zu sprechen. Über eine Stunde lang fuhr er, und ich hatte keine Ahnung, wohin wir unterwegs waren. Schließlich hielt der Wagen an. »Ich weiß, daß du erst morgen um sechs arbeiten mußt«, sagte er. Ich nickte – aus Angst, er würde mich irgendwo am Arsch der Welt aus dem Auto werfen. Zwar sah ich noch immer nichts, aber ich hörte Stimmen mit britischem Akzent. D. H. brachte mich in ein Haus und setzte mich auf ein Sofa. Eine Dame mit melodischer Stimme bot mir einen Joint an, den ich ablehnte. Plötzlich war ich allein im Raum. Obwohl ich vor Angst zitterte, war ich aber auch sehr aufgeregt und geil. Ich kam mir vor vor wie in einem S/M-Roman.

Dann hörte ich D. H.s Schritte. Als ich merkte, daß er neben mir war, griff ich nach ihm. »Oh, Herr … Herr …!« rief ich, doch er riß sich wütend von mir los. Ich spürte, daß ich hochgezogen und auf einen Tisch gelegt wurde, und daß er meine Beine spreizte. Sein Schwanz rieb sich an mir und bald fickte er mich richtig. Geräuschen entnahm ich, daß andere Anwesende uns zuschauten. Ich stöhnte pausenlos, und nannte ihn »Herr«, sooft er in mich hineinstieß. Schon der Klang dieses Wortes tat mir gut.

Dann nahm mir jemand die Augenbinde ab. Ich schaute auf und rechnete damit, das Gesicht meines Herrn zu sehen. Statt dessen entdeckte ich, daß D. H. knapp über meinem Kopf mit der Muschi einer anderen Frau beschäftigt war. Es war Fifi, die wir auf einer Janusparty kennengelernt hatte. Im Wagen hatte D. H. versprochen, er würde mir etwas Vergnügliches bieten, jetzt lebte er aber nur seine eigenen Phantasien aus. Ich schaute eifersüchtig zu, und es machte mich durchaus nicht glücklich, was mein Herr bei anderen Frauen tat – aber was hätte ich dagegen tun sollen? Ich machte einfach mit. Die Furcht, ihn zu verlieren, half mir, die Szene zu ertragen, doch die ganze Zeit über sehnte ich mich danach, daß er seine Aufmerksamkeit nur auf mich richtete. Doch weder hier noch in meinem sonstigen Leben kam es dazu.

Allmählich wurde mir klar, daß auch D. H. nicht der Mann war, den ich mir erträumt hatte. Kein Gebieter konnte mich retten – ich mußte auf meine eigene innere Stärke vertrauen.

Kurz nach der Halloween-Party verreiste D. H. wieder einmal. Bevor er ging, tätschelte er sanft meinen Arsch. »Ich möchte, daß du während meiner Abwesenheit nicht mehr rauchst«, sagte er kalt. Erneut war ich enttäuscht. Wann fing er endlich an, mir andere Aufträge zu geben – etwa mir zu befehlen, abends für ihn zu masturbieren und seinen Namen zu stöhnen? Ich erwiderte, ich würde so viel und so oft rauchen, wie es mir gefiele. Das irritierte ihn, denn nun erkannte er, daß er keine geistlose Unterwürfige vor sich hatte. Als er dann vor den Weihnachtsfeiertagen zurückkam, besuchte er mich zwar bei Jane, aber ich wußte, daß Carla bei ihm wohnte. Es gab keinen Zweifel, daß ich nur die zweite Geige spielte. Man erwies mir zwar die dubiose Ehre, D. H. vom Flughafen abzuholen. Doch auch dann führte er sich mir gegenüber kalt auf; er schien plötzlich in einer anderen Welt zu leben.

Ich war wütend. Weihnachten stand vor der Tür. Obwohl ich nicht schon wieder allein sein wollte, wußte ich, daß D. H. nicht der richtige Mensch war, um die Feiertage mit ihm zu verbringen. Er würde mich wahrscheinlich, wie üblich, sitzenlassen. Geil auf Bestrafung machte ich eines Abends ein besonderes Essen für ihn. Doch während er aß, schaute er mich an und sagte gleichgültig. »Obwohl klar ist, daß ich dir nicht geben kann, was du haben willst, hängst du hier herum.« Ich brach in Tränen aus, und D. H. tat nichts, um mich zu trösten.

Also machte ich ohne ihn Pläne für Weihnachten. Mein Freund Roger und ich wollten zusammen eine Party geben, und als ich mich gerade auf dem Weg zu ihm machte, hörte ich, daß D. H. an meine Wohnungstür donnerte. Ich wußte, daß er es war. Er war der einzige Mensch, der es wagte, zu mir zu kommen, ohne sich anzukündigen. Er klopfte unbarmherzig weiter, doch ich ging nicht an die Tür. Ich tat so, als wäre ich nicht zu Hause.

Damit hatte es sich. Kein dramatisches Ende. Es war einfach aus.

12
Domina

Im März 1987 feierte ich den ersten Jahrestag meines drogenlosen Daseins. Nüchternbleiben bedeutete für mich Erwachsenwerden. Von Drogen abhängig, wäre ich ewig ein schwaches, kleines Mädchen geblieben. Jetzt konnte ich mein Leben selbst beherrschen. Mein Kundenstamm wurde größer, und es war gar nicht schwer. Ich brauchte meinen Gewinn nicht mit Jane, dem Herrenhaus oder dem Chalet zu teilen. Als Sicherheitsmaßnahme arbeitete ich zwar hin und wieder bei Jane oder im Herrenhaus, aber was ich privat verdiente, behielt ich für mich allein. Eine Sitzung im meiner Wohnung brachte mir soviel Geld ein wie zwei im Chalet, und ich brauchte auch nicht die ganze Nacht wartend zu verbringen.

Mitte Juli wurde das Herrenhaus hochgenommen. Die Polizei nahm eines der Mädchen fest, weil es einem Cop, der dort als Kunde aufgetreten war, angeblich ein Angebot gemacht hatte. Am nächsten Tag räumten sie den Laden gründlich auf, und natürlich stellten sie fest, daß man Drogen zwischen den Kissen eines Sofas deponiert hatte. Das Herrenhaus öffnete nie wieder. Shanna, die Eigentümerin hatte schreckliche Angst, und als ich die Razzia mitbekam, fürchtete ich mich ebenfalls. Plötzlich wurden mir die Gefahren meines Tuns bewußt.

Doch inzwischen gehörte ich fest zum Stamm der B&D-Szene, nahm an vielen Parties teil und ging, wie Geschäftsleute es nennen, auf »Kundenfang«. Ich führte mein Gesicht und meinen Körper vor und knüpfte Kontakte zu potentiellen Kunden. Auf einer solchen Party lernte ich einen Mann namens Steve Hawk kennen. Er arbeitete für einen Laden namens »Singularity«, der sich in der Nähe von Herrin Bernadettes Unternehmen befand. Sie hatte stets zu meinen S/M-Mentoren gehört, und obwohl wir uns persönlich nie begegnet waren, wußte ich viel über sie. Herrin Bernadette ist in der S/M-Szene von L. A. eine Art Legende. Sie hat früher im Grange County einen Fetischistenladen betrieben, gibt ein paar B&D-Magazine heraus und ist der lebende Beweis dafür, daß es möglich ist, alles zu haben. Sie war nicht nur eine respektierte Domina, sie rühmte sich auch einer langen, glücklichen Ehe mit einem Arzt. Die beiden haben sogar mehrere Kinder, und vor kurzem feierten sie ihre Silberhochzeit mit einer Riesenparty. Es war sehr bewegend, dabeizusein, als sie ihren Eheschwur erneuerten. Bernadette wirkte, als genieße sie ihr Leben in vollen Zügen – mit S/M *und* dem amerikanischen Traum. Besonders mochte ich an ihr, daß sie zu dieser besonderen Feier alle wichtigen Menschen aus dem Umfeld ihres Lebens eingeladen hatte. Es kamen sowohl Leute aus der S/M-Szene als auch Geschäftsfreunde ihres Mannes, man schloß die S/M-Interessierte also nicht aus, sonder integrierte sie wie alle anderen Familienmitglieder in die Festivität.

Bis Mai verlief mein Leben wie am Schnürchen, obwohl ich ein paar Tage nach meinem Geburtstag einen ziemlich schweren Autounfall mit Totalschaden hatte; zum Glück wurde ich aber nicht verletzt. Ziemlich erschüttert ließ ich mich bei Jane eine ganze Woche nicht sehen. Sie hat sich nicht mal die Mühe gemacht, mich anzurufen, um zu fragen, wie es mir ging.

Da mein alter Leibwächter den Unfall verursacht hatte, nutzte ich die Gelegenheit und machte Steve Hawk zu meinem neuen Assistenten. Steve half mir auch auf andere Weise. Er wollte mich für eines von Bernadettes Magazinen interviewen, und ich nahm die Chance natürlich gern war. Bis zu diesem Tag hatte ich nicht viel mit der Öffentlichkeit zu tun gehabt, obwohl eine große B&D-Welt draußen doch existierte, zu der ich noch nicht gehörte. Steve öffnete mir viele Türen. Er machte für Bernadettes Magazin *Directions* ein Foto von mir und war mit dem Ergebnis sehr zufrieden. Da Steve ein Unterwürfiger war, fühlte er sich bei mir gut aufgehoben.

Nachdem man das Herrenhaus hochgenommen hatte, war

ich, wie gesagt, sehr ängstlich. Ich wußte, daß ich vorsichtiger sein mußte, doch obwohl ich meine Kunden normalerweise recht gut unter die Lupe nahm, ließ ich an einem flauen Sommerabend einen Mann ohne das übliche »Verhör« herein. »Wir unterhalten uns, wenn ich da bin«, hatte er gesagt. Als er ankam wirkte er ganz in Ordnung, wenn er mir auch etwas nervös erschien, was bei Anfängern aber nicht ungewöhnlich ist. Als ich fragte, was für Wünsche er habe, drückte er sich recht vage aus. »Belohne mich, wenn ich brav bin, und bestrafe mich, wenn ich böse bin«, sagte er und erklärte sich mit einer Halbstundensitzung einverstanden; aber statt die Brieftasche zu zücken, ging er mir an die Gurgel. Entsetzt schrie ich Zeter und Mordio. Zum Glück war Steve gleich nebenan. Ich hatte kaum angefangen zu kreischen, als der Mann die Flucht ergriff. Steve konnte ihn nicht mehr erwischen. Als ich losschrie, murmelte der Kunde: »Ich wußte, daß es so ausgeht.« Vielleicht wollte er, daß ich ihn an Ort und Stelle bestrafte, aber er hat die Regeln einer Bondagesitzung eindeutig überschritten. Kunde und Domina besprechen normalerweise *vor* dem Spiel, was passiert, *dann* erst fangen sie an. Ansonsten gibt es keine Regeln. Später kam mir der Verdacht, der Typ sei vielleicht darauf aus gewesen, eine Szene eigener Machart mit mir zu spielen: um zu sehen, ob ich eine echte Domina war, wollte er mich möglicherweise dazu bringen, aggressiv mit ihm umzugehen – ihm in die Eier zu treten, ihm auf den Kopf zu hauen oder so etwas. Manchmal sind »Macken« von gefährlicheren Obsessionen nur durch eine dünne Linie getrennt. Am Telefon hatte der Mann sich darüber ausgelassen, er sei noch nie einer »echten« Domina begegnet. Vielleicht war sein Griff an meinen Hals ein Test gewesen, um meine Echtheit zu prüfen. Wenn es wirklich so war, hatte er mich zu sehr erschreckt, um das zu erkennen.

Nach dem Erlebnis hatte ich eine Unterredung mit Bernadette. Aufgrund unserer Freundschaft zu Steve waren wir uns ziemlich nahegekommen, und sie war nach der Begegnung mit dem wilden Kunden um meine Sicherheit besorgt. »Hör mal, Jacqueline«, sagte sie warnend, »du begibst dich in Gefahr. Du solltest ein Atempause einlegen und für eine Weile einen normalen Job annehmen.« Zuerst verstand ich nicht, was sie meinte. Immerhin hatte ich für ein Inserat in ihrem Magazin bezahlt, und sie hatte mir versprochen, ich würde gute, verläßliche Kunden kriegen. Jetzt schlug sie vor, ich solle mich zurückhalten, bis das Inserat erschienen war.

Die Wartezeit erschien mir endlos, und ich wußte bald nicht mehr, was ich mit mir anfangen sollte. Tatsächlich schaute ich mich nach einem Tagesjob und erkundigte mich nach den Chancen in der Psychologie, aber ich merkte bald, daß der Arbeitsmarkt noch immer mies war. Beratungsstellen waren nicht nur dünn gesät, der Verdienst war außerdem lausig. Aber Bernadette hatte recht – nach einer kurzen Flaute bekam ich tatsächlich bessere Kunden.

Als ich anfing, hatte ich noch keine Ahnung, wie ich die Sache deichseln sollte, aber dann konnte ich mir durch die landesweit vertriebenen B&D-Magazine schrittweise einen Kundenstamm aufbauen. Wenn ich heute eine Kunden annehme, ermutige ich ihn zuerst, mir zu schreiben. So bekomme ich ein Bild seiner Persönlichkeit und seiner Phantasien. Bevor wir uns treffen, unterhalten wir uns dann noch am Telefon. Nun, ich kann nur sagen, daß ich in den zwei Jahren meiner Selbständigkeit immer sehr beschäftigt war.

Der Preis für eine einstündige Sitzung liegt zwischen 100 und 500 Dollar und hängt vom Kunden und der Kompliziertheit seiner Wunschvorstellungen ab. Ich habe lange Zeit pro Sitzung kassiert, und als ich dann zu einem Stundenpreis überging, verlor ich zwar einige Kunden, aber als dann die besseren kamen, brauchte ich meine Zeit nicht mehr mit den billigen zu vergeuden. Meine Kunden stammen aus allen Schichten, vom Plastikchirurgen bis zum Verwaltungsbeamten. Sie sind in der Regel ziemlich reich. Wie sollten sie sich sonst die hohen Preise leisten können, die man zahlen muß, um sich seine geheimsten Phantasien zu erfüllen? Doch bemühe ich mich immer, ihnen für ihr Geld einen entsprechenden Gegenwert zu geben.

In meinem Privatkerker ist es wunderschön, es gibt Kerzen und leise Musik inklusive. Obwohl viele Dominas nicht stolz auf ihr Aussehen sind, tue ich mein Bestes, um verlokkend zu wirken. Ich halte nicht nur meinen Körper in Form, sondern trage auch mein Make-up sorgfältig auf. Oft lasse ich mich nur für einen Kunden zurechtmachen. Für mich gehört das zur Illusion – zu dem, wofür sie zahlen. Wenn ein Mann einer Göttin huldigen will, sorge ich auch dafür, verflucht noch mal, daß ich wie eine Göttin aussehe!

Die meisten Männer, denen ich begegne, haben gleichartige Wunschvorstellungen. Sie möchten Sklaven sein. Sie möchten einer starken, schönen Frau huldigen und ihr dienen, um sie zu erfreuen. Ich spiele die Rolle der unerreichbaren Göttin, mache sie zwar scharf, bin aber nie grob oder grausam. Es gibt in diesem Spiel viele Schlüsselsätze, deren Aussprachen einen Sklaven schon erregen: »Du bist mein«; »Du gehörst mir«; »Du bist mein Eigentum.« Sklaven sind, von wenigen Ausnahmen abgesehen, während der Sitzung nackt. Dies demonstriert ihre Unterwürfigkeit und Verwundbarkeit. Eventuell zeige auch ich ihnen etwas – ich entblöße eine Brust oder erlaube ihnen, eine Brustwarze zu lecken –, aber sie sehen mich nie ganz unbekleidet. Oft sind sie am Ende einer Sitzung so erregt, daß sie masturbieren müssen. Selbst rühre ich sie zwar nie an, aber ich ermutige sie, sich eigenhändig zu erleichtern. Meist sage ich: »Spiel deiner Herrin etwas vor.« Selbst Anfänger wissen genau, was ich damit meine.

Um die Psyche eines Sklaven zu verstehen, muß man wissen, daß sie in ihren Herrinnen Heilige sehen. Es mit der Frau zu treiben, die sie beherrscht, wäre ein Sakrileg. Die meisten Sklaven träumen davon, die Erlaubnis zu erhalten, ihre Herrin mit dem Mund zu verwöhnen. Sie möchten sie mit der Zunge erregen und ihren herrlichen Geschlechtsteilen huldigen. Für mich ist das ein zu intimer und persönlicher Akt, deshalb gestatte ich ihn nicht. Oft biete ich ihnen aber zu Belohnung meine Brüste oder meinen Po an; daran können sie nach Belieben lecken. Meine Muschi aber reserviere ich für wenige Auserwählte in meinem Privatleben. Sie ist in vielerlei Hinsicht mein Heiligtum – und deswegen nicht zu verkaufen.

Meine Sklaven sind, fast so wie die Dominanten, die ich im Chalet kennengelernt habe, eine ziemlich bizarre Charaktergemeinschaft. Einer meiner ersten Privatsklaven war Jason, den ich schon aus dem Chalet kannte. Mit »Privatsklave« meine ich, daß wir zusammen nicht nur Sitzungen machen, ich kann ihn auch jederzeit anrufen und bitten, Besorgungen für mich zu erledigen. Jason ist zwar kein Bestandteil meines Lebens, aber er ist doch viel mehr als nur ein Kunde. Ich habe ein, zwei Jahre gebraucht, um herauszukriegen, daß er in Wahrheit auf Hypnose steht. Er wünscht sich eine Herrin, die ihn geistig kontrolliert und dann Spielchen mit ihm macht. Treffen wir heutzutage bei einer Sitzung zusammen, versetzen wir uns abwechselnd in Trance. Sage ich dann etwa: »Liebst du deine Herrin, Jason?«, erregt ihn das automatisch. Ich habe ihm sogar beigebracht, auf Befehl zu einem Orgasmus zu kommen, nur wenn er meine Worte hört. Außerdem male ich ihm wunderschöne Szenen aus, wenn er in Trance ist; ich male Bilder mit Worten – lasse ein Gemälde vor ihm entstehen: ich in einem prächtigen Schloß, wo aufmerksame Sklaven mir dienen. Natürlich gehört Jason auch dazu. Ich sage ihm, er soll jeden Morgen, wenn er aufsteht, und jeden Abend, wenn er ins Bett geht, an mich denken. Ich sage ihm, er soll an mich denken, wenn eine Ampel auf Rot springt. Wir haben auch eine Art sexuelles Mantra, einen Satz, den er dreimal aufsagt, bevor er ejakuliert: »Ich gehöre Herrin Jacqueline.«

Keith habe ich auf einer Janus-Party kennengelernt. Er ist einer von den Kunden, die gern hübsche Herrinnen über sich haben möchten. Wie viele meiner Kunden ist er verheiratet und führt das, was die meisten für ein »normales« Leben halten, d. h. wenn er nicht gerade mich besucht. Für die meisten Menschen ist das Ausleben ihrer Phantasien durch jemanden wie mich ein geheimer Bestandteil ihres Lebens. Sie gönnen es sich – und kehren dann wieder nach Hause zur Familie zurück. Alle sind sie sehr tüchtig in ihrem auserwählten Beruf und sorgen für ihre Lieben.

Keith ist »Zigarettenfetischist«. Er bringt mir lange, schwarze Zigaretten mit, die ich langsam und sexy vor seinen Augen rauche. Wenn er bei mir ist, wird er zu meinem menschlichen Aschenbecher. Er verlangt, daß ich die feine graue Asche auf seine Haut schnippe, und manchmal drücke ich auch die glühende Spitze auf seinen Schwanz. Er will es einfach so. Ich tue niemandem weh, es sei denn, er bittet nicht darum. Keiths Phantasie ist es, als menschlicher Aschenbecher zu fungieren, und ich werde dafür bezahlt, daß ich ihn so sehe. Er zahlt natürlich sehr gut für dieses Privileg.

Carl empfange ich jeden Monat. Er kleidet sich gern als Frau, und da ich mich freue, ihm dienlich sein zu können, zeige ich ihm, wie man Make-up auflegt. Viele meiner Kunden sind wie Carl – heimliche Transvestiten –, und ich bringe ihnen bei, wie man sich kleidet, geht und knickst. Manchmal tanzen wir sogar zusammen oder spielen verliebte Lesbierinnen. Im allgemeinen sind heimliche Transvestiten sehr vergnüglich; sie möchten eben gern mit einer »Freundin« zusammensein. Für mich sind die Phantasien von Männern, die Dessous tragen, so zahm, daß ich mich oft frage, warum sie sich nicht trauen, ihren Frauen und Freundinnen davon zu erzählen.

Anthony ist ein Kunde aus Las Vegas. Als ich zu einer Videomesse in der Stadt war, habe ich mich sogar von ihm zum Flughafen abholen lassen. Auch er ist Freizeit-Transvestit und hat seine Phantasien früher zusammen mit seiner Frau ausgelebt; aus irgendeinem Grund hörte das Spiel dann auf. Ich habe mich etwas unbehaglich gefühlt, als ich seiner Frau am Telefon erzählte, ich käme in die Stadt, aber sie entpuppte sich dann als sehr nette Dame. Als wir telefonierten, gab ich ihr Tips, wie sie ihre Spielchen von neuem beginnen könnten, denn ich bin sicher: Wenn mehr Männer so verständnisvolle Frauen hätten, wäre die Welt viel entspannter. Man könnte seine Phantasien ohne Verlegenheit ausleben und bräuchte sich keine »Vorstellung« von Fremden zu erkaufen.

Ernest ist ein sehr lieber kleiner Mann. Da er meine Abstinenz respektiert, bringt er nur eine Flasche alkoholfreien Apfelwein für mich mit, und ein Fläschchen Wein für sich.

Sind wir zusammen, plaudern wir liebenswürdig eine halbe Stunde lang. Ernest stellt dann eine ganze Menge Fragen, will alles mögliche über Bondage und Disziplin wissen. Nachdem ich seine Neugier befriedigt habe, gehen wir in meinen Kerker, und ich peitsche ihn aus. Es ist eine eigenartige Mischung – als wäre man zuerst Gast in einer Talkshow und zöge dann eine Domina-Nummer ab.

Eine Reihe von Sklaven stehen auf Füßelecken. Glen, ein Kunde aus Dallas, ist geradezu verrückt darauf. Er ist etwas übergewichtig und der einzige, der sich weigert, die Kleider abzulegen. Wenn er meine Füße nicht gerade leckt, reibt er sie, meine Beine und meinen Arsch gern mit Sahne ein. Ein anderer Kunde, »Stiefellecker-Willie«, leckt gern meine Schuhsohlen, und je schmutziger sie sind, desto besser.

Es gibt auch eine spezielle Kundenart, die man »Teppichsklaven« nennt. Wie das Wort schon andeutet, haben sie es gern, wenn man sie wie einen menschlichen Vorleger benutzt – aber die Herrin darf dabei nicht barfuß gehen. Am liebsten wollen sie von jemandem mit spitzen Absätzen getreten werden, damit sie auch etwas davon spüren. Vielleicht ist das für sie ein Symbol dafür, daß die Gesellschaft ihnen auf der Nase herumtanzt. Mit dem Unterschied, daß Teppichsklaven ihre Wahl bewußt treffen – man erteilt jemandem die Erlaubnis, auf einem herumzutrampeln.

Eine kürzlich erfolgte Sitzung, die mich ziemlich aus der Fassung brachte, bekam ich durch eine Vermittlung. Obwohl ich der Vermittlung oft 300 bis 400 Dollar pro Stunde berechne, brauche ich ihr nur 75 Dollar Provision zu bezahlen, insgesamt gesehen verdiene ich also trotzdem gutes Geld. In der erwähnten Nacht habe ich zum Beispiel 900 Dollar für eine recht bizarre Sitzung erhalten. Ich kam in das Haus eines Mannes, der wollte, daß ich ihn fessle und ihm Crack aus einer Pfeife zu rauchen gebe. Da er viel rauchte, war sein Zeitsinn gewaltig durcheinander; er dehnte die Sitzung immer weiter aus, und ehe ich mich umsah, hatte ich fast einen Riesen verdient. Ich war dreimal bei diesem Kunden, ehe ich erfuhr, daß er zu den prominentesten Plastikchirurgen in Beverly Hills zählt. Zu seinen Meisterwerken gehört einer der weiblichen Stars aus der TV-Serie »Drei Engel für Charlie«. Bei mir war er ein lallendes Wrack, das nur nach Drogen verlangte.

Manche Kunden suchen mich mehrmals pro Woche auf, als wäre ich die Droge, nach der sie süchtig sind. Dann kommt es wieder vor, daß sie sich urplötzlich in Luft auflösen, und das geschieht in dieser Branche recht oft. Ein Kunde wollte, daß ich ihn auf Video aufnehme – danach habe ich ihn nie wieder gesehen. Vielleicht hat ihn der Anblick des konkreten Beweises seiner absurden Ideen schlagartig wieder vernünftig werden lassen, vielleicht war es ihm auch zu unangenehm, sich bei seinen eigenen Handlungen zu beobachten. Die Kunden kommen und gehen. Ich stelle mir vor, daß ich ihnen etwas gebe, das sie brauchen und das ihnen hilft, gefühlsmäßig zu reifen. Wenn sie es in ausreichenden Dosen kriegen, ermöglicht es ihnen vielleicht, ihr Leben weiterzuleben. Irgendwie ist es wohl eine Art Psychotherapie.

Viele Menschen halten die S/M-Welt noch immer für abseitig, aber sie haben keine Ahnung, daß sie schnell zur Norm wird. Uralte Märchen enthalten B&D-Aspekte, Machtspiele und Grausamkeiten. Man braucht nur daran zu denken, wie Hänsel in den Käfig gesperrt und Gretel gezwungen wird, die ganze Hausarbeit zu verrichten. Denken Sie an die Szenen in Schneewittchen oder an Aschenputtels böse Stiefmutter. Gleicht die böse Königin in Schneewittchen in ihrem Verhalten und ihrer Kleidung nicht einer Domina? Und was ist mit dem Märtyrertum und dem Leiden, dem viele katholische Heilige ausgesetzt waren? S/M umgibt uns überall, wir bemerken es nur nicht.

Ich habe gerade *Exit to Eden* von Anne Rampling gelesen. Anne ist eine bekannte Autorin, die auch unter dem Namen Anne Rice schreibt. Das bekannteste ihrer Bücher ist sicher *Interview mit einem Vampir*, aber für ihre avantgardistischen Werke im Sex-Genre verwendet sie verschiedene Pseudonyme. *Exit to Eden* ist eine ungewöhnliche Erzählung, eine Liebesgeschichte im S/M-Kontext. Viele von Annes Ansichten sind den meinen ähnlich. In ihren Bücher wirkt sie, als zögen Menschen mit alternativer Lebensweise – Transvestiten und dergleichen – sie an. Und sie weist immer wieder darauf hin, daß jede Art sexuellen Verhaltens akzeptabel ist, solange die Menschen nur das tun, woran sie glauben – und anderen keinen Schaden zufügen. Daß wir einander auf diese Weise vorbehaltlos und vorurteilslos akzeptieren müssen, ist klar.

In Lisa, die Hauptfigur aus *Exit to Eden*, konnte ich mich wirklich hineinversetzen. Am Anfang wird Lisa als Unterwürfige mit der S/M-Szene bekannt und hat Spaß daran. Schon als junges Mädchen suchen sie finstere, seltsame sexuelle Phantasien heim, doch als sie schließlich zur professionellen Domina wird, ergeht es ihr sehr gut. Sie gründet sogar eine Multimillionen-Dollar-Firma, doch alles verkompliziert sich, als sie sich in einen ansehnlichen Sklaven namens Elliott verliebt und ihn aus dem Sexclub holt. Die beiden erleben eine stürmische Romanze, die Lisa jedoch ängigst, und der Clubbesitzer zwingt die beiden schließlich zur Rückkehr. Lisa kehrt zwar zurück, glaubt aber, den Verstand zu verlieren, obwohl sie völlig gesund ist: das eigenartige Gefühl, das sie erlebt, ist Liebe. Sie ist einfach nicht an die irren und wirren Empfindungen gewöhnt, die die Liebe mit sich bringt und weiß nicht, wie sie damit fertig werden soll.

Der Roman ist sexuell sehr erregend und hat eine Menge Gefühle in mir geweckt. Lisas Entdeckung ist genau das, was mir in meinem heutigen Leben fehlt: Echte Leidenschaft! Das ist die Liebe, die ich brauche. Ich bin eine wilde, sinnliche, liebende Frau, die seit einem Jahr den Mann sucht, der eine Frau wie mich braucht. D. H. war der letzte Mann, mit dem ich mich wirklich zusammentun konnte. Erst als ich von Lisas Suche und von ihrer Liebe zu Elliott las, erkannte ich, daß im Bewußtwerden des perfekten, feinfühligen Gleichgewichts zwischen Dominanz und der Unterwerfung Hoffnung steckt. Sogar für mich.

Lisa folgert zwar, daß sie die Liebe auch ohne S/M und Rollenspiel erleben kann, aber ich stelle mir gern vor, daß die Autorin, wenn sie wirklich wüßte, was S/M ist, Lisas und Elliotts Leben wieder in diese Bahnen lenken würde. Sie könnten damit fertig werden und es noch voller genießen. Lisa hat einen Mann gesucht, der sie auch lieben kann, ohne all diese Phantasien zu haben. Sie hat nach einer Liebe gesucht, die auch ohne das übliche Zubehör – Peitschen, Reitgerten und Schwanzringe – auskommt. Danach habe ich zwar auch gesucht, aber im Gegensatz zu Lisa möchte ich den Mann *und* die Phantasien haben.

In einer Szene ist Lisa sehr verwirrt, und der Mann, der sie anfangs zur Domina ausgebildet hat, redet mit ihr. Er hätte ebenso mich meinen können:

Du hast mir auf sehr realistische Weise erzählt, daß du sämtliche Sex-Abenteurer geliebt hast, die anderen nicht wehgetan haben, und daß es dir unmöglich sei, ihnen gegenüber irgendwelche andere Gefühle zu empfinden. Du hast Liebe und Mitleid für den alten Exhibitionisten verspürt, der im Park den Mantel öffnet, und mit dem Burschen, der sich im Bus an dem schönen Mädchen reibt, ohne je zu wagen, es anzusprechen. Du hast die Künstler, die in Frauenkleider auftreten, und die Transvestiten und Transsexuellen geliebt. Du hast gesagt, du wärest sie, und sie wären du. Und die sind schon so gewesen, solange du dich erinnern kannst ... Es hat daran gelegen, daß du mit fehlerloser Überzeugungskraft ein Szenario der Dominanz und Unterwerfung aufführen konntest. Es hat daran gelegen, daß du es gern getan hast. Es hat dir wirklich Spaß gemacht. Nichts Sexuelles war dir widerlich oder hat dich verwirrt oder abgestoßen. Nur echte Gewalt, echter Schmerz, die wirkliche Zerstörung des Körpers und des Willens eines anderen waren deine Feinde – ebenso wie die meinen. Du warst genau das, was zu sein du behauptet hast. Doch es ist absolut möglich, daß eine solche Liebe nicht ewig dauern kann.

Dieser Absatz brachte in mir etwas zum Klingeln, da ich genau das gleiche empfinde. Was die Menschen sich auch aussuchen, es ist völlig in Ordnung, solange sie einander nicht weh tun. Etwas, das mich absolut fertig macht, ist das noch immer gültige Verbot der Prostitution in den meisten Staaten der USA. Die Prostitution hilft bestimmten Menschen, und wenn sie anerkannt wäre, könnte man die Gesundheitsprobleme, die sie mit sich bringt, unter Kontrolle halten. In Los Angeles blättert die Polizei tatsächlich die Sexmagazine durch und verhört Menschen, die dort inserieren. (Deswegen inseriere ich in dieser Stadt nicht mehr.) In der ganzen Stadt toben Bandenkriege. Das sind *echte* Probleme. Warum haben die Behörden etwas dagegen, wenn Frauen in ihren eigenen vier Wänden tätig sind? Sex zwischen zwei gleichgesinnten Erwachsenen darf einfach kein Verbrechen sein. Was macht es denn aus, wenn einer der beiden dafür bezahlt? Worin besteht der Unterschied, wenn man einer Frau 100 oder 200 Dollar für einen Fick zahlt oder sie für die gleiche Summe in ein Restaurant ausführt, um sie nach dem Abendessen zu vögeln? Aus irgendwelchen Gründen ist das Letztere ein Verhalten, das die Gesellschaft akzeptiert. Für mich ist Prostitution ein äußerst sauberes Geschäft. Da lügt und betrügt man nicht. Zwei Menschen erklären einander ehrlich, was sie wirklich voneinander wollen. Es ist viel ehrlicher als die Intrigen, die sich zwischen Ehepaaren abspielen.

Obwohl ich keinen Sex verkaufe, kann ich nichts Falsches daran sehen, ihn kommerziell zu betreiben. Ich habe mir einfach nur vorgenommen, es nicht zu tun. Ich weiß, daß manche Menschen mich für eine Prostituierte halten; man merkt es schnell, wenn man mit normalen Männern ausgeht. Anfangs kommen wir großartig miteinander aus, aber wenn sie rauskriegen, wovon ich lebe, erwachen in ihnen immer negative Gefühle. Doch so, wie Buchhalter nicht davon geil werden, daß sie ihr Hauptbuch schwenken, regt es mich sexuell nicht an, also mime ich die Domina. Mir gefällt nur das Spiel. Es ist zwar eine interessante Methode, seinen Lebensunterhalt damit zu bestreiten, aber in der Intimsphäre meines Schlafzimmers genieße ich es ehrlich, unterwürfig zu sein.

Kürzlich habe ich einen neuen Kunden kennengelernt. Er ist absolut prächtig. Obwohl er mich sexuell sehr anzog, habe ich ihm meine Gefühle aber nicht gezeigt – es war weder die richtige Zeit noch der richtige Ort dafür. Ich wollte mich auch privat nicht mit ihm treffen, weil er sich dann vielleicht wünscht, von mir beherrscht zu werden, doch das entspricht nicht meinem wahren Ich.

Ich schreibe nun eine Frage-und-Antwort-Kolumne für das Magazin *Chic*. Dort weise ich gern mit Nachdruck darauf hin, daß man, wenn man etwas »Abseitiges« genießt, es auch mit Freuden tun sollte. Man darf nicht darüber reden, als beichte man ein abscheuliches Verbrechen. Redet man auf spannende, doch normale Weise über seinen Spleen, fühlt man sich gleich viel besser. Stellen Sie sich vor, jemand sagt zu Ihnen: »Weiß du, was mich wirklich antörnt? Fessle mich doch mal. Dann kannst du sehen, wie mein Schwanz echt steif wird.« In positivem Licht dargeboten, würden die meisten Frauen es gern versuchen – wenn man sich aber seiner Neigung schämt, wird es fast erschreckend. Ist man selbst von Angst erfüllt und fängt mit den Worten an: »Ich weiß, es ist echt widerlich, aber …«, wer würde dann noch gern mit einem spielen?

S/M ist für mich nicht mehr als ein Spiel. Solange man Kind ist, darf man »so tun als ob«; man wird sogar dazu ermuntert. Aber wenn man zu einem pflichtbewußten Erwachsenen geworden ist, soll man das wieder aufgeben. Ich glaube nicht an S/M als »Lebensart«. Das Etikett ist viel zu aufwendig. B&D ist etwas, das im Schlafzimmer stattfinden sollte – oder im Kerker. Zwischen den Teilnehmern muß Übereinstimmung herrschen. Sie müssen ihre Grenzen kennen. Ich glaube auch nicht, daß jemand einen anderen wirklich beherrschen sollte. Überschreitet man im wirklichen Leben diese Grenze, kann es leicht abscheulich werden. Man muß einen Punkt haben, an dem man aufhört; die Grenzen müssen deutlich gezogen sein.

Viele potentielle Kunden, die mir schreiben, sind in ihren S/M-Wunschvorstellungen sehr unrealistisch. In Wahrheit wären sie durchaus nicht froh, wenn sie genau das bekämen, worum sie bitten. Ich weiß es, da mein privater »Sklaventrip« auch so war. So sehr ich mir in all den Jahren einen speziellen Mann gewünscht habe, konnte ich ihn doch nir-

gendwo finden. Ein Grund dafür, daß ich mir Männer ausgesucht habe, die mir nicht geben konnten, was ich wollte.
Bei Vinnie hätte mir das klarwerden sollen. Wäre er wirklich
auf eine Sklavin ausgewesen, hätte er mich haben können,
doch statt dessen hat er seine Zeit mit Lila vergeudet, einer
Frau, die kein Interesse an Sklavenspielen hatte. D. H. hat
das Spiel zwar beherrscht, doch nur zu seinen eigenen Bedingungen. Er hat nicht die Substanz oder die Aufrichtig-
keit, bei einer Frau zu bleiben oder eine Beziehung aufzubauen.

Heute bin ich nicht mehr so sicher, ob ich eine solche »Beziehung« mit irgend jemandem aufrechterhalten könnte. Ich
bin zu einem sehr unabhängigen Menschen geworden und
liebe meine Freiheit. Ich lebe auch gern allein. Manchmal
fühle ich mich zwar einsam, aber im allgemeinen verläuft
mein Leben, so wie es ist, gut. Wenn ein Mann darin einbe-
zogen ist, gehen allzu oft die Dinge weniger glatt. Ein Grund
dafür ist vielleicht, daß ich sehr wenig Freizeit habe.

Es hat seit langer Zeit in meinem Leben keinen wichtigen
Mann mehr gegeben. Sicher, hin und wieder habe ich mich
mit jemandem getroffen; das geht etwa einen Monat gut,
doch dann schläft es ein. Es ist aber nichts, worüber man
weinen müßte. Ich habe seit langem nicht mehr wegen eines
Mannes geweint. Früher war ich sehr von Stimmungen abhängig und habe schnell geflennt. Im Chalet hat Kevin ständig geulkt, er könne nach meinen Selbstmord-Gefühlen beinahe alle zwei Monate die Uhr stellen. Manchmal denke ich
noch immer an Selbstmord. Tun wir das nicht alle? Aber
heute ist es bei mir anders, Selbstmord bedeutet für mich
nur noch, sich einen Fluchtweg offenzuhalten. Ich denke oft
darüber nach, daß ich nicht zu lange leben will. Mir bleiben
zwar noch ein paar Jahre, bis ich vierzig bin, aber selbst vierzig kommt mir verdammt alt vor. Innerlich fühle ich mich
noch wie ein Kind, und mir fällt auch auf, daß jüngere Männer mich anziehen. Vielleicht ist es ein Versuch, meine verlorene Jugend wieder einzufangen? Oft bemerke ich, daß ich
mich in Jungs von Anfang zwanzig verknalle.

Kürzlich hat mich eine Freundin mit einem reichen Chiropraktiker zusammengebracht. Er holte mich in einem großen schwarzen Mercedes ab, und wir gingen in Beverly Hills etwas trinken. Er war erst seit einem Jahr geschieden, nahm mich mit in seine Zwanzig-Zimmer-Villa – und er gefiel mir, aber aus irgendeinem Grund hat er mich nie wieder angerufen. Als ich meinen Eltern von diesem perfekten, reichen jüdischen Arzt erzählte, sagte meine Mutter: »Nein, Alice, das ist nicht der richtige Mann für dich.« Warum denn nicht? habe ich mich gefragt. Etwa, weil er zu gut mich ist? Ich paßte zu ihm, wenn auch nicht gerade toll. Und ebenso war mir auch Randy erschienen – angemessen, aber nicht gerade toll.

Etwas, was meiner Gefühlswelt Mut macht, sind Bekanntschaften mit Leuten aus der erotischen Unterhaltungsindustrie, die die gleichen Ziele verfolgen wie ich. Durch den Kontakt mit der Schriftstellerin, Schauspielerin und Fotografin Annie Sprinkle kam ich mit Xaviera Hollander in Berührung. Sie wiederum gab mir die Nummern einiger Leute, die mir vielleicht helfen können, Arbeit in Europa zu bekommen. Noch vor Jahren wäre mir nie eingefallen, ich könnte mit jemandem wie Xaviera Hollander befreundet sein – mit der fröhlichen Nutte höchstpersönlich! Dann arbeitete ich plötzlich noch mit jemand zusammen, der ebenfalls zu einem meiner Mentoren wurde – Robert Rimmer. Er half mir bei meinen Memoiren.

Ein Teil meiner zunehmenden Reife kann man der Tatsache zuschreiben, daß ich in Sachen S/M an die Öffentlichkeit gegangen bin. Ich habe mich dem Ziel verschrieben, S/M gesellschaftlich akzeptabel zu machen, und richtete deshalb die Briefe an alle möglichen Talkmaster, sogar an Jonny Carson. Ein paar Tage später bekam ich eine Antwort von der »Sally Jessy Raphael Show«, und bis heute bin ich zweimal in dieser Sendung zu Gast gewesen, einmal sogar in Begleitung eines Sklaven. Ich bin auch in der »Joan Rivers Show« aufgetreten, und schließlich ist mir endlich klar geworden, daß ich nicht nur ein ganz akzeptabler Mensch bin, sondern auch hübsch aussehe. Ich habe versucht, die schrecklichen Dinge, die meine Mutter als Kind zu mir sagte, zu überwinden. Ein Mann, der mir sehr bei der Verwirklichung meines körperlichen Selbst-Images half, war Eldon, mein Visagist und Friseur, den ich beim Kauf einer Perücke kennengelernt hatte. Ich wußte von Anfang an, daß er hundertprozentig schwul war, denn Eldon ist der Prototyp des Schwulen, die absolute Tunte. Aber er ist sehr amüsant dazu, und als ich zum ersten Mal in seinen Laden kam, war ich höchst erstaunt, was er alles aus mir machen konnte. Mit meinem ziemlich dünnen Haar konnte man noch nie viel anfangen – aber Eldon hat mich in eine heiße, wildmähnige Braut verwandelt.

Anfangs kam mir Eldon ziemlich flatterhaft und unzuverlässig vor, aber ich merkte bald, daß er aufrichtig und spaßig ist. Mit ihm und seinen Freunden war ich auf der sogenannten Schwulen-Protzparade. Obwohl wir Spaß hatten, merkte ich aber schnell, welch gemeine Bande Transvestiten sein können. Auch wenn sie sich noch so ruhig begrüßen, fallen sie anschließend mit vernichtenden Bemerkungen übereinander her.

»Gucken Sie sich *den* mal an, Miss Sowieso! Sein Pimmel sieht so elend aus – den würde ich nicht mal mit 'nem Staubsauger absaugen!«

Mir ist aufgefallen, daß schwule Männer oft die schlimmsten Verhaltensweise von Frauen annehmen: Falschheit und Eifersucht. Eldon und ich sind vor kurzem getrennte Wege gegangen, weil er unheimlich eifersüchtig auf die Beachtung ist, die mir zuteil wird. Früher hat er sich bei Videoaufnahmen immer dazwischengedrängt, und einmal ist er sogar kurz vor einer Foto-Session einfach abgehauen und hat mich mutterseelenallein beim Maskenbildner sitzen lassen. Doch wenn er gut drauf war, benahm er sich wie eine richtige Freundin. Neben seiner besonderen Art der Freundschaft hat er auch hinsichtlich meines Aussehens wahre Wunder bewirkt. Die »Sally Jessy Raphael Show« war sogar damit einverstanden, ihn einfliegen zu lassen, damit er sich vor der Sendung um mein Make-up und mein Haar kümmern konnte; das gleiche galt auch für die »Good Day Show« in Boston. Eldon hat auch vor meiner ersten großen Foto-Session für *Reflections* mein Make-up und die Haare gerichtet;

ich konnte es kaum glauben, wie ich nachher aussah. Als junges Mädchen habe ich beim Betrachten der Umschläge von *Cosmopolitan* und *Seventeen* immer gewünscht, ebenfalls das Zeug dazu zu haben. »Weißt du, Mädchen«, sagte Eldon ziemlich ehrlich zu mir, »du könntest ein Ausklappbild im *Playboy* abgeben.« Doch wo war er, als mein Ego ihn *wirklich* brauchte? Aber in einer Hinsicht hat er recht: Das äußere Erscheinungsbild spiegelt wieder, wie man sich innerlich fühlt.

Neulich habe ich einen Mann entdeckt, der tolle Ledersachen macht, und ihn sofort gebeten, Klamotten für mich herzustellen. In ihnen sah ich völlig anders aus. Bevor ich ihn kennenlernte, bin ich umhergestreift, habe nach einem speziellen »Look« gesucht und nicht etwa zu wenig Geld ausgegeben, sondern mich von den falschen Leuten beraten lassen. Hautenge Lederminikleider, nietenbeschlagene oder mit Minihandschellen verzierte Jacken, schenkelhohe Stiefel – Dinge dieser Art tragen zur Creation eines unverwechselbaren Images bei. Herrin Jacqueline steht auf einem feinfühligen Gleichgewicht von Leder und Spitze, Ernsthaftigkeit und Anschmiegsamkeit.

Für eine Domina ist es wichtig, einen »Look« zu kreieren, denn das meiste an diesem Geschäft ist Public Relations. Die Kunden schauen einen an, und fragen sich, ob man diejenige ist, die ihnen beim Ausleben ihrer Phantasien helfen kann. Ist man nicht die Richtige, suchen sie sich einfach eine andere. Manche sind wild auf wüst aussehende Dominas, andre hingegen möchten hüsche Damen sehen. Es ist alles eine Frage des persönlichen Geschmacks.

Man hat den Frauen immer eingetrichtert, sie sollten die Interessen ihrer Männer teilen. Ich weiß noch, wie ich mir wieder und wieder anhören mußte: Wenn dein Mann ein Sportfan ist, solltest du *Sports Illustrated* lesen. Kann man seinem Mann nicht auch beim Anziehen von Frauenkleider helfen, wenn er auf sowas steht? Auch in dieser Hinsicht sollte man etwas lernen. Das gleiche gilt für Männer, wenn's um die Phantasie ihrer Frauen geht. Wir alle sollten uns bemühen, Verständnis für die geheimen Wünsche des anderen aufzubringen. Vielleicht lernen wir als friedliche Bewohner dieses Planeten dann, uns anzuerkennen und mehr zu mögen – und verurteilen uns nicht mehr gegenseitig. Wir alle sollten wagen, das zu sein, was wir wirklich sein möchten.

Ich habe meinem Unternehmen kürzlich eine Filiale angegliedert. Ein Großteil meiner Kundschaft lebt in New York City, und ich habe ein florierendes Versandunternehmen gegründet, das hoffentlich noch wächst. Per Postversand biete ich Videos, Fotoserien, Reizwäsche und ein genau erklärtes Sklaven-Ausbildungsprogramm an. Wer Informationen haben möchte, kann mir schreiben: Mistress Jacqueline, Suite 350, P. O. Box 4351, Hollywood, CA 90078. Ich habe jetzt auch zwei Telefonsex-Anschlüsse. Die 1-900-Nummern in Kalifornien sind 303-5552 und 330-5554. Der Anschluß in New York City anwählbar (Vorwahlen 212, 718, 914 und 515). Die Nummer ist 970-5552. Wenn alles gut geht, habe ich außerdem bald einen USA-weiten 900er-Anschluß, der Beratung per Telefon offeriert. Als Erzieherin und Medienpersönlichkeit möchte ich mich für jene etablieren, die sich mit alternativen sexuellen Lebensformen beschäftigen.

Auch eine wöchentliche Kolumne in der in L. A. erscheinende *X... Press* stammt von mir. Außerdem schreibe ich monatlich für das Magazin *Chic* und verfasse regelmäßig Beiträge für *Dominant Mystique* und *Corporal*.

Ich habe zwei Sexfilme gedreht – *Savage Female Warriors of Burbank* und *Painted*. Es sind Filme mit Mädchen; einer mit Bionca, der andere mit Sharon Cain. Beide haben ausgezeichnete Besprechungen erhalten. Was Filme mit Jungs angeht, so bin ich noch nicht im Geschäft, aber wenn die richtige Rolle winkt und die Gage stimmt, tue ich auch das. In der Sexindustrie bin ich inzwischen gut bekannt und versuche, die Lücke zwischen Sex- und Bondagefilmen zu schließen.

Heute »spiele« ich meine Dominanz nicht mehr. Ich *bin* eine Domina. Ich tue nicht nur so, als sei ich eine Göttin. *Ich bin eine!* Und ich habe viel dazugelernt. Es ist fast so, als hätte mich die S/M-Szene von der Kindheit übers Heranwachsen schließlich zur Erwachsenen gemacht. Tatsächlich trifft dies nicht nur für mich zu, sondern für die Szene im allgemeinen. Und vielleicht sind dies die unpublizierten therapeutischen Aspekte des gesamten Bereichs – wenn man sie richtig erlebt, können sie wirklich hilfreich sein.

Ich lebe das Leben nun nach meinen eigenen Wünschen, Bedürfnissen und Gelüsten und bin wirklich meine eigene Herrin. Obwohl ich in der Hitze der Leidenschaft vielleicht noch danach lechze, ein paar Hiebe auf den Arsch zu kriegen, ist dieser Teil meines Verlangens streng auf bestimmte Umstände und mein Schlafzimmer beschränkt. Zwar habe ich schon lange nicht mehr auf diese Weise gespielt, aber ich sage nicht – und möchte es auch nicht behaupten –, daß es nie wieder vorkommt. Allerdings weiß ich, daß ich nie wieder einen Mann »Herr« nennen werde – einfach deswegen, weil ich nicht mehr so bin und nicht glaube, noch unterwürfig zu sein. Aus diesem Teil meiner Vergangenheit bin ich, ebenso wie aus dem Trinken, dem Drogenkonsum und den Freßexzessen, herausgewachsen. Jetzt steuere ich mein Leben und meine Bestimmung selbst.

Ich habe ein paar Sklaven, die zur Oberschicht gehören. Ich kümmere mich nicht nur sehr um sie, ich weiß es auch wirklich zu schätzen, daß sie mich lieben, verehren und mir auf jede erdenkliche Weise dienen. Wirklich, ich bemühe mich sehr, ihnen zu zeigen, daß sie mir wertvoll sind, denn sie sind es nicht nur des Geldes wegen. Keinesfalls möchte ich, daß sie sich, gerade in ihrer Position, gefühlsmäßig mißbraucht vorkommen. Einige Auserwählte tragen mein persönliches Kennzeichen – eine Tätowierung in der Form einer Peitsche, die sich um den Buchstaben »J« ringelt.

Meine neuen Vorstellungen und Ziele bestehen darin, anderen als Erzieherin und von den Medien beachtete Persönlichkeit zu helfen. Ich bin stolz darauf, ich zu sein, und gehe mit dem, was ich bin, an die Öffentlichkeit. Ich suche keine Billigung oder Mißbilligung mehr. Ich habe ein paar gute, enge Freunde, und gehe offen auf die Menschen zu, die ich kennenlerne. Wenn sie mich mögen – schön; wenn nicht, ist es auch in Ordnung. Mein Vorstoß in die Welt der Ketten und der Unterwürfigkeit hat mich, man glaubt es kaum, frei gemacht!

Nachwort

Bevor wir Jerry Butlers Autobiographie *Raw Talent* fertigstellten, machte ich Cathy Tavel den Vorschlag, etwa zehn bis zwölf weibliche Pornostars zu überreden, mit ihnen ein einmaliges Buch herauszugeben – der Titel sollte etwa sein *Für Liebe und Geld* –, das auf je zwanzig bis dreißig Seiten klären sollte, wie es den betreffenden Frauen, die oft aus katholischen oder streng religiösen Familien stammen, gelang, die anerzogene und religiöse Konditionierung abzulegen und ihren Körper und die Intimität des Geschlechtsaktes öffentlich darzustellen.

Da Porno-Aktricen sich weit jenseits der Prostitution bewegen, die meist ein privates Geschäft ist und die Identität der Frau oft verschweigt, müssen sie besondere Charakterstärke und ganz anders gelagerte moralische Werte mitbringen, um sich, wenn sie die christlich/jüdische Sexualmoral übertreten wollen, von Schuldgefühlen zu befreien. Wir wollten wissen, wie sie in der Welt der »normalen« Männer und Frauen überleben, die es zwar nicht erwarten können, die sexuellen Reize von Frauen wie Madonna zu sehen oder Pornofilme zu kaufen und auszuleihen, die aber andererseits wenig Sympathie für den Eva-Aspekt derjenigen aufbringen, die ihren Körper zum Geldverdienen oder als Way of Life einsetzen.

Unser Vorschlag an die weiblichen Pornofilmstars ging dahin, daß sie ihr Leben auf Band sprechen und in chronologischer Reihenfolge erzählen sollten. Im Zuge des Verfahrens hätten sie etwa fünfzig Fragen beantworten müssen, von denen wir annahmen, daß sie die meisten Männer und Frauen beschäftigen, die Pornos konsumieren.

Hypatia Lee, Angel Kelly und Herrin Jacqueline waren die einzigen, die antworteten. Hypatia, die Indianerblut in den Adern hat, ist mit Bud Lee verheiratet. Sie ist eine schöne Frau und hat zwei Kinder. Ihre Sexphilosophie und die

Frage, wie sie ihr Eheleben meistert, während sie vor der Kamera agiert, ist faszinierende Lektüre. Angel Kelly, die amtierende Königin der schwarzen Pornostarlets, verfügt über Intelligenz, hat Mumm und ist sehr lieb. Doch Herrin Jacqueline, von der ich noch nie gehört hatte und die damals noch nicht in einem mir bekannten Sexfilm aufgetreten war, erwies sich als viel beharrlicher. Sie überzeugte Cathy davon, daß sie eine Geschichte zu erzählen habe, die weit über die zwanzig bis dreißig projektierten Seiten hinausging. Sie wollte ihr Leben viel ausführlicher beschreiben – und sie brauchte dazu Hilfe.

Offen gesagt: Ich war nicht wild darauf, ihr diese zu geben, zwar hatte ich eine Menge zum Thema Sadomasochismus gelesen, aber die Schriften von Marquis de Sade und Leopold Sacher-Masoch machten mich nicht an. Es ist einfach nicht mein Bier, an den Handgelenken aufgehängt und von einer Frau ausgepeitscht zu werden, deren Möpse aus einer arschfreien Ledermontur heraushängen. Wie sehr viele Männer habe ich Spaß an Frauen, die sich meines Körpers gelegentlich oral und genital bemächtigen, doch verlangt es mich nicht danach, von ihnen – oder umgekehrt – an einen Bettpfosten gefesselt zu werden, um meine eventuell vorhandenen Vergewaltigungsphantasien zu sublimieren. Ich hatte in meinen Büchern seit vielen Jahren die Freuden der totalen sexuellen Verschmelzung, des tantrischen Sex, der Ekstase und des sich Selbstverlierens bei ausgedehntem Geschlechtsverkehr gerühmt, und der ging nun mal von absoluter Gleichheit aus und nicht von Beherrschung oder Unterdrückung.

Als ich die Hälfte von Jacquelines Bändern abgehört hatte, hätte ich sie, wäre sie greifbar gewesen, mit Freuden selbst verdroschen. Denn auf den ersten fünfzig Manuskriptseiten kam sie mir vor wie Herman Wouks Marjorie Morningstar – das jüdische Mädchen, dessen Qualen und Rebellion gegen eine herrschsüchtige Mutter und einen passiven Vater damit endet, daß sie zu einer drallen Matrone und zur Vorsitzenden eines örtlichen religiösen Vereins wird.

Hilft man anderen beim Schreiben ihrer Autobiographie,

hat dies viel mit Schauspielerei zu tun. Gute Schauspieler werden zu den Figuren, die sie darstellen, ob sie echt sind oder fiktiv. Dies gelang mir, wenn ich mich in einen Charakter oder Menschen wie Jerry Butler hineinversetzte. Im Hinblick auf Jacqueline aber entstand in mir das Gefühl, Cathy (die die Bänder abschrieb und mir anschließend zur Bearbeitung übersandte) sei viel fähiger als ich, zu Jacqueline zu werden und sich mit ihrem Masochismus zu identifizieren. Also, meinte ich, sollte ich vielleicht aussteigen und sie das Buch mit Jacqueline allein machen lassen.

Jacqueline selbst hatte ich damals weder getroffen noch mich persönlich mit ihr unterhalten. Ich hatte ein paar Standfotos von ihr gesehen – als Domina in einem scharfen Kostüm. Als Cathy ihr von meinem Eindruck berichtete, erhielt ich einen tränenreichen Anruf aus Kalifornien. Schluchzend (sie ist eine gute Schauspielerin) bat Jacqueline mich, die Arbeit mit Cathy an ihrer Geschichte fortzusetzen. Damit ich sie besser kennenlernen könne, schickte sie mir ein 60-Minuten-Video mit dem Titel *Seduced into Submission*, das sie per Postversand potentiellen Kunden verkauft. Falls Sie den Film noch nicht gesehen haben und Jacquelines Story Sie fasziniert, kann ich Ihnen das Video nur empfehlen.

Ich war begeistert! Doch nicht als Kunde einer Sitzung, der sie nackt und stöhnend anfleht, ihn auszupeitschen, sondern wegen des »Was wäre, wenn …«, das mich immer fasziniert, wenn eine bestimmte Frau mich anzieht. Was wäre gewesen, wenn (den Altersunterschied lassen wir mal beiseite) ich Jacqueline geheiratet hätte? Als ich sie in ihrem Film und in einem für die *Dresden Mistress*-Serie von *Bizarre Video* gemachten Streifen in Aktion sah und mir bewußt wurde, wie sie plötzlich ein Ventil für ihre sexuellen und masochistischen Bedürfnisse gefunden hatte, erschien mir ihre Geschichte allerdings nicht mehr so typisch. Sie war furchterregend, übelkeiterzeugend und traurig. Hätte ich Jacqueline oder eine Frau wie sie geheiratet, wäre es mir dann möglich gewesen, auf ihr Bedürfnis einzugehen und sie zu verdreschen? Und was wäre nach dem Ende des Spiels passiert, wenn die andere Seite ihrer Persönlichkeit sichtbar geworden wäre? Hätte ich vielleicht die Rollen vertauschen können, um ihr Sklave zu werden?

Deswegen ist Jacquelines Geschichte sowohl traurig als auch faszinierend. Millionen von uns heiraten jung – und wissen nicht, wer sie wirklich sind. Wir durchlaufen den Prozeß, uns in einer sexsüchtigen Gesellschaft selbst verwirklichen zu müssen, die ihre sexuellen Bedürfnisse per Zensur reguliert und im Film und Fernsehen die bildliche Darstellung von Tod und Gewalt bevorzugt, statt der eines glücklichen Mannes mit erigiertem Penis, der dazu ansetzt, in eine liebende Frau einzudringen. Es ist nicht leicht, mit anderen Menschen ehrlich über seine sexuellen Bedürfnisse zu sprechen. Selbstpreisgabe ist eine riskante Sache, die bei Freunden oder Ehepartnern Grauen und Verdammung hervorrufen kann.

Ihr ganzes Leben lang, bis heute, dauerte Jacquelines Entwicklung an. Wenn ihre dominante Seite die Oberhand behält, wird sie vielleicht nie wieder erfolgreich eine Ehe führen können. Und da unterwürfige Männer wahrscheinlich nicht daran interessiert sind, sich von älteren Frauen auspeitschen zu lassen, kehrt sie vielleicht eines Tages in ihren Beruf als klinische Psychologin zurück. Die große Frage ist, was wohl passiert, wenn sie auf einen Mann stößt, bei dem sie ihre unterwürfigen Bedürfnisse »ausspielen« und gleichzeitig ihre Domina-Persönlichkeit unter Kontrolle halten kann. Das ist eine Frage, die sicher viele Leser, gleich welchen Geschlechts, fasziniert, da die zwischenmenschliche und sexuelle Interaktion für die meisten von uns ein fortwährendes Spiel von Dominanz und Unterwerfung ist. Viele Männer (für die Frauen kann ich nicht sprechen) entdecken auf sanftere und organisch einfachere Weise die Wonnen des Schmerzes, wenn sich eine hocherregte Frau kurz vor dem Orgasmus in ihren Hintern krallt und die Fingernägel in ihm vergräbt – oder beißt und kratzt, weil sie nicht anders kann und ihrem Geliebten so hilft, der eigenen Wirklichkeit für einen Augenblick zu entfliehen.

Bob Rimmer

EROTISCHE LITERATUR

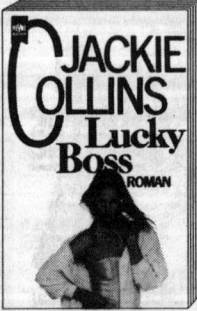
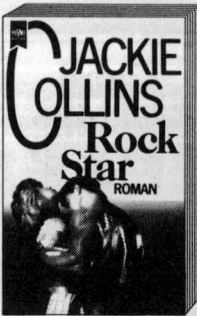